Schmied, Schenken

Gerhard Schmied

Schenken

Über eine Form sozialen
Handelns

Leske + Budrich, Opladen 1996

Die Deutsche Bibliothek - CIP-Einheitsaufnahme

Schmied, Gerhard:
Schenken - eine Form sozialen Handelns / Gerhard Schmid. -
Opladen : Leske und Budrich, 1996
ISBN 3-8100-1569-5

Druck: Druck Partner Rübelmann, Hemsbach
Printed in Germany

Inhalt

5

6

Vorwort

Schenken gehört zu den eher freundlichen Seiten unseres Lebens. Diese Feststellung hat verschiedene Implikationen. Wenn nach moderner Medienlogik gute Nachrichten es nicht wert sind, weiten Kreisen vermeldet zu werden, dann erklärt sich damit wenigstens teilweise die weitgehende Vernachlässigung der Thematik „Schenken" in den Sozialwissenschaften. Ferner besteht dann im Rahmen einer wissenschaftlichen Erörterung des Schenkens stets die Gefahr, im Beschaulich-Schöngeistigen zu verbleiben und der Anstrengung konsequenten theoretisch geleiteten Aufarbeitens auszuweichen. Diese Gefahr soll durch Konzentration auf eine strikt soziologische Orientierung vermieden werden.

Georg Simmel, ein Begründer und bleibender Anreger der Kultursoziologie, nannte um die Jahrhundertwende in einer sowohl sehr einfachen als auch umfassenden Klassikation „Geschenk, Raub, Tausch ... die äußerlichen Wechselwirkungsformen, die sich unmittelbar an die Besitzfrage knüpfen" (S. 370). Als die den drei Formen entsprechenden Motive bezeichnet er „Altruismus, Egoismus, objektive Normierung" (S. 370). Fast zwangsläufig wird auch der von Simmel dem Geschenk zugeordnete Altruismus ein Thema sein, und zwar ein sehr schwieriges, dem aber nicht ausgewichen werden kann.

Ein zweiter Autor, der in einer Abhandlung über Schenken nicht unberücksichtigt bleiben darf, ist der französische Soziologe und Ethnologe Marcel Mauss. In seiner 1925 veröffentlichten Schrift „Die Gabe" bezeichnet er das Schenken als „soziales totales Phänomen" (S. 17). Schenken ist ein Ganzes, das viele Bereiche des Lebens berührt und auf sehr unterschiedliche Weise angegangen werden kann. Das bringt Probleme für eine Darstellung mit sich. Man muß sich auf immer neuen Zugängen dem ganzheitlichen Phänomen nähern, aber über die Gewährung einer neuen Sicht kommt auch das Immergleiche zum Tragen, und dadurch wird Redundanz erzeugt. In einem Bilde: Mit der Aufnahme eines neuen Fadens in dem Gewirr des Ganzen kann es nicht ausbleiben, daß andere, von Fall zu Fall schon be-

9

kannte mitgezogen werden. Von daher sind auch die vielen Querverweise notwendig, die meist durch „(s.S...)" gekennzeichnet sind.

Mit dieser Schrift soll eine grundsätzliche Erörterung des Phänomens „Schenken" vorgelegt werden. In den meisten Fällen ist der implizite oder explizite Hintergrund die deutsche Gesellschaft der Gegenwart. Doch ist das kein hermetisches Konzept. Für andere Industriegesellschaften, insbesondere für die USA, Kanada und Großbritannien liegt viel empirisches Material vor, das zur Ergänzung und zum Vergleich herangezogen wird. Global geht es also primär um westliche Gesellschaften, für die Industrialisierung und – was sich für unseren Zusammenhang auch als wichtig erweisen wird – Individualisierung charakteristisch sind. Für Japan, auf das mehrfach eingegangen wird, gilt zumindest das Kriterium einer fortgeschrittenen Industriegesellschaft. Noch weiter wird der Fokus, wenn über Erörterungen des Schenkens in nichtwestlichen Gesellschaften einschließlich Naturvolkgesellschaften Konstanten und grundlegende Unterschiede beim Schenken hervorgehoben werden. Auch der Blick in die Vergangenheit der modernen Gesellschaften wird immer wieder notwendig sein, um Kontinuitäten und Wandel festzustellen.

Zwei „technische" Hinweise: Alle Übersetzungen englischer und französischer Textpassagen stammen von mir. Entscheidende Begriffe werden in Klammer original wiedergegeben. Der Anmerkungsapparat im Text ist knapp gehalten. Im Text genannte oder zuvor mit Verweisen (Name des Autors oder Name des Autors und erstes Substantiv im Titel) gekennzeichnete Schriften und sonstige Beiträge werden in den direkt darauf folgenden Zitationen und Bezugnahmen nur noch mit Seitenzahl aufgeführt.

Angeregt wurde ich zur intensiven Beschäftigung mit Schenken durch die Teilnahme an einer Fernsehrunde des Südwestfunks im Jahre 1985 – natürlich zur Weihnachtszeit. Widmen will ich dieses Buch meiner Frau, für die Fragen des konkreten Schenkens oft eine ähnlich große Herausforderung darstellen wie für mich die Abfassung der vorliegenden Schrift.

Mainz, im Herbst 1995   *Gerhard Schmied*

1. Soziale Dimensionen des Schenkens und die Soziologie

Grundlegung

Man kann bestenfalls im übertragenen Sinne sagen: „Ich habe mir dieses oder jenes geschenkt". Oft ist mit einer solchen Feststellung auch ein gewisser Unernst verbunden. Denn Schenken verlangt ein alter, dem ein ego etwas schenkt.[1] Daß das, was gegeben wird, ein „Geschenk" ist und nicht etwa ein „Handelsgut", unterlegt diesem Akt des Gebens einen spezifischen, von ego so gemeinten und von alter normalerweise gleichermaßen verstandenen Sinn, der den Beschenkten zu einer Reaktion wie z.B. Dank bewegt. Und damit haben wir mit dem Schenken das vor uns, was Max Weber in den berühmten ersten Sätzen von „Wirtschaft und Gesellschaft" als den zentralen Gegenstand von Soziologie bezeichnet: soziales Handeln, „welches seinem von dem oder den Handelnden gemeinten Sinn nach auf das Verhalten anderer bezogen wird und daran in seinem Ablauf orientiert ist" (S. 3).

Schenken ist keine selten vorkommende Form sozialen Handelns. Um die Evidenz dieser Feststellung zu sichern, genügen an und für sich unsere Alltagserfahrungen. Es lassen sich aber als soziologische „Beweismittel" auch Daten anführen, die im Rahmen der Sozialforschung gewonnen wurden. In der Untersuchung von David Cheal „The Gift Economy", in der die Geschenke eines Jahres bei 85 Probanden erfaßt wurden, konnten pro Proband 71 Geschenke und Gegengeschenke festgestellt werden, wobei die niedrigste Zahl 12, die höchste 202 betrug (S.31). Und für Großbritannien wurden die Ausgaben für gekaufte Geschenke Ende der 60er Jahre auf eine Milliarde Pfund und damit auf 4,3 Prozent aller Konsumausgaben geschätzt (Davis, Exchange, S. 49).

Obwohl Schenken eindeutig dem sozialen Handeln zuzuzählen ist und obwohl es häufig vorkommt, ist es selten Gegenstand soziologischen Interesses. Es ist ein in der Soziologie weitgehend vernachlässigtes Thema. In den zahlreichen, von mir durchgesehenen soziologischen Lexika enthalten nur zwei ein Stichwort „Geschenk". Für das von Wilhelm Bernsdorf herausgegebene „Wörterbuch der Soziologie" in seiner 2. Auflage hat S. Westphal-Hellbusch einen Artikel „Geschenk" verfaßt, der allerdings besser in ein ethnologisches als in ein soziologisches Wörterbuch passen würde. Ähnliches gilt für den von Rolf Klima geschriebenen Eintrag zu „Geschenk" in dem von Werner Fuchs und anderen herausgegebenen „Lexikon zur Soziologie", bestehend aus 14 Zeilen und einem Wort. Dort wird allerdings auch die in der vorliegenden Schrift als zentral gewertete Funktion des Schenkens, nämlich „Aufrechterhaltung der sozialen Beziehungen zwischen den sich gegenseitig Beschenkenden" vermerkt (S. 234). Der Grund für die Tendenz, ethnologisches Material im Rahmen von soziologischen Erörterungen des Schenkens heranzuziehen, wird bald deutlicher zutagetreten. Ansonsten konnte ich eine einzige umfangreiche Monographie zum Schenken in modernen Gesellschaften aus den letzten Jahren im angelsächsischen Raum feststellen. Es ist David Cheals eben genanntes Buch „The Gift Economy" aus dem Jahre 1988, in dem das Geschenkverhalten von Einwohnern der kanadischen Stadt Winnipeg beschrieben und analysiert wird. Für Deutschland ist zunächst die 1991 erschienene Dissertation von Gisela Clausen zu nennen; bezeichnend für diese relativ schmale Arbeit ist, daß in ihr neben dem Schenken noch „Unterstützen in Primärbeziehungen" erörtert wird. Schenken allein gab wohl nach Ansicht der Autorin oder des Betreuers „nicht genug her". Eine neuere volkswirtschaftliche Dissertation wurde von Hans-Volker Eichler ebenfalls 1991 vorgelegt. Unter den Arbeiten von Ökonomen ist jedoch sicher Bernhard Laums „Schenkende Wirtschaft" aus dem Jahre 1960 von überragender Bedeutung; Laums Buch ist eine unergründliche Fundgrube. Und 1994 veröffentlichte Friedrich Rost eine Übersicht über „Theorien des Schenkens".

Auseinandersetzung mit Marcel Mauss' „Die Gabe"

Von den vielen Kollegen, die ich im Laufe der letzten Jahre auf Veröffentlichungen zur Thematik „Schenken" ansprach, nannten die meisten spontan Marcel Mauss' berühmte Schrift „Essai sur le don", deutsch: „Die Gabe", aus dem Jahre 1925. In der Regel war das auch der einzige „Literaturtip", den ich erhielt. Doch „Die Gabe", die einen wichtigen, wenn nicht den wichtigsten Beitrag der direkten Nachfolger des großen französischen Soziologen Émile Durkheim darstellt, ist kein Buch, das vom alltäglichen Geschenkverhalten in unseren westlichen Gesellschaften handelt, die den genuinen Gegenstand von Soziologie bilden. Der Untertitel von „Die Gabe" lautet „Form und Funktion des Austauschs in archaischen Gesellschaften". Und dementsprechend unternimmt Mauss einen Streifzug, der einerseits in exotische Gebiete wie Polynesien, Melanesien oder nach Nordwestamerika führt, andererseits aber auch so trockene Materie wie altrömisches oder germanisches Recht und klassisches Hindurecht berücksichtigt. Natürlich ist auch bei Mauss wie schon in der Schrift „Die elementaren Formen des religiösen Lebens" seines Lehrers Durkheim aus dem Jahre 1912 die räumliche wie zeitliche Entfernung nur die Folie, vor der der Umbruch in den Industriegesellschaften diskutiert wird. Das erst läßt die beiden Schreibtischethnologen zu Soziologen werden. Es sollen die Umrisse von Formen elementarer sozialer Institutionen sichtbar gemacht werden, die die Autoren auch für die modernen Gesellschaften als wichtig erachten.

Für Mauss gab es im Rahmen der sozialen Evolution Perioden, in denen das Schenken ein zentraler Faktor des Wirtschaftslebens war. Diese Zeitalter haben für Mauss etwas Anziehendes, sie waren die bessere Zeit, da „heute ein großer Teil des industriellen und kommerziellen Rechts mit der Moral in Konflikt steht" (S. 159)[2]. Es gilt nach Mauss, diese alten Zeiten nicht zu vergessen. Hier scheint allerdings auch der von Jean Baudrillard verwandte Begriff des Mythos' (S. 64, Anm.) angebracht zu sein, denn „Die Gabe" ist eine Rückwendung zu Zeiten, in denen angeblich alles noch gut war, eine Rückwendung zu paradiesischen Formen des Sociallebens und der Güterverteilung. Die Analyse von Mauss, der wie Durkheim mit der Linken sympathisierte, enthält weiter – gleichsam als andere Seite der Medaille mit der Verklärung der Vergangenheit – kapitalismuskritische Züge[3], mit den Worten eines seiner Biographen: „Hier treffen sich Ethnographie und Politik (oder Sozialismus) wieder" (Fournier, S. 334). Denn, so Mauss: „Die alten Prinzipien wirken der Härte, der Abstraktion und der Unmenschlichkeit unserer Gesetzbücher entgegen. In dieser Hinsicht besteht ein großer Teil unserer sich neubildenden Rechtsprinzipien und Bräuche darin, die Uhr zurückzudrehen. Und diese Reaktion gegen die römische und sächsische Gefühllosigkeit in unseren Verhältnissen ist durchaus gesund und gut. Einige neuere Entwicklungen in unserem Recht und unseren Bräuchen lassen sich so interpretieren" (S. 159). Solche „neuere Entwicklungen" sind für Mauss das Sozialversicherungswesen sowie Arbeitslosenunterstützungskassen in einzelnen Betrieben. Es ist hier nicht der Ort, diese Bereiche, die Mauss in den Zusammenhang mit Schenken stellt, im Detail zu diskutieren (Sahle, S. 12). Nur die folgende Einzelheit ist zu reizvoll, um sie zu übergehen. Der Ausdruck einer „edlen' Verschwendung" (S. 162), den Mauss in diesem Zusammenhang verwendet, wäre für Kritik am Sozialstaat ein attraktives Stichwort.

Was aber bezüglich der sozialstaatlichen und ihnen vergleichbaren privaten Einrichtungen für unseren Zusammenhang wichtig bleibt, ist der kollektive Charakter. Viele zahlen ein, viele sind Leistungsempfänger; es ist kein direktes Verhältnis zwischen denen vorgesehen, die die Leistungen erbringen, und denen, die sie in Anspruch nehmen. Und damit kommen wir zu einem zweiten Punkt, in dem Mauss' Analyse das hier gemeinte und anfangs skizzierte Geschenkverhalten nicht trifft. Mauss handelt sowohl in bezug auf archaische wie auf moderne Gesellschaften nicht vom Schenken zwischen Individuen, sondern vom Austausch zwischen Kollektiven (auch Rost, Theorien, S. 37). Höhepunkte des Buches sind Schilderungen von

Geschenkfesten, bei denen Angehörige eines Stammes, einer Stammes-gruppe, einer Phratrie oder eines Clans Güter an ihren Häuptling geben, der diese an andere Häuptlinge verschenkt, die sie wiederum an ihre Unter-tanen austeilen. Mauss stellt uns die großartigen Potlatch-Zermonien der Kwakiutl an der Küste Nordwestamerikas vor Augen, bei der Häuptlinge im Namen eines Stammes das Oberhaupt und oft auch Angehörige eines anderen Stammes einladen, sie wahrhaft fürstlich bewirten und beschenken und im Überschwang all die aufgehäuften Güter, eßbare wie nicht eßbare, zerstören, um so ihren Reichtum zu demonstrieren und sich einen hohen Status zu sichern. Mauss beschreibt weiter detailliert den Kula-Ring, jene Expeditionen in Melanesien, bei denen intertribal stets in einer Richtung Armreifen und in der anderen Halsketten ausgetauscht werden. Nicht in den Blick kommen also Geschenke von Individuum zu Individuum, die in unseren Gesellschaften den weitaus überwiegenden Teil allen Geschenk-verhaltens ausmachen (auch Eichler, S. 48).

Derartige Systeme kollektiven Gebens existieren bis zur Gegenwart in nicht-westlichen Gesellschaften und wurden z.T. auch vom Einbezug dieser Gesellschaften in das moderne Wirtschaften nicht entscheidend getroffen. So wird z.B. berichtet, daß die Kwakiutl, nachdem viele von ihnen in der Konservenindustrie Arbeit gefunden hatten, nun viel mehr Güter zur Vertei-lung und Vernichtung im Rahmen eines potlatch ansammeln konnten. Waren vor der Industrialisierung der Gegend maximal 320 Decken im Spiel, wurden danach über 33 000 gezählt. Und für Neuguinea wurden Formen des moder-nen kula beobachtet; nur besucht man sich nicht mehr mit Auslegerbooten, sondern mit Automobilen vom Typ „Mercedes" (Gregory, Stichwort, S. 527). Aber immer gilt, daß es sich hier um Kollektivgeschenke oder um Ge-schenke von Führerpersönlichkeiten handelt, die kollektiv Güter ihrer Ge-folgsleute verteilen.

Solche Formen der „Gabe" sind auch in modernen westlichen Gesell-schaften durchaus vorzufinden. Thorstein Veblen nennt für die USA große Bälle, die zur Demonstration des Reichtums gegeben werden (S.85). Auch Geschenke zwischen Staatsoberhäuptern und zwischen diplomatischen Vertretungen, die für ihre Staatsvölker stehen, könnten in diesem Zusam-menhang genannt werden (Laum, Wirtschaft, S. 268ff.) Zum Weihnachts-fest oder zum Jahreswechsel sind auch heute noch Geschenke zwischen den Spitzen diplomatischer Vertretungen üblich. Aber sie sind relativ beschei-den; der Gefahr, daß Geschenke zur Bestechung dienen oder sich für den Staat, der vertreten wird, schädigend auswirken, wird durch Limitierung des Geschenkumfangs vorgebeugt (Neumann, S. 81). Die diplomatischen Geschenke sind ein schwaches Abbild jener potlatch-Geschenke zwischen Häuptlingen, von denen bei Mauss die Rede ist. Deutlicher war dieser Cha-rakter von Staatsgeschenken noch im Feudalismus, wo große Werte wie „Juwelen, Tafelsilber, Goldvasen, orientalische Stoffe und Teppiche, Gemälde, kostbare Pferde" (ebd., S. 84) ausgetauscht wurden. Vielleicht lassen sich auch die Hilfslieferungen in Hunger- und Kriegsgebiete (Laum, Wirtschaft, S. 331ff.) so qualifizieren (s. auch S. 47ff. zu: Spende). Bernhard Laum sieht Kredite an bedürftige Staaten „als regelrechte Geschenke" (S. 9); leider werden auch Waffen geschenkt (S. 403ff.), und James Dillon behandelt in seiner Schrift „Gift and Nations" die Hilfe für die europäischen Länder durch den Marshallplan nach Schemata, die er aus Mauss' Schrift abgeleitet hat. Aber solche Phänomene, die in die von Mauss entwickelte Vorstellungswelt passen, stehen am Rande dessen, was wir gemeinhin unter „schenken" subsumieren. Daher soll diesen Phänomenen auch nicht weiter im Detail nachgegangen werden; sie erforderten eigene Monographien. Es wäre also direkt irreführend, wenn man Mauss' Ausführungen als Leitfaden für eine Analyse des Schenkens in der modernen Welt heranziehen würde (auch Camerer, S. 181). Das gedankenreiche Werk ist dennoch nicht nur als „Stein des Anstoßes", sondern auch als „Steinbruch" zu nutzen, aus dem wertvolle Versatzstücke entnommen werden können.

Ein Blick zurück in die Geschichte des Abendlandes

Geschenke einzelner Großer an Kollektive, z.B. an die römische Plebs, waren Teil des Herrschaftssystems im antiken Rom, aber auch in Griechenland (Veyne, S. 17 u.a.). Die von Mauss beschriebenen Phänomene sind auch im Abendland der Vormoderne feststellbar, wie der Historiker Jürgen Hannig für das frühe Mittelalter im fränkischen Raum detailliert dokumentiert hat[4]. Geschenke waren in der feudalistischen Epoche eine Angelegenheit der Oberschichten. „Herrscher handeln nicht, sie tauschen allenfalls Geschenke aus" (S. 337), schreibt Norbert Ohler über mittelalterliches Gebaren. Auch unterhalb der Spitzen der Hierarchie bedachte man sich mit Geschenken, und man konnte sich dabei gebärden wie die Kwakiutl beim potlach. „Während eines Hoftages prahlten die Vasallen mit ihrem Reichtum: Ein Ritter säte kleine Silbermünzen in ein vorher gepflügtes Feldstück, ein anderer verwendet in der Küche Wachskerzen zum Kochen, ein Dritter befiehlt ‚aus Prahlerei', dreißig seiner Pferde bei lebendigem Leibe zu verbrennen ..." (Hannig, S. 156). Doch diese Art des Schenkens hatte auch noch eine andere Seite. Norbert Ohler merkt an: „Ein Reichstag erlaubte den Großen also auch, dem Herrscher ‚Geschenke' zu überreichen. Das war ehrenvoll, wenn man andere ausstechen konnte, demütigend, wenn die ‚Gabe' einem Tribut gleichkam" (S. 223). Es konnte also zu einer Vermischung zwischen Abgaben einerseits und Geschenken andererseits kommen (Hannig, S. 152). In einer Zeit, in der staatliche Verwaltung erst rudimentär entwickelt war, wurden über Geschenke Staatseinnahmen gesi-

15

chert (S. 160). Diese „Geschenke" sowie andere damals übliche Gaben, wie etwa diplomatische, von Hof zu Hof oder auch zwischen Sippen ausgetauschte, wurden – im Gegensatz zu den heute üblichen Usancen – in der Regel vor einer breiten Öffentlichkeit überreicht. Nur dann konnten sie ihre Funktionen erfüllen. Man hatte Zeugen dafür, daß das schuldige Geschenk gegeben worden war. Und natürlich war die Öffentlichkeit die Voraussetzung dafür, daß man wieder durch das stets mit zu bedenkende „Prinzip der Überbietung" (S. 150) mehr eigene Reputation und die Beschämung des anderen erreichen konnte.

Während die Feudalherren verschwenderisch – eben „fürstlich" – mit ihren Besitztümern umgingen (auch Ohler, S. 103f.), verbot man des öfteren den Untertanen das Schenken generell oder legte die Grenzen des Geschenkwertes fest. Noch im 17. Jahrhundert war in Sachsen das Schenken zu Weihnachten und Neujahr verboten (Armbruster, S. 33); besonders gegen Knechte und Mägde wurden wegen Geschenken gerichtliche Verfahren eingeleitet, weil man der Auffassung war, sie hätten sich diese ausbedungen, um ihren Lohn aufzubessern. Die Frage solcher Gaben anläßlich des Weihnachtsfestes war auch Anlaß für eine wissenschaftliche Abhandlung, die 1737 unter dem Titel „De muneribus, quae propter diem natalem Salvatoris Nostri dari solent" von einem Autor mit dem latinisierten Namen Carolus Godofredus Kisslingius verfaßt wurde. Dabei hatte die bekämpfte Art des Geschenkwesens durchaus auch ihre Schattenseiten für das Gesinde. In einer „Rechtsgeschichte des Gesindes" aus dem Jahr 1912 heißt es: „Die Jahresfeste, Gesellschaften, Familienfeiern, wichtige Ereignisse des häuslichen Wirtschaftslebens und viele sonstige Gelegenheiten geben Anlaß zu der Bestätigung jener Sitte, an die Stelle der verdienten Belohnung ein scheinbar aus Gnade gegebenes Geschenk zu reichen" (nach: Laum, Wirtschaft, S. 215). Man muß sich davor hüten, dieses Thema lediglich als historische Reminiszenz zu betrachten. Das, was der moderne Arbeitnehmer im Dezember an zusätzlichem Lohn erhält, oszilliert ebenfalls zwischen der Dankesgabe „Weihnachtsgratifikation" und einem zustehenden 13. Monatsgehalt. Und die genaue Bestimmung solcher sogenannter außertariflicher Leistungen kann, wenn sie vom Arbeitgeber zurückgenommen werden, zu einer wichtigen Frage in Tarifverhandlungen werden (ebd., S. 3 und Jäde, S. 110f.).

Zurück in die Geschichte: Man hatte sich in den unteren und mittleren Schichten zu bescheiden und damit – wie es im Falle der Manieren Norbert Elias schon beschrieben hat (S. 134f.) – die Grenzen zur Oberschicht zu wahren. Die Ausbreitung des intensiven Schenkens auf alle Schichten begann, als die Feudalherrn die ökonomische und später auch die politische Herrschaft nach und nach abgeben mußten. Aber dieses Schenken vollzog sich mehr und mehr in einer Form, die wir vorläufig als interindividuelles, privates Schenken bezeichnen wollen.

Primärer Gegenstand der Soziologie sind die modernen westlichen Gesellschaften. Wichtige Elemente in dem Prozeß des Entstehens sowohl der Soziologie wie der modernen Gesellschaften sind die Industrialisierung und der damit verbundene Aufstieg des Bürgertums. Im Zusammenhang mit diesen beiden Elementen ist auch das moderne Geschenkverhalten zu sehen. Der Historiker Jürgen Hannig schreibt: „Die bürgerliche Schenkkultur als Ausdruck persönlicher, familiärer und freundschaftlicher Beziehungen ist nicht vor dem 18. Jahrhundert anzutreffen. Vielleicht hat sie sich als Korrektiv zu dem immer weitere Lebensbereiche umfassenden ökonomistischen Tauschsystem entwickelt" (S. 150). Dieses von Hannig sogenannte ökonomistische Tauschsystem ermöglichte den Erwerb nahezu aller Güter; man war in bezug auf bestimmte begehrte Güter nicht mehr auf Schenkaktionen angewiesen, wie sie Mauss beschreibt (Cheal, Gift, S. X).

Aber weitere Elemente gehören unabdingbar zum Entstehen des modernen Schenkens. Da ist zunächst die wesentliche Erweiterung der Geldwirtschaft zu nennen, im Rahmen derer eine bunte Palette von Gütern erworben werden konnte, und zwar auch zu Geschenkzwecken. Und es muß Geld verfügbar sein, das nicht zur Deckung des unabdingbar Lebensnotwendigen gebraucht wird. Das war außer beim Adel zunächst am ehesten beim aufstrebenden Bürgertum der Fall. Dieses Geld muß weiter als Privatbesitz im Sinne individuellen Besitzes vorhanden sein. „Nur wer Eigentum besitzt, kann schenken" (Wirtschaft, S. 21), stellt der Wirtschaftshistoriker Bernhard Laum lakonisch fest. Denn individueller Besitz ist eine leicht zu übersehende Voraussetzung für Schenken, wie es in den westlichen Kulturen üblich ist. Dies konnte am Beispiel der Hutterites in Kanada demonstriert werden (Cheal, Gift, S. 10f.). Die Mitglieder dieser Sekte besaßen in der längsten Zeit ihrer Geschichte allen Besitz kollektiv; individuelle Geschenke waren so kaum möglich. Als es im Zuge der Aufweichung alter Prinzipien möglich wurde, sich ein privates Einkommen zu sichern, kam es zu ausgeprägtem interindividuellem und interfamiliärem Geschenkverhalten. Hier sehen wir also eine andere Seite der Bedeutung des Privatvermögens, das eine der Voraussetzungen des Kapitalismus war und in Gestalt des Produktivvermögens eine der Schlüsselkategorien für die Analyse moderner Gesellschaften geblieben ist. Im Lichte traditioneller, insbesondere aber marxistischer Soziologie wird es primär als Quelle und Resultat der Ausbeutung gesehen; es ist in dieser Hinsicht letztlich auch Anlaß für Entfremdung. Und allgemein wird der Umgang mit Vermögen im Kapitalismus mit Rationalität und Gefühllosigkeit in Verbindung gebracht, gegenüber denen persönliche Bedürfnisse des Gegenüber zur quantité négligeable werden. Hinsichtlich des Schenkens aber bringt Privatvermögen in einer weitgehend durchrationalisierten Welt die Menschen einander näher; es drückt – wie wir noch deutlicher sehen werden – dem Zwischenmenschlichen einen im wahrsten Sinne des Wortes unübersehbaren Stempel auf. Von solchen Überlegungen geht auch der Ethnologe Jonathan Parry aus: „Die, die freie und ungezwungene Verträge auf dem Markt machen, machen außerhalb seiner freie und ungezwungene Geschenke. Aber diese Geschenke sind bestimmt durch das, was Marktbeziehungen nicht sind: durch Altruismus, Moral und Aufladung mit Gefühlen... Wir können daher argumentieren, daß eine Ideologie des ‚reinen Geschenks' (pure gift) wahrscheinlich in hochdifferenzierten Gesellschaften mit fortgeschrittener Arbeitsteilung auftreten wird" (S. 466f.).[5] Spätestens hier wird nun klar, was Jürgen Hannig oben meint, wenn er die „bürgerliche Schenkkultur ... als Korrektiv zu dem immer weitere Lebensbereiche umfassenden ökonomistischen Tauschsystem" bezeichnet.

Ein weiterer wichtiger Faktor, der bei der Entstehung des Schenkens im modernen Sinne berücksichtigt werden muß, ist die zunehmend schärfere Trennung der öffentlichen und der privaten Sphäre. In erster Linie die Familie wird zum privaten Raum schlechthin, der sorgsam nach außen hin abgeschottet wird (Heller, Theorie, S. 256 und zu Details: Shorter, S. 175ff.). Der Kauf, einschließlich des Kaufs der Arbeit, ist die Art des Austauschs von Gütern in der öffentlichen Sphäre. Das Geschenk dagegen dominiert den Austausch im privaten Raum. Insbesondere die Bindungen in der Familie werden auf diese Weise nachhaltig unterstrichen.[6] Und so entwickelt sich etwa Weihnachten von „der alten Kirchen- und Mittwinterfeier zum häuslichen Familien- und Kinderfest" (Weber-Kellermann, Brauch, S. 2). Und ganz im Gegensatz zur rationalen, oft kalten Atmosphäre in der Öffentlichkeit wird im privaten Raum gemüthaft Wärme entwickelt. Dem Nüchternen wird sogar das Wunderbare entgegengesetzt, an das die Erwachsenen nicht mehr glauben können, das sie aber den Kindern erhalten möchten, indem sie die Geschenke als vom Christkind oder vom Weihnachtsmann gebracht erklären. Dieses Wunderbare spiegelt sich nach Walter Heim in dem Wort „bescheren" wider, das im Zusammenhang des Weihnachtsschenkens verwandt wird. Es sind „höhere Mächte, die nicht schenken, sondern ‚bescheren'" (Weihnachtsbrauchtum, S. 15). Der Weihnachtsmann spiegelt zwar das Angsteinflößende wider, das der bürgerliche Vater ausstrahlen wollte (Weber-Kellermann, Weihnachten, S. 100), aber er ist es auch, der etwas bringt, ohne dafür einen direkt materiellen Gegenwert einzufordern. Gegen solche Vorstellungen (im Sinne von Präsentationen) des Wunderbaren konnten auch religiöse Vorschriften wenig ausrichten. Als man etwa von Seiten lutherischer Theologen im Rahmen der Zurückdrängung des Heiligenkultes den heiligen Nikolaus durch den „Heiligen Christ" ersetzen wollte, wurde aus dieser wenig anschaulichen Figur bald das „Christkind", das wie ein Engel aus den vielen, damals verbreiteten sogenannten Einkehrspielen dargestellt wurde (S. 2).

Geschenke in der vorindustriellen Epoche mit ihrer primär agrarischen Prägung waren oft nicht von jenen emotionalen Komponenten begleitet, die vor allem für die enger gewordene bürgerliche Familie typisch waren. In

18

den bäuerlichen Haushalten zählte etwa das Gesinde zur erweiterten Familie. Geschenke an die Dienstboten waren trotz der von der Obrigkeit ausgesprochenen Verbote üblich, ja zum Teil sogar bis ins Detail geregelt. Weber-Kellermann hebt genau auf diesen Vergleich zwischen Vormoderne und Moderne ab, wenn sie schreibt: „Zu Weihnachten nun gehörten der Weihnachtstaler, ein Paar Schuhe, Hemd, Hose oder Stoff zum Kleid und eine Schürze weniger zu den Überraschungen bei Lichterglanz als vielmehr zu den vereinbarten Bestandteilen einer Naturallöhnung, die zu Weihnachten fällig wurde" (Brauch, S.6).

Das Weihnachtsfest mit der Kinderbescherung könnte eine der „Wiegen" des modernen Schenkens sein.[7] Ein Indiz dafür ist das Entstehen von Gewerben im 19. Jahrhundert, die sich auf das Herstellen von Weihnachtsgeschenken spezialisierten. Und zwar war dies neben Süßem – vom Lebkuchen bis zum Tannenzapfen aus Schokolade – vor allem Spielzeug. Denn „Apfel, Nuß- und Mandelkern", die Theodor Storm in seinem Gedicht als Weihnachtsgaben auflistet, genügten bald nicht mehr. Ingeborg Weber-Kellermann zählt auf: „Holzsoldat und Puppenstube, Marktstand und Bauernhof, Pferdestall und Puppenküche, Räderschiff und Pferdewagen, Baukästen in schön bemalten Spanschachteln und Reiterchen, Karussell und Klingkästchen ..." (Brauch, S.8). Und bald kamen die Geschenke für Erwachsene hinzu. Solche Gaben kann man auch auf Weihnachtsmärkten erstehen. Aber Weihnachtsmärkte reichen bis in die Zeit vor der Industrialisierung zurück. Der Berliner Weihnachtsmarkt läßt sich bis in das frühe 18. Jahrhundert zurückverfolgen (Weber-Kellermann, Weihnachten, S. 70ff.). Und er war durchaus auch an vorindustriellen Verhältnissen in bezug auf das Schenken orientiert: Städtische Dienstmädchen und ländliches Gesinde, die ihren „Weihnachtstaler" erhalten hatten, wie die Bauersleute selbst kauften dort für den Alltagsgebrauch ein und leisteten sich vielleicht die eine oder andere ungewöhnliche Leckerei. Etwas von diesem Charakter findet man noch auf heutigen Weihnachtsmärkten, wenn Socken und Handschuhe oder auch Kochtöpfe und Tassen angeboten werden.

Es gibt viele literarische Schilderungen der Bescherung am Heiligen Abend (Riemerschmidt, S. 52ff.). Aber ein besonderer Genuß ist es, Thomas Mann, dem unnachahmlichen Schilderer großbürgerlichen Lebens im 19. Jahrhundert, zu folgen, wenn er über Weihnachten bei den „Buddenbrooks" schreibt:

„Und dann erhob sich die Konsulin. Sie ergriff die Hand ihres Enkels Johann und die ihrer Urenkelin Elisabeth und schritt durch das Zimmer. Die alten Herrschaften schlossen sich an, die jüngeren folgten, in der Säulenhalle gesellten sich die Dienstboten und die Hausarmen hinzu, und während alles einmütig „O Tannenbaum" anstimmte und Onkel Christian vorn die Kinder zum Lachen brachte, indem er beim Marschieren die Beine hob wie ein Hampelmann und albernerweise „O Tantebaum" sang, zog man mit geblendeten Augen und einem Lächeln auf dem Gesicht durch die weitgeöffnete hohe Flügeltür direkt in den Himmel hinein.

Der ganze Saal, erfüllt von dem Dufte angesengter Tannenzweige, leuchtete und glitzerte von unzähligen kleinen Flammen, und das Himmelblau der Tapete mit ihren weißen Götterstatuen ließ den großen Raum noch heller erscheinen. Die Flämmchen der Kerzen, die dort hinten zwischen den dunkelrot verhängten Fenstern den gewaltigen Tannenbaum bedeckten, welcher, geschmückt mit Silberflittern und großen, weißen Lilien, einen schimmernden Engel an seiner Spitze und ein plastisches Krippenarrangement zu seinen Füßen, fast bis zur Decke emporragte, flimmerten in der allgemeinen Lichtflut wie ferne Sterne. Denn auf der weißgedeckten Tafel, die sich lang und breit, mit den Geschenken beladen, von den Fenstern fast bis zur Türe zog, setzte sich eine Reihe kleinerer, mit Konfekt behängter Bäume fort, die ebenfalls von brennenden Wachslichtchen erstrahlten. Und es brannten die Gasarme, die aus den Wänden hervorkamen, und es brannten die dicken Kerzen auf den vergoldeten Kandelabern in allen vier Winkeln. Große Gegenstände, Geschenke, die auf der Tafel nicht Platz hatten, standen nebeneinander auf dem Fußboden. Kleinere Tische, ebenfalls weiß gedeckt, mit Gaben belegt und mit brennenden Bäumchen geschmückt, befanden sich zu den Seiten der beiden Türen: Das waren die Bescherungen der Dienstboten und der Hausarmen.

Singend, geblendet und dem altvertrauten Raume ganz entfremdet umschritt man einmal den Saal, defilierte an der Krippe vorbei, in der ein wächsernes Jesuskind das Kreuzeszeichen zu machen schien, und blieb dann, nachdem man Blick für die einzelnen Gegenstände bekommen hatte, verstummend an seinem Platze stehen.

Hanno war vollständig verwirrt. Bald nach dem Eintritt hatten seine fieberhaft suchenden Augen das Theater erblickt ... ein Theater, das, wie es dort oben auf dem Tische prangte, von so extremer Größe und Breite erschien, wie er es sich vorzustellen niemals erkühnt hatte. Aber sein Platz hatte gewechselt, er befand sich an einer der vorjährigen entgegengesetzten Stelle, und dies bewirkte, daß Hanno in seiner Verblüffung ernstlich daran zweifelte, ob dies fabelhafte Theater für ihn bestimmt sei. Hinzu kam, daß zu den Füßen der Bühne, auf dem Boden, etwas Großes, Fremdes aufgestellt war, etwas, was nicht auf seinem Wunschzettel gestanden hatte, ein Möbel, ein kommodenartiger Gegenstand ... war er für ihn?

„Komm her, Kind, und sieh dir dies an", sagte die Konsulin und öffnete den Deckel. „Ich weiß, du spielst gerne Choräle ... Herr Pfühl wird dir die nötigen Anweisungen geben ... Man muß immer treten ... manchmal schwächer und manchmal stärker ... und dann die Hände nicht aufheben, sondern immer nur so peu à peu die Finger wechseln ..." Es war ein Harmonium, ein kleines, hübsches Harmonium, braun poliert, mit Metallgriffen an beiden Seiten, bunten Tretbälgen und einem zierlichen Drehsessel. Hanno griff einen Akkord ... ein sanfter Orgelklang löste sich los und ließ die Umstehenden von ihren Geschenken aufblicken ... Hanno umarmte seine Großmutter, die ihn zärtlich an sich preßte und ihn dann verließ, um die Danksagungen der anderen entgegenzunehmen." (S. 364f.)

Für die Schaffung einer so gearteten bürgerlichen Familienatmosphäre ist vor allem die Frau zuständig. Sie ist von Erwerbsarbeit freigestellt, auch um die expressive Seite des Lebens sicherzustellen (Cheal, Dialect, S. 150). Das erklärt zum Teil die Dominanz der Frauen auch beim modernen Schenken: Sie sind nicht nur für die Beschaffung der gemeinsam mit einem Partner zu verschenkenden Gegenstände verantwortlich. Frauen schenken auch untereinander mehr und öfter, als dies Männer tun, und schaffen sich so – wie es Cheal in angelsächsischer Pathetik ausdrückt -"Netzwerke der Liebe" (S. 155). Ganz deutlich wurde in der Analyse von Cheal, daß Frauen mehr schenkten, und zwar sowohl Geschlechtsgenossinnen als als auch Männern und Familien. Nur 18% aller Geschenke wurden von Männern allein und 10% von zwei und mehr Männern gemeinsam geschenkt (Gift, S. 29). Ähnliche Ergebnisse erbrachte die US-amerikanische Middletown-Studie, in der das Geschenkverhalten anläßlich des Weihnachtsfestes 1978 ermittelt wurde. Frauen schenkten häufiger, und zwar allein oder mit anderen 84% der 3.347 erfaßten Geschenke. Männer schenkten seltener, dafür aber in der Regel Wertvolleres. Außerdem hatten Frauen überwiegend weitere Aufgaben im Zusammenhang mit Schenken übernommen: neben dem Einkauf vor allem das oft aufwendige Verpacken. Die Rolle des Mannes bestehe dann darin, „den größeren Anteil der Kosten zu tragen, die weiblichen Verrichtungen zu bewundern und ihnen zu applaudieren sowie ungeschickte Hilfe zu leisten, wenn sie benötigt wird" (Caplow, Christmas, S. 388). Allerdings sollten solche launigen Bemerkungen nicht die Probleme verdecken, die für Frauen beim Schenken entstehen können. Wenn sie vom Einkommen ihres Ehemannes abhängig sind, dann ist jedes Geschenk, auch das für ihn bestimmte, mit dem von ihm erhaltenen Geld zu erwerben, und damit kein „richtiges Geschenk" (true gift) (Waits, S. 84). So suchten und suchen sich Hausfrauen etwa zur Weihnachtszeit Gelegenheitsarbeit, um Geschenke kaufen zu können, oder sie erwerben sie von einem Taschengeld (S. 85f.); sie können sich das für Geschenke Benötigte auch mühsam vom Haushaltsgeld absparen.

Nachdem in der bürgerlichen Epoche das interindividuelle Schenken sich nicht nur immer mehr ausbreitete und ausweitete, sondern auch immer stärker mit emotionalen Qualitäten angereichert wurde, war es zugleich ein Gradmesser der Beziehungen geworden, die durch Geschenke neue Qualitäten erhielten. Daher lag es nahe, etwas von dem Glanz, den Beziehungen durch Geschenke erhielten, auch auf die geschäftlichen Beziehungen abzuleiten, indem im Geschäftsverkehr das Schenken eingeführt wurde. Grob lassen sich die Geschenke an Kunden und solche an Geschäftspartner unterscheiden. Schon ab dem 18. Jahrhundert sind kleine Präsente von Bäckern und Metzgern an ihre Kunden anläßlich des Weihnachts- oder Neujahrsfestes verbürgt (Laum, Wirtschaft, S. 453). Neben solchen Geschenken an Kunden sind die von Lieferanten an Geschäftspartner wichtig geworden. Besonders Ärzte sind über Arzneimuster hinaus Adressat vieler kleiner Geschenke von Pharmafirmen (Tournier, S. 40). Diese Geschenkformen sind von der schon in der vorindustriellen Zeit üblichen „Zugabe" zu unterscheiden. Die Zugabe wurde bei größeren Käufen von seiten des Kaufmanns sowie bei Aufträgen an Handwerker seitens des Kunden fällig. Durch solche Zugaben – je nach Wert des Gekauften oder Verfertigten ein Paar Strumpfbänder oder Schuhe, ein Maß Schnaps oder ein Rock – sollte demonstriert werden, daß ein gerechter Preis genommen wurde (Laum, Wirtschaft, S. 238f.). Motiv für den Kaufmann war nicht, die Konkurrenz auszustechen (S. 231ff.), was heute durchgängig der Fall ist. Durch moderne sogenannte Werbegeschenke sollen sich „Kunden spielend gewinnen" lassen; so wird in einem Katalog für derartige Geschenke im Text zu Spielwaren offenherzig die Intention benannt. Der Umsatz für Werbegeschenke betrug 1991 nach Zeitungsmeldungen rund 3 Milliarden DM. In bezug auf eine gewisse Zuverlässigkeit dieser Summe spielt auch eine Rolle, daß sich Werbegeschenke in einem bestimmten Umfang von der Steuer absetzen lassen. 1994 waren dies 75 D-Mark pro Geschäftspartner.

Das Bürgertum setzte Maßstäbe für das moderne Schenken. Im Sinne des „Herabsinkens" solcher Maßstäbe in niedere Schichten, wie es Norbert Elias für die Manieren beschrieben hat (S. 135f.), wurden Geschenksitten auch in der Arbeiterschaft rezipiert und praktiziert. Die Grenzen für solche Rezeption und Praxis wurden durch die verfügbaren finanziellen Mittel gesetzt. Weihnachtsgeschichten etwa sind voll von Kinderleid, entstanden auf Grund nicht erfüllter, weil von seiten der Eltern nicht erfüllbarer Wünsche. Erst der Massenwohlstand, wie er sich wesentlich nach dem Zweiten Weltkrieg in den westlichen Ländern entwickelte, im Rahmen dessen „nicht eine schmale gehobene Gesellschaftsschicht, sondern die Mehrheit der Familien ... über einen Bewegungsspielraum in der Verwendung ihrer Kaufkraft" (Katona, S. 19) verfügt, hatte die umfassende Durchsetzung von Geschenksitten zur Folge. Qualität und Wert der Geschenke stiegen. Und es entwickelte sich gleichsinnig ein Markt für Geschenke, der durch eine differenzierte Auswahl unter den Waren, die zur Weitergabe gedacht sind, gefördert wurde (Schmölders, S. 9). Diese Etappe in unserer kulturhistorischen Skizze markiert einen Ausgangspunkt für die meisten der hier erörterten Fragestellungen.

Abschließend soll jedoch noch dem Zusammenhang von Industriegesellschaft und interindividuellem Schenken am Beispiel der wichtigsten nichtwestlichen Wirtschaftsmacht nachgegangen werden, nämlich Japans. Japan gilt als Industriegesellschaft, die aber weitgehend auf traditionellen Mustern des Zusammenlebens aufgebaut ist. So sollen Beziehungen zwischen Arbeitgebern und Arbeitnehmern am Vorbild feudaler Loyalität orientiert sein.

Schenken ist in Japan ein sehr häufig vorkommendes Verhalten. Das sieht der Europäer, der Japan besucht, an den vielen Geschäften, die Geschenkfertiges anbieten, aber auch daran, daß es fast unmöglich ist, nicht beschenkt zu werden (Befu, S. 445), und zwar von Personen, von denen er es nicht erwartet hätte, und zu Anlässen, die ihm nicht geläufig oder gar einsichtig sind. Neben den bisher benannten Gelegenheiten gibt es in Japan selbst noch weitere, bei denen Geldgeschenke üblich sind: „Für längere Fahrten nach Europa und Übersee wird der Japaner mit Geldgeschenken versehen ... Ein Geldgeschenk darf auch erwarten, wer an einer musikalischen Aufführung teilnimmt, wer bei einer Sportveranstaltung siegt, wer ein Buch veröffentlicht oder wer eine Kunstausstellung eröffnet" (Wassner).

22

Schenken in Japan weist oft Züge auf, die Mauss als typisch für archaische Gesellschaften beschrieben hat: Eine größere Einheit als der einzelne, nämlich der Haushalt, fungiert als Geber der Geschenke (Befu, S. 450). Dazu kommt noch strikte Reziprozität, die wir auch bei Mauss als Charakteristikum des Schenkens vorfinden werden (s. S. 27f.). Viele Geschenke sind Lebensmittel (S. 448), wahrscheinlich die ursprünglichsten Gaben überhaupt (s. S. 117ff.). Ferner werden mit dem Schenken oft magische Vorstellungen verbunden. Dem Geschenk wird eine Kraft zugeschrieben, die sich vom Schenkenden auf den Beschenkten überträgt. So soll das Geschenk des Gesunden zur Heilung des von ihm besuchten Kranken beitragen (S. 448f.). Das bisher dargestellte Schenken wird in Japan dem Bereich „giri", einem Kreis von genau umschriebenen Pflichten, zugeordnet. So wird nach Befu (S. 451) im Falle von Reisemitbringseln ohne Bedenken ein bestimmter Gegenstand der Zahl der zu Bedenkenden entsprechend oft geordert. Das bedeutet, daß die persönliche Komponente in solchen Geschenken verschwindend gering ist. Durch giri werden die traditionellen Bindungen aufrechterhalten, die unabhängig von persönlicher Sympathie bestehen können; dadurch wird die Einbettung in ein soziales Netzwerk gesichert, das im Bedarfsfall „als soziale Versicherung" (S. 451) genutzt werden kann. Daneben ist im städtischen Japan eine neue Geschenkpraxis entstanden. Hier schenkt ein Individuum einem anderen etwas; die Auswahl des Geschenks geschieht sehr sorgfältig und bedacht. Solches Schenken kommt in den Sphären vor, die typisch modern sind: in der Schule und am Arbeitsplatz. Befu sieht diese Sitte „als Ergebnis des Prozesses der Individualisierung, den modernes städtisches Leben ermutigt" (S. 453). Also scheinen auch in Japan mit der industriegesellschaftlichen Modernisierung interindividuelle Geschenkmuster einherzugehen.

Gründe für die Vernachlässigung der Thematik „Schenken"

Warum aber ist das interindividuelle Schenken, eines der „Kinder der Moderne", so selten Thema in der Soziologie? Ein Grund läßt sich am Werk von Mauss verdeutlichen. Mauss war wie sein Lehrer und Onkel Émile Durkheim auf das Phänomen „Gesellschaft" fixiert. Durkheim hatte der Gesellschaft ja Subjektcharakter zugesprochen, der sich im kollektiven Bewußtsein manifestieren soll (z.B. Formen, S. 593). Diese Fixierung auf das Kollektive, die Makroebene, hätte ihm wie auch Mauss wahrscheinlich das interindividuelle Schenken auf der Mikroebene als zweitrangig erscheinen lassen. Dasselbe gilt für eine vergleichbare Orientierung an Systemen, die einige Jahrzehnte später mit einem Höhepunkt in den 50er und 60er Jahren dieses Jahrhunderts durch die Dominanz des Strukturfunktionalismus eines Talcott Parsons' auch die neuere Soziologie bestimmte. Erst eine danach einsetzende Berücksichtigung auch der Mikroebene, wo sich tatsächlich das Soziale abspielt, erst eine Rückbesinnung darauf, daß der Alltag und die in ihm vorkommenden Sachverhalte ein wichtiges Thema sind, haben vereinzelt dazu geführt, Schenken und Geschenk für untersuchenswert zu halten. Und es ist sicher kein Zufall, daß David Cheal zur Erhebung des Geschenkverhaltens das wiederholte Intensivinterview verwandte, in dem die Befragten ihren Alltag zu schildern hatten (Gift, S. 30). Diese Methode ist neben der teilnehmenden Beobachtung die wichtigste Form der Erfassung von Alltagswelten.

Man kann diesen Wechsel im Fokus nochmals am Begriffspaar: öffentlich versus privat festmachen. Stand traditionell die Öffentlichkeit von Staat und Markt im Vordergrund soziologischen Forschens, so sind jetzt die privaten kleinen Welten, die als intime nicht besonders auffällig sind, legitimer Gegenstand soziologischer Analyse. Sie sind vertraute Inseln in einer als Problem empfundenen anonymen Gesellschaft; auf ihnen spielt sich die überwiegende Mehrzahl der Schenkakte ab.

Ausgehend von der Dominanz des Phänomens „Gesellschaft" bei Durkheim und seinen Schülern wie bei Soziologen, die vergleichbar makroanalytisch orientiert waren, konnten wir einen ersten Grund dafür nennen, warum Schenken ein vernachlässigtes Thema ist. Ein zweiter Grund könnte darin liegen, daß das Ökonomische mit Kernvorstellungen wie Nutzen und Profitmaximierung ein zentrales Thema der Soziologie war und ist; man kann hier mit Kenneth E. Boulding von einem „ökonomischen Imperialismus" (S. 11) sprechen. Moderne Gesellschaften als Wirtschaftsgesellschaften waren das große Thema etwa von Klassikern wie Karl Marx und Max Weber. Schenken als nicht primär nutzen- und profitorientiertes Umgehen mit materiellen Gütern blieb daneben belanglos. Man kann diese Orientierung mit dem Philosophen Gerd Bergfleth so zusammenfassen: „Daß wir uns noch symbolisch verpflichten, indem wir Gaben tauschen, wäre in dieser Optik nur ein archaisches Relikt, das nicht weiter ins Gewicht fiele: eine Arabeske des Konsums, die am Gesamtzustand nichts ändert, zumal sie nur die Privatsphäre betrifft" (S. 377).

Eine erweiternde Anmerkung soll dem Marxismus gewidmet sein. Karl Marx und Friedrich Engels schreiben im „Manifest der Kommunistischen Partei":

> „Die Bourgeoisie, wo sie zur Macht gekommen, hat alle feudalen, patriarchalischen, idyllischen Verhältnisse zerstört. Sie hat die buntscheckigen Feudalbande, die den Menschen an seinen natürlichen Vorgesetzten knüpften, unbarmherzig zerrissen und kein anderes Band übriggelassen als das nackte Interesse, als die gefühllose ‚bare Zahlung'. Sie hat die heiligen Schauer der frommen Schwärmerei, der ritterlichen Begeisterung, der spießbürgerlichen Wehmut in dem eiskalten Wasser egoistischer Berechnung ertränkt" (S. 14).

Ein Blick auf das Schenken, das im Zuge der Erfolgsgeschichte des Bürgertums an Umfang wie Bedeutung zunahm und das auch von dem Tauschschema, das in vorindustriellen Gesellschaften dominiert hatte, immer weiter abrückte, hätte eigentlich genügen müssen, um solche extremen Aussagen zu vermeiden. So wie ein dauerhaft starker Mittelstand ein unübersehbares Gegenargument zu Marx' Prognose von der Polarisierung in der Sozialstruktur ist, so ist es das Schenken gegen die Feststellung durchgehender Berechnung in den Aktionen des Bourgeois. Wie man aus marxistischer Warte auf solche Einwürfe erwidern könnte, zeigen vielleicht Ausführungen des Ökonomen Francois Perroux. Das „Geschenk im Kapitalismus" kann „nur ein Pseudogeschenk sein", da es „niemals imstande ist, das System zu verbessern" (S. 50). Und: „Keinesfalls kann man dem Geschenk die Kraft zuschreiben, die wahrhaft menschlichen Beziehungen wiederherzustellen; es ist Schwindel und Betrug" (S. 51). Damit wäre das Geschenk ein Feigenblatt, das die Kälte des Kapitalismus verhüllt und damit zur Perpetuierung des Systems beiträgt, in dem menschliche Beziehungen wesentlich hinter Warenproduktion und -tausch zurückgetreten sind.

Eine Ausnahme unter den marxistischen Denkern macht – wie in anderen Fällen auch – Theodor W. Adorno als wichtiger Vertreter der sogenannten Frankfurter Schule. Er beschäftigt sich explizit mit Schenken und bewertet es positiv. In seinen „Minima moralia" aus dem Jahre 1951 bedauert er aber: „Die Menschen verlernen das Schenken" (S. 46). Er sieht mit dem ihm zugeschriebenen misanthropen Blick wie mit einem Vergrößerungsglas die problematischen Seiten des Schenkens: „Der Verfall des Schenkens spiegelt sich in der peinlichen Erfindung der Geschenkartikel, die bereits darauf angelegt sind, daß man nicht weiß, was man schenken soll, weil man es eigentlich gar nicht will. Diese Waren sind beziehungslos wie ihre Käufer. Sie waren Ladenhüter schon am ersten Tag. Ähnlich der Vorbehalt des Umtauschs, der dem Beschenkten bedeutet: hier hast du deinen Kram, fang damit an, was du willst, wenn dir's nicht paßt, ist es mir einerlei, nimm dir etwas anderes dafür" (S. 46).

Ein weiterer und damit dritter Grund für die Vernachlässigung des Schenkens ist aus feministischer Perspektive vorgebracht worden. Frauen sind – wie wir gesehen haben – überdurchschnittlich häufig Geber wie Empfänger von Geschenken. In den von Männern bestimmten Sozialwissenschaften würde solch frauendominiertes Verhalten ignoriert (Cheal, Gift, S. X).

2. Zur Definition des Schenkens

Schenken und ökonomisches Handeln (1)

Was meint Schenken? Besitzt es tatsächlich – wie in den bisherigen Ausführungen mehr oder weniger implizit zum Ausdruck gekommen – stets
die Aureole des Emphatischen, Generösen, ja des Altruistischen? Ist es tatsächlich vom „normalen" wirtschaftlichen Handeln zu trennen? Zumindest
Mauss würde in beiden Punkten mit „Nein" antworten.

Für ihn hat das Geschenk gegenüber dem Handel keinen Vorrang in
dem Sinne, daß in ihm der Egoismus überwunden ist; er glaubt nicht an das
Einseitige, Großzügige, Freiwillige des Schenkens. Für ihn

> „finden Austausch und Verträge in Formen von Geschenken statt, die theoretisch frei-
> willig sind, in Wirklichkeit jedoch immer gegeben und erwidert werden *müssen*" (S. 17,
> Hervorh. d. M.). „Fast immer nehmen sie die Form des Geschenks an, des großzügig dar-
> gebotenen Präsents, selbst dann, wenn die Geste, die die Übergabe begleitet, nur Fiktion,
> Formalismus und soziale Lüge ist und es im Grund um Zwang und wirtschaftliche Inter-
> essen geht" (S. 18).

Mauss setzt das Geschenkverhalten mit dem Handel gleich, wenn er
schreibt:

> „Wir werden die Erscheinungsform des Austauschs und des Vertrags in diesen Gesell-
> schaften beschreiben, die nicht, wie man behauptet hat, des wirtschaftlichen Handels er-
> mangeln – denn der Handel ist ein menschliches Phänomen, das unseres Erachtens keiner
> uns bekannten Gesellschaft fremd ist –, deren Tauschsystem jedoch von dem unseren ab-
> weicht. Wir werden einen Handel kennenlernen, der schon vor der Institution des Händ-
> lers und dessen wichtigster Erfindung, der des Geldes im eigentlichen Sinn, existierte; wie er
> funktionierte, noch bevor die Formen, man kann sagen die modernen (semitischen, helleni-
> schen, hellenistischen und römischen) Formen des Vertrags entstanden waren" (S. 19).

Solche Überlegungen lassen den französischen Philosophen Jacques Derrida feststellen: „Man könnte so weit gehen zu sagen, daß selbst ein so mo-
numentales Buch wie der Essai sur le don von Marcel Mauss von allem
möglichen spricht, nur nicht von Gabe: der essai handelt von der Ökonomie, dem Tausch und dem Vertrag (do, ut des), vom Überbieten, dem Opfer, der Gabe *und* der Gegengabe, kurz von allem, was aus der Sache heraus zur Gabe drängt *und* zugleich dazu, die Gabe zu annullieren" (Falsch-

geld, S. 37, Hervorh. d. D.). Dabei muß man Mauss allerdings insofern
Recht widerfahren lassen, als in archaischen Gesellschaften Geschenkaustausch durchaus ökonomische Funktionen hatte, vor allem dann, wenn auf
diese Weise begehrte, auf einem andere Wege nicht beschaffbare Güter in
den eigenen Besitz gelangen konnten. Daher ist die Gegengabe, die Mauss
so betont („gegeben und erwidert"), durchaus von Bedeutung gewesen.
Ganz in diesem Sinne schreibt 1898 Richard M. Meyer: „Von solcher Art
sind fast all jene ‚Geschenke', die die ‚kindlich überströmende Freundlichkeit' der Naturvölker Fremden entgegenbringt. Sie schenken was sie haben,
aber sie erwarten Gegengeschenke als etwas Selbstverständliches" (S. 23).

Gegenüberstellungen des von Mauss beschriebenen und des in den
modernen Gesellschaften überwiegend vorkommenden Schenkens können
durchaus praktische Bedeutung gewinnen. Heute kommen mehr Menschen
aus verschiedenen Kulturkreisen miteinander in Berührung und in Beziehung als jemals zuvor. Die Möglichkeiten des Reisens, auch über weite
Distanzen hin, sind in modernen Gesellschaften außerordentlich gewachsen. Neben sightseeing im Tourismus, bei dem die Menschen oft nur Staf-
fage in einem als fremd empfundenen Ambiente sind, kommt es auch zu
echten Kontakten, und zwar nicht nur im ökonomischen Sektor. Das damit
verbundene Aufeinandertreffen von Kulturen realisiert sich auch beim
Schenken, und hier besteht wie in anderen Lebensbereichen die Gefahr, andere zu verletzen. Ganz im Sinne der Auffassung des Geschenks bei Mauss
wird daher in einem Führer zum Schenken gegenüber Angehörigen fremder
Kulturen, der von einer deutschen universitären Beratungstelle für interna-
tionalen Austausch[8] herausgegeben wird, gemahnt: „In vielen Ländern bringt
das Annehmen eines Geschenks die Verpflichtung mit sich, die Gabe durch
ein angemessenes Gegengeschenk zu erwidern. Deshalb sollte man vorsichtig sein und kein zu teueres Geschenk wählen, denn das würde den Beschenkten veranlassen, sich mit einem gleichwertigen Geschenk zu ver-
schulden oder aber durch die Unfähigkeit, ein angemessenes Geschenk zu
beschaffen, sein Gesicht zu verlieren" (Geschenke). Zumindest in der Hinsicht, daß Geschenke bei uns in der Regel auf den einzelnen bezogen sind,
aber auch seine persönlichen Vorlieben, ja etwas von seiner Identität spiegeln sollen (s. S. 62ff.), entspricht der folgende Ratschlag wenigstens teilweise Mauss' Überlegungen zur Gabe in archaischen Gesellschaften.
„Während man sich bei uns bemüht, durch das Geschenk persönliche Besonderheiten des Gebers oder Originalität auszudrücken, sind solche Geschenke im Ausland, vor allem, wenn man den Empfänger nicht sehr gut
kennt, nicht willkommen. In vielen Ländern hat Originalität und Individua-
lismus nicht den gleichen Stellenwert wie bei uns". In der positiven Wertung solcher Ratschläge soll auch für die vorliegende Schrift folgendes ein
für allemal festgestellt werden, daß mit dem Schenken in modernen Gesellschaften keine Wertung verbunden ist, nach der das interindividuelle, auf

den einzelnen bezogene Schenken dem kollektiven Schenken, das durch andere Kriterien der Auswahl als die Vorlieben des Schenkenden gekennzeichnet ist, vorzuziehen ist. Mögen wir uns bei der erstgenannten Form wohler fühlen, so bleibt doch klar, daß sie ebenso wenig verklärt werden darf, wie dies Mauss mit den Gepflogenheiten der Gabe in den von ihm beschriebenen Gesellschaften exerziert hat.

Schenken und Freiwilligkeit

Aber dennoch: Treffen die Charakterisierungen durch Mauss auf das moderne Schenkverhalten zu? Lassen wir die Frage der Uneigennützigkeit und damit die allgemeinere des Altruistischen zunächst außer acht und konzentrieren wir uns auf die Freiwilligkeit des Schenkens. Dann läßt sich doch feststellen, daß Freiwilligkeit, die auch als Beliebigkeit („Ich schenke, wem *ich* will") gesehen werden kann, nicht stets dem Schenken fehlt. Die Freiwilligkeit zeigt sich zunächst darin, daß das Gegengeschenk juristisch nicht eingefordert werden kann wie die Ware, die bezahlt wurde, oder die Bezahlung für die gelieferte Ware (Rippe, S. 20). Diese Freiwilligkeit läßt sich weit zurückverfolgen. Nach Jacques Derrida kennt das Griechische mehrere Bezeichnungen für Geschenk, wobei „dorea" eine Gabe meint, die „kein Zurückgeben fordert" (Falschgeld, S. 109). Genesis 25,5-6 wird folgendermaßen übersetzt: „Abraham vermachte Isaak alles, was ihm gehörte. Den Söhnen der Nebenfrauen, die er hatte, gab er Geschenke ..." Bei den Brüdern Grimm, die in ihrem Wörterbuch auf diese Stelle verweisen, wird damit das Geschenk dem „gegenübergestellt ... was nach recht und gesetz gegeben oder gefordert wird" (Sp. 3854). A. Stuiber leitet seinen Artikel „Geschenk" im „Reallexikon für Antike und Christentum" ganz selbstverständlich mit folgender Definition ein: „Geschenke sind mehr oder weniger wertvolle Dinge, die einem anderen freiwillig gegeben werden, also ohne daß eine unmittelbare rechtliche oder sittliche Verpflichtung dazu besteht" (Sp. 686). Was allerdings die sittliche Verpflichtung betrifft, kann man diese nicht ohne weiteres für den Ausfall einer Gegengabe gelten lassen; vielleicht sollte dieses naheliegende Argument mit dem Zusatz „unmittelbar" niedergehalten werden.

Freiwilligkeit kennzeichnet oft eine erste Gabe. Besonders bei freiwilligen Beziehungen, wie z.B. gegenüber Bekannten, kann man dies beobachten. Oft werden solche Erstgeschenke gerade in Situationen gegeben, in denen nicht eine baldige Gegengabe „fällig" ist, also z.B. bei Krankheit, Hochzeit oder Geburt eines Kindes (Shurmer, S. 1242). Georg Simmel weist darauf hin, daß die Erstgabe durch eben diese Freiwilligkeit eine Qualität besitzt, die den folgenden Geschenken und Gegengeschenken abgeht (S. 446).

Die Freiwilligkeit geht wenigstens ein Stück weit durch die Pflicht zur Gegengabe verloren. Doch die bei Mauss postulierte Reziprozität gilt nicht stets. Cheal konnte in Winnipeg feststellen – was wir von unserem Alltagswissen her nachvollziehen können -, nämlich daß Geschenke vor allem von Älteren an Jüngere oft nicht erwidert werden, auf jeden Fall keine Gleichwertigkeit erwartet wird (Gift, S. 52f.). Lowes und andere führen folgende Personenkreise auf, die mehr Geschenke erhalten, als sie geben: Nachbarskinder, Enkel, Neffen und Nichten (S. 222f.). Für Anthony Heath ist fehlende Reziprozität „am klarsten im Falle von Hochzeiten: Die Braut und der Bräutigam müssen Dankesbriefe schreiben, aber sicher nicht im gleichen Wert Gegengeschenke machen" (S. 146). Viele der Schenkenden sind bereits verheiratet oder werden niemals heiraten. Wenigstens partiell gilt also, was der Philosoph Derrida postuliert, der mit dem Begriff „anökonomisch" die Gabe in einen strengen Gegensatz zur ökonomischen Warenzirkulation setzt: „Wenn die Figur des Kreises für die Ökonomie wesentlich ist, muß die Gabe anökonomisch bleiben" (Falschgeld, S. 17); und an anderer Stelle: „Gabe gibt es nur, wenn es keine Reziprozität gibt, keine Rückkehr, keinen Tausch, weder Gegengabe noch Schuld" (S. 22f.). Im ganzen wurden bei den von Cheal erfaßten Personen nur 53% der in einem Jahr erhaltenen Geschenke erwidert. Am ehesten (Gift, S. 41) wurden Geschenke zu den festgelegten Geschenkzeiten vergolten; so kam es in nahezu allen Fällen bei Weihnachtsgeschenken zum Austausch (S. 44).

Auch die Philosophen Maria Fasching und Werner Woschnak postulieren, „daß von Schenken im Vollsinn des Wortes nur dort gesprochen werden kann, wo es in meiner Macht steht, zu schenken oder nicht zu schenken" (S. 70). Die Freiwilligkeit beim Schenken mag – objektiv gesehen – oft nur eine relative sein. Ihr Gewicht wird deutlicher, wenn man sie dem Raub oder der Steuer gegenüberstellt. Die Freiwilligkeit – und das erscheint fast noch wichtiger als die bisher behandelten objektiven Tatbestände – ist aber unzweideutig eine subjektive Dimension des Schenkens, die auch Mauss anerkannte, die er aber als „Fiktion, Formalismus und soziale Lüge" abtat. Lassen wir die in seiner Feststellung enthaltenen moralisierenden Komponenten beiseite, dann bleibt doch die Tatsache, daß die Freiwilligkeit, die fehlende Verpflichtung zur Gegengabe beim Schenken in der Regel mitgedacht wird. Auf diese Seite des Schenkens kann angewandt werden, was der Soziologe Ferdinand Tönnies feststellte: „... aber der *Schein* entsprechender Gesinnung wird mit um so größerer Ängstlichkeit festgehalten, da der sonst sich ergebende Austausch von Naturalgegenständen, ohne Vergleich und Schätzung, gar zu hybride und absurd erscheinen mag" (S. 166f., Hervorh. d. T.). Entsprechend dem bekannten Thomas-Theorem: „Wenn Menschen Situationen als real definieren, dann sind sie in ihren Konsequenzen real" (nach: Merton, S. 144) wird auch im Falle des Schenkens eine alltägliche Definition über Freiwilligkeit Konsequenzen haben, auf die wir im Gange unserer Überlegungen immer wieder stoßen werden. Freiwilligkeit soll nicht das entscheidende Definiens für Schenken sein, aber es ist vor allem als Vorstellungskomplex ein nicht zu unterschätzendes Kriterium.

Schenken und ökonomisches Handeln (2)

Kommen wir nun zum Handelsargument, das Mauss im Zusammenhang mit dem Schenken vorbringt! Handel setzt als Ideal den Austausch von gleichwertigen Nutzgütern voraus. Nicht nur die Gleichwertigkeit ist nicht immer gegeben, sondern auch der Nützlichkeitsaspekt fehlt oft bzw. würde sogar als Verstoß gegen soziale Normen verstanden. Im Gegenteil: Geschenke sind oft nicht sehr nützlich. Man schaue sich nur an, was in Geschenkhäusern angeboten wird!

Ein zusätzliches Argument gegen die Gleichsetzung von Handel und Geschenk läßt sich aus einer eben abgeschlossenen Epoche unserer jüngsten Geschichte gewinnen. Alle die vielen Millionen Paketsendungen, die aus der alten Bundesrepublik in die ehemalige DDR gingen, mußten lange Zeit die Aufschrift „Geschenksendung – keine Handelsware" tragen. Sie waren speziell für die Empfänger bestimmt, nicht für einen anonymen Markt oder als Tauschobjekt. Der Unterschied zwischen Geschenk und Handelsware wird in dieser Formulierung direkt angesprochen und in der Regel intuitiv verstanden. Übrigens sind die ungleichen Paketströme, die zwischen Ost und West flossen, nicht gerade ein Beleg für Reziprozität und Pflicht zur Erwiderung und ein weiteres Indiz gegen die Gleichsetzung von Handel und Geschenk.

Wahrscheinlich rührt die Hochschätzung selbstverfertigter Geschenke (s. S. 113f.) unter anderem daher, daß sie nicht dem Warenmarkt entstammen, innerhalb dessen sich der ökonomische Handel vollzieht, und auch die Problematik des Geldgeschenks (s. S. 128f.) rührt wenigstens teilweise daher, daß Geld ganz eng mit dem Gütermarkt verbunden ist (Douglas und Isherwood, S. 58f.).

Wenn auch Geschenke überwiegend auf dem Warenmarkt erworben werden, so folgt das Käuferverhalten insofern nicht dem üblichen Muster, nach dem in Perioden der Rezession der Wert des Erworbenen sinkt. Branchen, in denen Gegenstände hergestellt werden, die oft verschenkt werden, können mit relativ stabilen Umätzen rechnen. So wurde in Agenturmeldungen vor Weihnachten 1993, das eindeutig in eine Rezessionsphase fiel, von einem überraschend guten Geschäftsgang berichtet; der Weihnachtsumsatz wurde für das vereinigte Deutschland mit 27,3 Milliarden DM nur um eine Milliarde geringer eingeschätzt als der von 1992, der als bisheriger Nachkriegsrekord gilt (Maderner). Und für Großbritannien stellt John Davis fest: „Der Verkauf von Spielzeug, Gesellschaftsspielen, Schmuck, Grußkarten und Aftershave scheint recht immun gegen Rezession zu sein, auf jeden Fall aber um 1970" (Exchange, S. 50).

Fassen wir mit dem Wirtschaftstheoretiker Joseph Schumpeter kurz und bündig zusammen: „Das Geschenk ist keine ökonomische Kategorie" (nach: Laum, Wirtschaft, S. 8). Wie aber ist es positiv zu definieren?

Schenken und das Überflüssige

Eine gewisse, letztlich nie vollständig zu beseitigende Not mit einer Definition des Schenkens hat David Cheal, den wichtigsten Vertreter einer modernen Geschenkforschung, bewogen, Schenken versuchsweise über den Begriff des Überflüssigen zu definieren. Damit ist eine Position markiert, die insofern im Gegensatz zum Handelsargument steht, als Handel eher die Beschaffung des Notwendigen denn Geben des Überflüssigen ist. Die von Cheal genannten Züge kommen zwar häufig vor, stellen aber keine generelle Kennzeichnung des Schenkens dar. Dieses Überflüssige sieht Cheal in mehreren Aspekten realisiert (Gift, S. 12ff.). Geschenk soll erstens das sein, was über die normalen Verpflichtungen hinausreicht (auch Hochschild, Economy, S. 95). Die Floskel „Das war doch nicht nötig", die der Empfangende bei der Geschenkübergabe gebraucht, soll das belegen. Oft bleibt die Floskel tatsächlich eine solche, denn das Geschenk, das gegeben wird, muß nicht, kann aber eines sein, dessen Übergabe so sicher erwartet wird wie jede andere Leistung, die geschuldet wird. Zweitens wird behauptet, daß Geschenke überflüssige Dinge sind, die dem Empfänger keinen Nutzen bringen. Das kann sein, muß es aber nicht. Am deutlichsten zeigt sich das an den Geschenken, die in unserer Gesellschaft anläßlich der Geburt eines Kindes gegeben werden. Die Babykleidung, die geschenkt wird, ist in den meisten Fällen durchaus etwas Nützliches und keinesfalls etwas Überflüssiges. Ludwig Bamberger räsonnierte 1888 zu dieser Frage in einer Weise, die auch heute noch angemessen erscheint: „Denn ein Geschenk soll weder etwas ganz Überflüssiges, noch etwas ganz Nützliches sein. Ist's ganz überflüssig, d.h. auch zur Befriedigung des letzten Luxus- und Verschönerungsbedürfnisses nicht zu brauchen, so ist es lästig (man denke an die hunderttausend gänzlich sinn- und zwecklosen Stickereien und Häkeleien, die in solchen Tagen durch die Lüfte schwirren) – und ist es nützlich, so ist es erstens prosaisch und zweitens sinnwidrig" (S. 144). In einer dritten Version wird behauptet, daß Geschenke keinen Nutzen bringen, weil ja Gegengeschenke zu machen sind. Auch das ist nicht immer der Fall, wie bereits demonstriert wurde. Viertens wird behauptet, daß Geschenke überflüssig seien, weil man sich die Dinge selbst kaufen könne. Auch das ist – wie leicht zu belegen wäre – nicht immer der Fall. Nicht jedes Reisemitbringsel könnte ich mir in Deutschland besorgen. Mit dem hier in vierfacher (Cheal kennt sogar noch eine fünfte Version) Bedeutung versehenen Begriff des Überflüssigen sind sicherlich wichtige Tendenzen im Geschenkverhalten aufgewiesen, aber keine generellen Charakteristika.

Schenken und soziale Beziehungen

Was also ist ein ein Geschenk bzw. wodurch unterscheidet sich Schenken von anderem sozialen Handeln? Wenn also Freiwilligkeit und die Qualität des Überflüssigen keine generellen Kennzeichen von Schenken sind, so kommen sie doch vor, aber nicht in jedem Falle. Was aber sind die umfassenden Charakteristika von Geschenken? Geschenke dienen – und das ist der Grundgedanke der vorliegenden Schrift schlechthin – dem Ausdruck, der Bestätigung oder Bekräftigung sozialer Beziehungen. Das hat schon der Ethnologe Alfred Reginald Radcliffe-Brown 1906 über die Andamaner, Bewohner von Inseln im Indischen Ozean, festgestellt; er schreibt:

> „Trotz der Wichtigkeit dieses Austauschs befolgen diese Geschenke nicht den gleichen Zweck wie Handel und Tausch in entwickelteren Gesellschaften, da sich die lokale Gruppe und die Familie, was Geräte usw. betrifft, selbst versorgen können. Sein Ziel ist vor allem ein moralisches: es soll freundschaftliche Gefühle zwischen beiden beteiligten Personen hervorrufen, und wenn die Unternehmung dieses Ergebnis nicht hatte, war ihr Zweck verfehlt" (nach: Mauss, S. 50 f.).

Der französische Historiker Paul Veyne grenzt ab: „Wer an einem Austausch teilnimmt, dem geht es um die materielle Befriedigung durch ein Gut. Mit einem Geschenk opfere ich eine materielle und egoistische Befriedigung zugunsten derjenigen, die mir eine Beziehung zu dem Empfänger des Geschenks verschafft" (S. 73). Die Philosophen Maria Fasching und Werner Woschnak formulieren nach einer langen Umkreisung des Phänomens „Geschenk", „daß ein Geschenk zwischen Menschen notwendig einen Ausdruck ihrer Beziehungen darstellt" (S. 88). Geschenke haben symbolischen Charakter, sie symbolisieren Beziehungen, sie sind das, was Erving Goffman „Beziehungszeichen" (tie-signs) (Individuum, S. 262ff.) nannte. Und in der Sprache moderner Theorie führt Cheal aus: Geschenke „werden verwandt, um soziale Welten als Systeme von Beziehungen zu produzieren und zu reproduzieren" (Gift, S. 137). Aber auch in der Alltagswelt ist dieser Gedanke präsent und wirkt plausibel. So heißt es in einem Katalog eines Geschenkanbieters: „Die hochwertigen Geschenk-Ideen sind es, die auch langfristig eine gute Kundenverbindung aufrechterhalten". Diese Reihe von Zitaten zeigt, daß unser Leitgedanke keineswegs neu ist. Was aber hier speziell geleistet werden soll, ist die konsequente Orientierung an diesem Definiens.

Sehen wir Schenken aus gesamtgesellschaftlicher Perspektive, so können wir feststellen: Interindividuelle Geschenke materialisieren ein riesiges Netz von Beziehungen, das unsere Gesellschaft durchwebt. Beziehungen, die letztlich nie vollkommen stabil sind, derer wir uns – obwohl sie uns wichtig sind und wir sie unbedingt aufrechterhalten möchten – letzlich nie vollkommen sicher sein können, sollen durch Geschenke stabilgehalten werden. Über Geschenke können vor allem die Beziehungen, die die elementarsten und für viele die weitaus wichtigsten darstellen, nämlich die Familienbeziehungen gefestigt werden. In allen Untersuchungen zum Geschenkverhalten ist ein Ergebnis, daß am häufigsten in der Familie geschenkt wird. Durch Geschenke werden Beziehungen beibehalten oder gefestigt, die zwar schon lange bestehen, aber nicht aufgrund persönlicher Wahl zustandegekommen sind („Freunde kann man sich heraussuchen") und daher viel Konfliktstoff enthalten, wie er fast zwangsläufig zwischen Personen mit verschiedenen Interessen und aus verschiedenen Generationen entsteht. Dazu sind moderne Probleme der Stabilität von familiären Beziehungen zu berücksichtigen, wie sie in letzter Konsequenz durch hohe Scheidungsraten zum Ausdruck kommen. Bei solch labilen Verhältnissen bietet es sich an, Geschenke als – so eine Befragte bei Cheal -"eine Art Zement der Beziehungen" (Gift, S. 76) einzusetzen. Und deswegen sinken auch die Ausgaben für Geschenke in Zeiten der Rezession nicht. „Die Leute ... können billiger essen, oder sie können eine Zeit lang auf einen nützlichen Gegenstand wie eine Waschmaschine verzichten, sie können aber nicht zwischenzeitlich Freundschaft oder Verwandtschaft oder Kundschaft aufgeben" (Davis, Exchange, S. 52).

Soziale Beziehungen werden durch Geschenke nicht nur stabilisiert und verstärkt, sondern auch sichtbar gemacht, und in der überwiegenden Anzahl der Fälle, in denen die Geschenke dinglicher Natur sind, werden die Beziehungen quasi materialisiert. Soziale Beziehungen können über Geschenken im wahrsten Sinne des Wortes „erfaßt" und „begriffen" werden. Sieht man Geschenke aus dieser Warte, so werden sie nicht von sozialen Beziehungen getrennt, sondern sind selbst ein Teil oder eine Dimension dieser Beziehungen.

An dieser Stelle soll noch einmal auf die Freiwilligkeit eingegangen werden, die oben als zwar nicht entscheidendes, aber doch auch nicht vollständig zu vernachlässigendes Kriterium des Schenkens bezeichnet worden war. Nun kann ihr Bezug zum hier gewählten Definiendum näher bestimmt werden. Die Vorstellung von Freiwilligkeit dient dazu, das Definiens, nämlich die Stabilisierung sozialer Beziehungen, zu stützen. Es entlastet Schenken von der Aufgabe z.B. des Handels; frei von Verpflichtungen, die typisch für die ökonomische Dimension sind, soll geschenkt werden, und nicht um des Gewinns oder des Ausgleichs willen.

Soziale Beziehungen bilden in mehrfacher Hinsicht einen imaginären Raum. Dies klingt im Alltag an, wenn wir von Distanz oder Distanzlosigkeit sowie Abstandhalten in bezug auf soziale Beziehungen sprechen. Der Soziologe Leopold Wiese spricht von „Ab- und Anprozessen", „Näherungs- und Entfernungsvorgängen" (nach: Schoeck, Soziologie, S. 221). Geschenke können uns an andere annähern und uns von ihnen entfernen. Soziale Beziehungen können aber auch als imaginärer *begrenzter* Raum gedacht werden. Und diese Grenzen können durch Geschenke gesetzt werden. Mit den Jungen oder Mädchen, mit denen ein Schulkind Geschenke austauscht, ihnen etwas abgibt, hat es eine besondere Beziehung aufgebaut, die auf anderen Gebieten vielleicht ebenfalls zu beobachten ist und die sich in ihrer Art und Intensität von der zu den übrigen Kameraden unterscheidet, und dies eben durch das Geschenk sichtbar, nicht selten gar ostentativ.

Oben war festgestellt worden, daß das Schenken „ein riesiges Netz von Beziehungen" in modernen Gesellschaften materialisiert. Dieses Netz läßt sich für einen kleinen Rahmen graphisch darstellen. In einer Lehrveranstaltung[9] wurde eine Form der Abbildung entwickelt, die in Anlehnung an den Begriff des Soziogramms als „Dorogramm"[10] bezeichnet wurde. Dorogramme können zwei verschiedene Inhalte aufnehmen. Einmal können dies Personen sein, und zwar sowohl solche, von denen ein Proband Geschenke erhält, als auch jene, die er beschenkt. Und es können in einem Dorogramm gegebene und erhaltene Geschenke berücksichtigt werden. Allerdings besteht die Tendenz, daß die Dorogramme dann unübersichtlich werden, wenn das Schenkverhalten einer Person über längere Zeit hinweg erfaßt werden soll. Die folgende Abbildung bezieht sich daher lediglich auf die Weihnachtsgeschenke einer 25jährigen, verheirateten Frau:

Abbildung 1: Beispiel eines Dorogramms

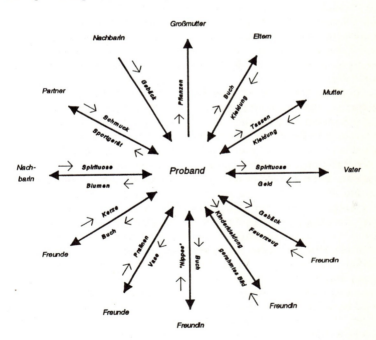

Aus dem Dorogramm geht hervor, daß die meisten Geschenke erwidert werden; lediglich das Geschenk der Nachbarin und das Geschenk an die Großmutter sind einseitig. Aber am wichtigsten in bezug auf das anfangs genannte „Netz" ist, daß jede Person um die Probandin herum wieder als „Knotenpunkt" für weitere Geschenkakte gesehen werden kann, die von ihr ausgehen und die ihr zugutekommen, so daß unser Dorogramm wirklich ein winziger Ausschnitt aus diesem riesigen Netz ist, das Gesellschaften unterliegt.

Mauss hat den Vorgang des Schenkens auf die Formel gebracht: Man hat erstens zu schenken, der andere hat zweitens das Geschenk anzunehmen und es drittens zu erwidern (S. 36). Daß das dritte Element nicht zwingend ist, hatten wir schon festgestellt. Aber selbst wenn es vorkommt, wird das Gegengeschenk nicht so ausgehandelt, wie das sonst im ökonomischen Bereich üblich ist. Es ist eine Komponente des Vertrauens vorhanden, daß der andere das Richtige tun wird. Besonders deutlich wird es bei Geschenken, die erst nach zeitlicher Verzögerung erwidert werden. Es geht nicht um einen Handel Zug um Zug, sondern es wird ein Vertrauensbonus gewährt, ein Wechsel auf die Zukunft ausgestellt. Die Zeit zwischen den einzelnen Akten des Schenkens ist dadurch gekennzeichnet, daß in ihr die Beziehungen weiter bestehen. Dauerhafte Geschenke können ein sichtbares Memento dieser sozialen Beziehungen sein. So lange ein Bild an der Wand hängen wird, solange ein Eßservice in Gebrauch ist, wird man sich an den Schenker erinnern, wird das Geschenk ein Zeichen der Beziehung sein.

Schenken markierte ausgezeichnete Punkte in diesem Zeitraum, es ist sozusagen in der Dynamik der Beziehung enthalten. Es gibt ungeschriebene Regeln über Fristen, in denen zurückzuschenken ist. Durch ihre Einhaltung und vor allem durch die Art, wie die Regeln eingehalten werden, kann dem Gegenüber signalisiert werden, wie die Beziehung eingeschätzt wird. Die oben genannten Regeln unterscheiden sich von Kultur zu Kultur. Wenn in China ein eine Beziehung einleitendes Geschenk in kürzester Zeit erwidert wird, dann ist den Beteiligten klar, daß der zuerst Beschenkte kein Interesse an der Beziehung und diese mit dem Gegengeschenk als abgebrochen gilt. Ansonsten könnte modo grosso gelten: „Im allgemeinen erfolgt die Erwiderung um so schneller ..., je näher der Spender dem Empfänger steht. Die Gesinnung, die zwischen den Partnern besteht, spielt eine entscheidende Rolle. Freundschaft pflegt die Spanne abzukürzen" (Laum, Wirtschaft, S. 110). Dieses zeitliche Auseinanderziehen von Geschenken gestattet es auch, das Hin und Her von Geschenken und Gegengeschenken „einschlafen" zu lassen, was in der Regel auch das „Einschlafen" der Beziehungen impliziert wie anzeigt (auch Homans, Theorie, S. 275f.). Besonders deutlich ist dies im Falle des Wegzugs eines der am Schenken Beteiligten, soweit es nicht um nahe Verwandtschaft handelt. Die Schwierigkeiten, die mit der Versendung von Geschenken verbunden sind, lassen Geschenkakte seltener werden, bis sie ausbleiben, und gleichsinnig verläuft oft auch das

Kontaktverhalten. Folgt man Theodore Caplow und seinen Ausführungen über das Schenken zu Weihnachten, machen hier nur die engsten Verwandten eine Ausnahme. Schon bei den Großeltern gelte: Aus den Augen, aus dem Sinn (Christmas, S. 388). Aber abgesehen von außergewöhnlichen Umständen wie Ortswechsel ist es doch so, wie es die Inhaberin eines Versandhauses für Werbegeschenke nach einem Beitrag in einer großen Tageszeitung formuliert hat: „Und wer einmal etwas geschenkt hat, kann schwer das Schenken wieder einstellen".

Geschenke dienen – so Cheal (Gift, S. 59) – der Reproduktion von sozialen Beziehungen. Wenn das Schenken auch ein in den Sozialwissenschaften unterbelichtetes Thema ist, obwohl Schenken ein in sozialen Leben häufig vorkommendes Phänomen ist, so muß seine Bedeutung für die Aufrechterhaltung sozialer Beziehungen doch relativiert werden. Zunächst können Geschenke lediglich indirekt Beziehungen zugutekommen: A schenkt B etwas, um eine Beziehung zu C zu begründen oder aufrechtzuerhalten. Besonders Geschenke von Erwachsenen an Kinder dienen oft der Beziehung zwischen dem Schenkenden und den Eltern oder einem Elternteil des Kindes (Shurmer, S. 1243). Vor allem aber: Soziale Beziehungen können auch ohne Geschenke existieren. Ludwig Bamberger weist darauf hin, daß das französische Wort für Geschenk „cadeau" ursprünglich „geringfügige Verzierung" bedeutet (S. 146); verzieren Geschenke Beziehungen? Geschenke fördern soziale Beziehungen, die auch ohne sie florieren können. Eine wichtige Anwendung dieses Satzes sind in westlichen Gesellschaften vor allem die Beziehungen zu Bekannten und Nachbarn, denen auch nach der Middletown-Studie von 1978 signifikant seltener geschenkt wurde. Und wenn geschenkt wurde, dann waren die Gegenstände oft von geringem materiellem Wert (Caplow, Christmas, S. 386ff.). Nach Gisela Clausen kann das seltene Schenken im außerfamiliären Bereich damit erklärt werden, daß in Familienbeziehungen, die schon lange andauernde Beziehungen sind, das Schenken institutionalisiert ist, während das Schenken als zusätzliche Dimension der Beziehung bei Bekannten, Nachbarn und Freunden erst jenen Anfang finden muß, der gegenüber Verwandten in nicht mehr erinnerbarer Vergangenheit liegt (S. 106f.).

Geschenke sind also eine häufige Begleiterscheinung von Beziehungen, aber keine Voraussetzung. Es ist nicht so, wie Moschetti als eine von vier ungefähr in die gleiche Richtung zielenden Hypothesen formuliert: „... das Vorhandensein oder Fehlen von Geschenkaustausch in einem bestimmten Interaktionsnetz kann als Indikator für das Ausmaß genommen werden, in dem das Netz als Kollektiv oder als unverbundenes (non-collective) Aggregat aktiv ist" (S. 5). Auch der Zusammenhang: Wenn Geschenke, dann Beziehungen oder – in der Formel von Sahlins – „Wenn Freunde Geschenke machen, machen Geschenke Freunde" (S. 186) ist nur ein wahrscheinlicher, aber kein zwingender. Ein Insistieren auf einer solchen Regel kann zu Tragödien führen, wenn etwa jemand eine intensive Beziehung, die von der anderen Seite nicht gewollt wird, durch Geschenke erreichen will. Das Geschenk wird dann zur Ware umdefiniert und damit die Bemühung anrüchig gemacht; im Volksmund: Liebe kann man nicht kaufen. Donald B. Poe, jr konkretisiert: „... eine Frau, die ein teures Geschenk von einem Bewunderer erhält, kann die Tatsache, daß sie ihm nichts zurückschenkt, dadurch rationalisieren, daß sie sich selbst einredet, daß er Geld zum Wegwerfen hat, daß sie ihm das Jahr über platonische Freuden gegeben hat, indem sie ihn anblitzte und freundlich war, und so ihm nichts schulde; daß sie ihm etwas zurückschenken würde, wenn sie nur das Geld hätte, oder daß er das Geschenk nur als sexuelle Masche nutzen würde und daß solch eine dreiste Person kein Geschenk verdiene" (S. 54). Cheal formuliert korrekt, wenn auch etwas abstrakt, wenn er feststellt, daß Beziehungen zwischen Personen und Dingen den Beziehungen zwischen Personen untergeordnet sind (Gift, S. 41).

Fassen wir nach dieser Einschränkung der Vorstellung vom engen Zusammenhang zwischen Schenken und sozialen Beziehungen, die die vorliegende Schrift leiten soll, zusammen: Schenken ist also nicht nur – wie anfangs gezeigt – eine Form sozialen Handelns, sondern das Soziale ist auch das Definiendum dieser Art des Handelns schlechthin. Es ist ein Akt, der primär den sozialen Beziehungen zugute kommt. Das trennt – so Gisela Clausen – den intrinsischen Tausch, dessen „Endzweck ... in der Erhaltung und Entwicklung einer singulären Beziehung selbst" (S. 38) besteht, vom extrinsischen; dieser „dient der Verfolgung von Zielen, die außerhalb der Beziehung liegen, in der sie gewährt werden" (S. 38). Das trennt weiter – so die Begrifflichkeit bei Cheal – die moralische Ökonomie, zu der er auch die Geschenkökonomie zählt, von der politischen Ökonomie, die u.a. in der Marktökonomie zum Ausdruck kommt[11]. Die moralische Ökonomie bestimmt Cheal näher als „System von Transaktionen, die als sozial wünschenswert (und das ist moralisch) definiert sind, weil durch sie soziale Bande wiedererkannt und ausbalancierte soziale Beziehungen aufrechterhalten werden" (Gift, S. 15). Geschenke schaffen und machen sichtbar ein Gewebe von Beziehungen, das Gesellschaften auf der Mikroebene zusammenhält. Schenken zählt so tatsächlich zu den totalen Tatsachen in dem Sinne, den Mauss so definiert, daß sie „die Gesellschaft und ihre Institutionen in Gang halten" (S. 176).

Nachdem nun Schenken definiert ist und als eindeutig soziales Phänomen identifiziert wurde, sollen nun soziologische „Schnitte" durch dieses Phänomen gelegt werden, um seine Komplexität von verschiedenen Seiten her zu erfassen. Anhaltspunkte für diese Schnitte sind allgemein soziologische Zugriffsformen wie Identität oder Status sowie Theorien, aber auch für den Vorgang des Schenkens genuine Ansätze. Doch zunächst sollen an Phänomenen, die mit Schenken verwandt erscheinen, die eben entwickelten Maßstäbe für Schenken, vor allem der Beziehungs- und mit Abstrichen der Freiwilligkeitsaspekt, angelegt werden.

3. Grenzformen des Schenkens: Opfern, Almosen geben, Spenden, Trinkgeld geben

Der Austausch materieller und immaterieller Güter zwischen Menschen ist vielfältig. Es gibt neben den von Georg Simmel genannten, vom Schenken deutlich abgegrenzten Formen „Raub" und „Tausch" noch andere Phänomene, die nicht eindeutig verortbar sind. Wir wollen sie daraufhin prüfen, ob für sie die Hauptfunktion des Schenkens, die Stützung sozialer Beziehungen, zutrifft und ob das Kriterium der Freiwilligkeit, auch das der fiktiven, eine Rolle spielt.

Außer Betracht bleiben sollen Unterstützungsleistungen innerhalb der Familie, die im Falle der Regelmäßigkeit rentenartige Züge annehmen können. Denken wir z.B. an Unterstützungsleistungen gegenüber der älteren Generation, wie sie vor der Epoche der Sozialversicherung die Norm waren und wie sie auch heute noch vorkommen. Natürlich zeigen auch sie die Beziehungen zwischen Menschen auf, aber ihre Funktion ist in erster Linie die Ermöglichung einer bestimmten Form der Lebensführung, und der mehr oder minder deutliche Zwang, der hinter solchen Leistungen steht, belastet oft die familiären Beziehungen mehr als sie zu fördern. Wird im Familienverband freiwillig gegeben und nicht aus Pflicht oder zur Linderung einer konkreten Not, bei der geholfen werden muß, dann sind die Beziehungen zwischen Geber und Empfänger weniger belastet und können sich freier entfalten (Moch, S. 14, 40ff.)[12]. Weiter soll das Vererben bis auf einige Bemerkungen an anderer Stelle (s. S. 149, 174) hier nicht weiter erörtert werden. Bei vier weiteren Handlungsformen ist die Nähe zum Phänomen „Schenken" eher zu vermuten; sie sollen im folgenden dahingehend überprüft werden.

Opfern

Den Zusammenhang von Geschenk und Opfer sah schon Ovid, der in der „Ars amandi" schrieb: „ Munera, crede mihi, capiunt hominesque deosque" – Geschenke bestechen, das glaub' mir, Menschen und Götter. Das Opfer ist ein Geschenk an übernatürliche Wesen; opfern ist ein Darbieten, was das lateinische Herkunftswort „offere" auch ausdrücken will. Es ist weiter ein Zeichen der Unterwerfung. Das Gegenüber ist mächtiger, ich muß es beschwichtigen, mir günstig gesonnen machen, „bestechen". Meist schwingt aber neben der Unterwerfung auch die Bitte um Gegengabe mit. Das kann der Schutz vor Unheil sein, also eine Verhütung des Negativen, aber auch die Gewährung von Positivem, sei es günstiges Schicksal allgemein oder eine konkrete Gegengabe: Heilung von Krankheit, Gelingen eines Geschäfts usw. Das Sühneopfer soll die Vergebung von Schuld herbeiführen. Es ist als Gegengabe für die „Vorgabe" der Sünde zu verstehen. Die Schuld kann Unglück im Diesseits herbeiführen, sie ist aber besonders belastend bezüglich des Schicksals im Jenseits oder – im Falle von Wiedergeburtslehren – in einem weiteren Leben. Das Opfer kann so erst in ferner Zukunft wirksam werden und ist so ein Beispiel extremer Langsicht.

Das Gegenüber, dem geopfert wird, können Götter, aber auch Tote und Tiere sein (vgl. Mauss, S. 40). Fehlt diesen letzteren die Übermächtigkeit, so wird nicht nur statusmäßig von gleich zu gleich gehandelt, sondern auch bezüglich des Handlungsergebnisses. Dann trifft zu, was Klaus Eder über gewisse Formen des Geisterglaubens schreibt: „Die Geister müssen nicht gut gestimmt werden; man muß sie nicht zu überreden versuchen. Man muß nur die Gegenseitigkeit, die einfache Gesellschaften kennzeichnet, auch in Relation zu den Geistern aufrechterhalten" (Eder, S. 180). Hier ist aber auch der Übergang zur magischen Praktik gegeben, und der Opfercharakter der Handlung schwindet. Denn dann geht es um Manipulation im Sinne einer Ursache-Folge-Kette. Es fehlt die Demut, die das Opfer zu etwas Heiligem macht, wie der lateinische Begriff für Opfer, nämlich sacrificium durch den Bestandteil „sacer" (heilig) nahelegt; es fehlt die bedingungslose und freiwillige Hingabe, die dem Opfer innewohnt und die die Gegengabe in das Belieben der überweltlichen Macht stellt. Das Opfer hat so etwas von dem Einseitigen, das beim Geschenk vielfach mitgedacht wird.

Die Spannweite der Gegenstände, die als Opfer dienen können, ist – und darin liegt eine Parallellität zum Geschenk – sehr groß: „Rinder, Schafe, Pferde, Ziegen, Schweine, Fische und andere Tiere; Zwiebeln, Knollen, Wurzeln, Blüten, Blumen, Früchte und Honig; Weihrauch, Waffen, Juwelen, Gold, Silber, Kleider und Bildwerke" (Vorwort, S. 17) zählt Gerd-Klaus Kaltenbrunner auf. Und dann gibt es noch das immaterielle Opfer, das der Prophet Hosea fordert: „Liebe will ich, nicht Schlachtopfer, Gotteserkenntnis statt Brandopfer" (6,6).

Durch das Opfer soll eine soziale Beziehung zwischen dem Opfernden und dem Adressaten des Opfers konstituiert werden, der als jenseitig der alltäglichen Welt existierend gedacht wird. Das Opfer hilft die Grenzen zwischen der Sphäre der Menschen und der der Adressaten überwinden, die normalerweise nicht zu überschreiten sind (Stentzler, S. 70). Die Beziehung wird nicht nur in der Übergabe des Opfers sichtbar, sondern auch dann, wenn von Seiten des Opfernden wieder Teile der Opfergabe angeeignet werden, z.B. indem sie verzehrt werden. Nach Émile Durkheim besteht das Opfer aus Darbringung und Kommunion (Durkheim, Formen, S. 443ff.), und auf dieses zweite Element des Opfers bezieht sich die Wiederaneignung. Hier wird die soziale Beziehung auch wieder materialisiert: Die geopferten Gegenstände haben in der Darbringung einen besonderen Charakter erlangt, durch die Annahme des Opfers etwas von dem angenommen, dem geopfert wurde, vielleicht sogar seine Kraft. Dieses mit dem Adressaten des Opfers Identische in der Opfergabe wird dem Opfernden in der Kommunion vermittelt.

Die eben beschriebene soziale Beziehung bleibt aus der Perspektive des in der Religionssoziologie üblichen „methodologischen Atheismus" (Berger, S. 170) eine subjektive Vorstellung des Opfernden. Eine objektiv feststellbare soziale Beziehung besteht dann, wenn zwischen Opferndem und Adressat des Opfers eine Person eingeschoben wird, wie z.B. ein Priester oder ein Schamane. Von dieser Person wird angenommen, sie könne den Opferritus richtig vollziehen, oder sie allein sei befugt, mit den Adressaten, denen auch das Schauerliche, das von dem Religionswissenschaftler Rudolf Otto in seiner berühmten Abhandlung „Das Heilige" sogenannte Tremendum (S. 14ff.) anhaftet, in Beziehung zu treten. Doch ist diese Zwischeninstanz kein Adressat des Opfers und die soziale Beziehung keine, die durch das Opfer konstituiert oder erhalten werden soll. Die soziale Beziehung etwa zu einem Priester bleibt in unserem Zusammenhang belanglos.

Im christlichen Bereich ist das Opfer wenig konturiert. Es gibt zwar sogar noch Anklänge an das Gott geweihte Zerstörungsopfer in Form der unzähligen Opferkerzen, die in vielen katholischen Kirchen vor Bildern und Statuen brennen. Dieser Brauch, ursprünglich vor allem an Wahlfahrtsorten gepflegt, nahm in den letzten 20 Jahren zu und breitete sich in viele Pfarrkirchen des Westens aus; in den Ostkirchen besitzt das Kerzenopfer traditionell eine große Bedeutung. Alltagssprachlich kann man unter „Opfer" asketische Leistungen, z.B. Verzichtleistungen in der vorösterlichen Fastenzeit, und Geldgeben für die Kollekte während des Gottesdienstes verstehen. Im Rahmen der christlichen Theologie ist das Opfer weitgehend auf das einmalige Opfer des Religionsstifters reduziert, das in der katholischen Tradition im – und hier folgt ein im gegenwärtigen theologischen Sprachgebrauch eher gemiedener Begriff – „Meßopfer" aktualisiert wird. Wichtiger ist in modernen Gesellschaften das dem Opfer verwandte Phänomen des Almosens.

Almosen geben

Mauss sieht eine Beziehung zwischen Opfer und Almosen, die auch darin besteht, daß ursprünglich Teile des Opfers, z.B. Fleisch, an Arme ausgeteilt worden seien (S. 46). Man kann das Almosen durchaus als eine Form des Opfers bezeichnen. Die primäre Form dürfte die Zerstörung gewesen sein, z.B. das Verbrennen von Tierfleisch. Wird diese destruktive Art der Weggabe durch eine konstruktive soziale abgelöst, entsteht das Almosen. Statt des Priesters oder zusätzlich zu ihm wurden Arme, Kranke und Greise, Gebrechliche schlechthin oder Kinder (also solche, die sich nicht, nicht mehr oder noch nicht selbst versorgen können) in die Beziehung zwischen Opferndem und Adressaten des Opfers eingeschoben.

Almosen leitet sich von dem griechischen „eleemoysina" ab, was „Mitleid" oder auch „Erbarmen" bedeutet. Es sind damit nicht nur die von den Bedürftigen selbst, sondern auch die für sie gesammelten Gaben gemeint. Almosen werden meist in Form von Geld gegeben („Almosenpfennig")[13], in eine „Almosenbüchse" oder einen „Almosenstock" gelegt, im „Almosenkasten" verwahrt und im Mittelalter von einem geistlichen Almosenier verwaltet (Duden, S. 109). Und es gab spezifische Almosentage, z.B. die Feste Allerseelen (2. November) und Karfreitag (Laum, Wirtschaft, S. 189).

Almosengeben ist ein Phänomen, das in verschiedenen Hochreligionen geschätzt wird. Im Islam gehört das Almosengeben zu den sogenannten fünf Pfeilern der Rechtgläubigkeit (Kaltenbrunner, Vorwort, S. 14f.). „Es ist im Hinduismus wie im Konfuzianismus das ‚gute Werk' schlechthin" (S. 14). Almosen sind schon für das Alte Ägypten und Griechenland sowie für Rom nachgewiesen (Rost, Schenken, S.102); im griechisch-römischen Raum ging ihnen allerdings das Verdienstliche ab, das sie wie in anderen Hochreligionen auch im Judentum besaßen. In alttestamentlichen Buch der Sprüche heißt es: „Wie Wasser loderndes Feuer löscht, so sühnt Mildtätigkeit Sünde" (3,30). Das Almosengeben ist schon für das frühe Christentum bezeugt. Nach Lukas empfiehlt Jesus: „Verkauft eure Habe und gebt den Erlös den Armen" (12,33). Und der einzelne soll sich nicht brüsten, wenn er gibt. „Dein Almosen soll verborgen bleiben, und dein Vater, der auch das Verborgene sieht, wird es dir vergelten" (Mt 6,4).

Im traditionellen Begriff des Almosen schwingt immer die religiöse Dimension mit: Man erwartet nichts von dem, der das Almosen empfängt, sondern von dem übernatürlichen Wesen, das das Almosengeben mit Wohlgefallen ansieht und das – wie im christlichen Denken vorgezeichnet – sich in dem Almosenempfänger manifestieren kann , denn: „Was ihr einem meiner geringsten Brüder getan habt, das habt ihr mir getan" (Mt 25,40). Beim Almosen im religiösen Kontext ist die Beziehung zwischen Geber und Empfänger sekundär; die Beziehung zu einem Dritten ist angezielt. Diese Perspektive spielt auch beim Empfänger des Almosens eine

Rolle. Er kann sich aktiv in den Prozeß zwischen dem Almosenspender und Gott einschalten, indem er für den ersteren betet. Bronislaw Geremek schreibt in seiner „Geschichte der Armut":

„In den Predigten des Pisaner Dominikaners Giordano di Rivolto (1260-1311) wird das Almosen ausdrücklich als Tausch- und Vertragsverhältnis bezeichnet: Im Austausch für diesseitige Güter bietet der Bettler seinem Wohltäter das Gebet an, und er ist verpflichtet, den Vertrag einzuhalten ... Das schlägt sich auch in der Haltung der Bettler selbst nieder, die sich ihrer Nützlichkeit bewußt sind. Das Vertragsverhältnis verschafft den Bettlern eine Stellung innerhalb der gesellschaftlichen Arbeitsteilung und bestimmt zugleich die äußeren Formen ihrer Existenz. Als Beruf aufgefaßt, bringt das Betteln bestimmte professionelle Techniken, Gebräuche und kooperative Organisationsstrukturen hervor." (S. 63)

Wenn wir uns im folgenden dem Betteln in modernen Gesellschaften zuwenden, so haben wir es mit einem marginalen Phänomen zu tun. Wer die Allgegenwart und oft auffällige Präsentation von Bettlern in der Dritten und Vierten Welt erlebt hat, kann wahrscheinlich eher das Ausmaß des Bettelwesens im mittelalterlichen Europa ermessen. Übrigens eint die beiden vorgenannten Gesellschaftsformationen, daß es sich um vorindustrielle oder nur teilweise industrialisierte handelt, die aber beide stark geschichtet sind (Sahle, S. 12).

Die Beziehung zwischen Almosengeber und Bettler ist im heutigen Deutschland ausgesprochen flüchtig. „In der Regel vergehen nicht mehr als 15-20 Sekunden zwischen Ansteuern des Bettlers, Sich-Herabbeugen, Geld in das Bettelgefäß werfen, ggf. Dank durch den Bettler, aufrichten und weitergehen" (S. 64), so hat Andreas Voß akribisch ermittelt. Die Beziehung, wenn dieser Begriff überhaupt in Betracht gezogen werden darf, kommt in vielen Fällen nur ein einziges Mal zustande. Der in südlichen Ländern zu beobachtende Bettler mit festem Standplatz, zu dem durch regelmäßiges Geben eine Beziehung aufgebaut werden kann, ist in Mitteleuropa selten zu finden. Der hervorstechendste Zug bei den meist ephemeren Beziehungen ist die Statuskomponente. Almosen wird immer von oben nach unten gegeben, übrigens oft sogar im wörtlichen Sinne, wenn der Almosenempfänger wie noch heutige Bettler am Boden sitzt, „sich klein macht" und so die Gabe empfängt (S. 79). Der Statusunterschied wird aber auch dadurch manifest, daß die für Deutschland typischen Bettler, meist Nichtseßhafte, von sich aus nicht die Beziehung eröffnen; sie betteln „passiv" (S. 56f.). Sie blicken meist die Passanten nicht einmal an. Ihr äußerer Habitus (unrasiert, zerschlissene Kleidung) und Schilder, auf denen die Situation signalisiert wird, in der sie sich befinden, sollen zum Geben ermuntern. Lediglich Roma aus dem südöstlichen Raum Europas betteln in den Innenstädten Deutschlands bisweilen aktiv, indem sie sich Menschen in den Weg stellen, sie ansprechen und ihnen mit Wimmerton ein Papier zeigen, auf dem ihre Notlage geschildert wird. Diesem Betteln liegen eine andere Tradition und ein anderes Grundverständnis zugrunde als dem Betteln der deutschen Nichtseßhaften. Eine dritte Form des Bettelns bezeichnet Voß als das „verdeckte aktive Betteln" (S. 50). Hier gehen meist deutsche Jugendliche auf Passanten zu und bitten sie, ihnen eine Mark zu „leihen". Das vorgebliche „Leihen" soll das Betteln verdecken. Aber auch bei den beiden Formen aktiven Bettelns bleibt die Beziehung zwischen Angesprochenem und Bettelndem marginal.

Warum geben Menschen heute Almosen, warum legen sie dem auf der Straße sitzenden Nichtseßhaften ein Geldstück in die Mütze oder in ein Gefäß? Der Aufforderung, etwas zu geben, wird durchaus nachgekommen, obwohl sicherlich nicht alle, vielleicht schon die wenigsten Geber genuin religiöse Motive mit dem Almosen verbinden. Von zehn Personen, die Voß nach ihren Motiven für das Almosen, das sie unmittelbar zuvor gegeben hatten, begründete eine ihr Handeln religiös: „... denken Sie mal dran, was Jesus gesagt hat" (S. 66). Die von Befragten genannten Beweggründe, die sie veranlassen, die Geldbörse hervorzuholen, sind noch: Mitleid, der Vergleich mit der eigenen Lebensituation sowie die Angst davor, selbst in die Lage des Bettelnden zu geraten, ferner das Gefühl, sich loskaufen zu müssen dafür, daß es einem gut geht (S. 65ff.). Wie auch ohne religiöse Motivation Almosen gegeben werden können, hat schon vor der Jahrhundertwende plausibel, wenn auch mit moralisierendem Unterton Ferdinand Tönnies beschrieben: „Anders, wenn es mit vollkommener Kälte, um eines äußeren Zweckes willen – z.B. um den lästigen Anblick des Bettlers loszuwerden – gegeben wird, oder um die Eigenschaft der Freigebigkeit zu zeigen, um sich in der Meinung von Macht und Reichtum (im Kredit) zu erhalten, oder endlich – und das ist das Häufigste, mit dem übrigen aber nahe zusammenhängend – unter dem Drucke der gesellschaftlichen Konvention und Etikette, die ihre guten Gründe hat, solche Vorschriften zu machen und durchzusetzen. Und dies ist oft die Art des Wohltuns der Reichen und Vornehmen – eine konventionelle Art, die als solche schon kühl und gefühllos ist" (S. 166). Und vielleicht kann mancher Zeitgenosse auch Friedrich Nietzsches Ausbruch nachvollziehen: „Bettler aber sollte man ganz abschaffen! Wahrlich man ärgert sich, ihnen zu geben und ärgert sich, ihnen nicht zu geben" (S. 94). Soziologisch gesehen liegt also der Befund nahe, daß in der Regel die traditionelle soziale Kette vom Almosengeber über den Almosenempfänger zu Gott um das zuletzt genannte Glied verkürzt ist. Oder lebt unterschwellig die Vorstellung vom Neid der Götter weiter, die zu solchen Akten anleitet (Schoeck, Neid, S. 132)? Das Insistieren auf der Frage nach einem religiösen Hintergrund geschieht deswegen, weil von der Antwort auf diese Frage auch die Stärke der Beziehungskomponente zu einem Dritten, der nach Almosengeber und Almosenempfänger plaziert ist, abhängt. Denn diese Komponente, die für unsere Definition des Schenkens entscheidend war, ist beim Almosengeben bezüglich Bettelndem und Spender nur schwach ausgeprägt. Und selbst dort, wo sie vorkommt, ist sie nur nachrangig; kaum jemand gibt einem Bettler, um mit ihm eine Beziehung aufzubauen oder aufrechtzuerhalten. Passiv Bettelnde sind – wie Voß im Umgang mit seinem Forschungsgegenstand feststellte (S. 56f.) – mißtrauisch, ja oft abweisend, wenn Außenstehende mit ihnen Kontakt aufnehmen wollen. Dagegen ist die Dimension der Freiwilligkeit, die ebenfalls in den hier vorgelegten Annahmen zum Schenken eine Rolle spielen soll, umso deutlicher nachweisbar. Abgesehen von extrem aggressiven Formen aktiven Bettelns, die der Nötigung nahestehen, aber in unseren Breiten relativ selten vorkommen, wird die Gabe tatsächlich und nicht – wie bei zahlreichen Geschenken – lediglich fiktiv freiwillig gegeben. Insgesamt gesehen aber ist das Almosengeben ein Phänomen, das nur am Rande in den Bereich des Schenkens gehört, da die soziale Dimension zu schwach ausgeprägt ist. Prägnant hat Georg Simmel diesen Sachverhalt so ausgedrückt: „Ist aber, wie in jenem Fall, der Empfänger aus dem Zweckkreis des Gebenden ganz ausgeschaltet, spielt er keine andere Rolle als der Kasten, in den eine Spende für irgendwelche Seelenmessen gelegt wird ..." (S. 353).

Abschließend soll noch auf eine moderne Variante des Begriffs „Almosen" verwiesen werden. Zum Almosen heißt es im „Duden. Das große Wörterbuch der deutschen Sprache": „einem Bedürftigen gewährte kleinere Gabe, einem Bettler ein Almosen geben". Doch dann wird eine zweite Bedeutung des Wortes vorgelegt: „(abwertend) geringes, dürftiges Entgelt, das in keinem Verhältnis zu jemandes angemessener Forderung steht; billige Abspeisung; Gnadengeschenk" (S. 108; im Orig. z.T. Hervorh.). Dem Almosenbegriff ist also eine negative Aura zugewachsen. Er wird abschätzig verwendet, wenn man dem Almosen gesetzlich garantiertes Anrecht gegenüberstellt. „Mir steht das und das zu, ich will kein Almosen". Dies beobachtete Georg Simmel schon um die Jahrhundertwende, der über den „Armen" folgendes schrieb: „... die Gedrücktheit, die Beschämung, die Deklassierung durch das Almosen hebt sich für ihn in dem Maße auf, in dem es ihm nicht aus Barmherzigkeit, Pflichtgefühl oder Zweckmäßigkeit gewährt wird, sondern er es *fordern* darf" (S. 346, Hervorh. d. Si.). Nicht die gewährte, sondern die garantierte Leistung ist das, was dem modernen Menschen angemessen erscheint. Persönliche Gnade und Großzügigkeit gelten als generell nicht menschenwürdig. Ohne damit die durch Almosen im klassischen Sinne gegebene Situation glorifizieren zu wollen, soll doch darauf verwiesen werden, daß persönliche Gnade und Generosität auch Komponenten sozialer Beziehungen sind, wie schwach diese im Einzelfall auch ausgeprägt sein mögen. Die Übermittlung von Leistungen geschieht in der Regel nach Vorschrift durch austauschbare Funktionsträger; die Beziehungen mit ihnen bleiben tendenziell inhaltsleer.

Georg Simmel zeigt noch einen anderen Zusamenhang von Almosen und Rechtsanspruch auf, dies allerdings nur für historisch eng umgrenzte Fälle. Wenn ein solches Recht auf Unterstützung nicht gegeben war, konnte es bei aller Freiwilligkeit der anfänglichen Gabe mit der Zeit zu einem solchen werden. Mehrmalige Gabe an Bettler und andere Bedürftige verlangte nach Folgegaben, wie dies ein talmudisches Gesetz explizit zum Ausdruck bringt, nach dem eine dreimalige Unterstützung einer bestimmten Person mit dem gleichen Betrag unbegrenzte Fortführung nach sich zieht. „... es nimmt den Charakter eines Gelübdes an, das nur auf ganz besondere Gründe hin (z.B. eigene Verarmung) gelöst werden kann" (S. 356). Hier schließt übrigens das Almosengeben eine Beziehung, und zwar eine dauerhafte ein. Und wenn wir auf Grund dieses Kriteriums dem Almosen in diesem Fall Geschenkcharakter zusprechen wollen, dann zeigt sich gleichzeitig eine belastende Seite des Schenkens.

Spenden

Auch wenn es dem allgemeinen Trend der Kulturkritik entgegenläuft, in unserer Gesellschaft nur Negatives zu sehen: Wohltätigkeit ist durchaus ein Kennzeichen unseres Zeitalters. Als freiwillige Zuwendung äußert sie sich in vielen Formen, von denen das eben erörterte Almosen nur eine ist. Weitere Formen der Wohltätigkeit sind das traditionelle Mäzenatentum. Der französische Historiker Paul Veyne definiert es als „ein System von Zuwendungen, die spontan oder wenigstens ohne formelle Verpflichtung von Personen erbracht werden, die ein wie immer geartetes materielles oder geistiges Interesse an jenen Zwecken haben, die diese Zuwendungen erreichen helfen" (S. 27). Das Mäzenatentum war im antiken Griechenland und – worauf der sprachliche Urheber, der reiche Maecenas verweist – in Rom verbreitet. Auch heute gibt es noch diese Mäzene; besonders im Bereich der Bildenden Kunst sind sie öffentlich präsent. Der moderne Ableger des Mäzenatentum ist das sponsoring, bei dem das finanzielle Entgegenkommen des Sponsors durch die Aufmerksamkeit für den Firmennamen oder ein Produkt kompensiert wird. Mäzenatentum und sponsoring sollen im folgenden außer Betracht bleiben (dazu etwa Kaltenbrunner, Mäzen oder Fohrbeck). Dagegen soll das Phänomen der Spende analysiert werden. Die Spende ist die moderne Form der Wohltätigkeit schlechthin. Wohltätigkeit als Beweggrund für Spenden nimmt auch Wolfgang Rippe an; im Fazit seiner Arbeit formuliert er in der elaborierten Sprache der Ökonomie: „Die eruierten Determinanten deuten darauf hin, daß Spenden vorwiegend durch Benevolenz motiviert sind" (S. 22). Die Spende unterscheidet sich vom Almosen zumindest in zweierlei Hinsicht. Das Almosen ist in der Regel von geringem Wert. Meist ist es ein kleiner Geldbetrag; man sieht kaum Scheine in den Mützen oder Bechern städtischer Bettler. Ferner wird das Almosen relativ spontan gegeben. Der Wert der Spende ist in der Regel höher, und der Spende geht meist ein mehr oder weniger reflektierter Entscheidungsprozeß voraus.

Die Spende unterscheidet sich von den „normalen" Geschenken weiterhin dadurch, daß es legitim ist, auch Dinge zu geben, die sonst als nicht geschenkgeeignet angesehen werden. Im Rahmen von Spendenkampagnen werden gebrauchte Kleidung, Medikamente, Hygieneartikel wie Zahnbürsten, Lebensmittel für den täglichen Gebrauch gesammelt. Weitaus am wichtigsten ist im Rahmen der Spenden jedoch Geld, das sonst ebenfalls nur bedingt als zum Geschenk tauglich gilt (s. S. 128f.). Die Geldspende ist auch der gedankliche Hintergrund für die meisten der folgenden Darlegungen.

Die Zahlen zum Spendenaufkommen in der Alten Bundesrepublik sind nicht eindeutig ermittelbar. Karla Fohrbeck verweist auf zwei Untersuchungen von 1982, bei denen einmal 1,7 Milliarden DM und das andere Mal 3 Milliarden DM angegeben werden (S. 524). Die Unterschiede können teilweise auf die einbezogenen Spendensituationen zurückgeführt werden; in den zweiten Wert sind etwa auch die sogenannten Klingelbeutelsammlungen mit eingegangen. Resultate stützen sich meist auf Steuerstatistiken. Da Spenden steuerlich absetzbar sind – mit ihrer Hilfe können wenigstens teilweise Aufgaben erfüllt werden, die sonst von der öffentlichen Hand finanziert werden müßten – hat man einen festen Wert, dem ein Schätzwert hinzugezählt wird, der sich auf die steuerlich nicht geltend gemachten Spenden bezieht. Nach einer Pressemeldung vom Oktober 1994 schätzt das Deutsche Zentralinstitut für soziale Fragen das gesamte Spendenvolumen auf zehn bis zwölf Milliarden DM ein. In dieser Summe sind auch Spenden an Parteien, wissenschaftliche Vereinigungen und ähnliches enthalten. Die Höhe der Spenden für Zwecke, wie sie bisher im Mittelpunkt unserer Erörterungen standen und die in der Meldung als karitativ bezeichnet wurden, wird für die 90er Jahre auf vier bis 4,5 Milliarden DM angesetzt.

Nach Angaben des Deutschen Zentralinstituts für soziale Fragen in Berlin, die der Tagespresse entnommen wurden, existierten in Deutschland 1990 etwa 20.000 Vereine, die um Spenden baten. Viele haben nur regionale Bedeutung. Rund 250 bis 300 sind es noch, „die sich, was den Umfang der Spendenwerbung und der Hilfeleistung angeht, bundesweit profilieren" (Voß, S. 3). Die Spendenwerbung kann verschiedene Formen annehmen; Voß nennt Plakate, Fernsehspots, spezielle Veranstaltungen (S. 91). Am wichtigsten sind Spendenbriefe, die sogenannten Bettelbriefe, auf die 0,5-1,5% der Angeschriebenen reagieren (Garantie). Aber 54% der Spender haben ihren Beitrag nach Aufforderung überwiesen (Esser u.a., S. 43). Nach Krause-Brewer waren beim Spendensammeln besonders erfolgreich: SOS-Kinderdorf (1992: 167 Millionen DM), „Missio" (katholisch) mit 153 Millionen DM und „Brot für die Welt" (evangelisch) mit 136 Millionen DM. Nach einer anderen Quelle (Esser u.a., S. 41) lag „Missio" mit 141 Millionen DM vor „Misereor" (ebenfalls katholisch) mit 132 Millionen DM und „Brot für die Welt" mit 114 Millionen DM. Die unterschiedlichen Daten für konkrete Hilfswerke lassen ahnen, mit welchem Unsicherheitsfaktoren die Zahlen zum Gesamtspendenaufkommen belastet sind.

Wolfgang Rippe hat die Faktoren zu ermitteln versucht, die Individuen zur Entscheidung einer konkreten Spende führen. Er nennt u.a. soziales Verantwortungsgefühl (operationalisiert z.B. in Ehrlichkeit gegenüber der Steuerbehörde oder Zuverlässigkeit gegenüber Freunden), private „Kontakte zu Personen, die potentielle Spendenempfänger vertreten" (S. 269), Höhe des Vermögens, Steuersatz, frühere Spende oder Vorbild im Elternhaus und Beruf (z.B. spenden Anwälte öfter als Ärzte). Für unseren Zusammenhang sind die Kontakte zu Personen, die Bedürftige repräsentieren, interessant. Hier wird nicht nur eine generelle Beziehungsebene deutlich; im Einzelfall kann die Spende auch als ein die Beziehung substituierendes Geschenk angesehen werden.

Abgesehen davon, daß auch für Tiere (z.B. von der Ausrottung bedrohte) und Sachen (z.B. für zu restaurierende Gebäude) Spenden gesammelt werden, kommen Spenden nicht selten Menschen zugute, die man überhaupt nicht kennt und nie kennenlernen wird, etwa Opfern von Erdbeben und Überschwemmungen, Waisenkindern oder Behinderten und Kranken in Übersee. Das gilt auch für die Blutspende, die Richard M. Titmuss eingehend untersucht hat. In der Regel kennt der Spender den Empfänger nicht. Daher handelt es sich in diesen Fällen um eine Spende und nicht um ein Geschenk, obwohl Titmuss das Phänomen des Geschenks mit „Großzügigkeit gegenüber Fremden" (S. 225) in Verbindung bringt. Das ist eine Definition von Geschenk, die nicht mit der hier benutzten in Einklang zu bringen ist. Ähnliches gilt für die Organspende (Hyde, S. 24f.), soweit sie nicht Verwandten zugutekommt, was bei bestimmten Arten der Transplantation (z.B. von Rückenmark) der Fall sein muß. Die soziale Komponente der Verbindung durch die Gabe ist hier sehr verdünnt. Der soziale Hintergrund solchen Spendens, das zur „reinen Gabe" ohne Erwartung einer Gegengabe wird, könnte in den großen Weltreligionen liegen, in denen zum ersten Mal ein weltumspannender Kontext konstituiert wurde, innerhalb dessen auch Hilfe gewährt wird (Rost, Schenken, S. 100). Wenn die Vorstellung einer Menschheitsfamilie als äußerster Weitung des sozialen Horizonts irgendwo faßbare Realität wird, dann im materiellen Indiz des Spendens.[14] Diese Feststellung wird auch nicht durch die Möglichkeit eingeschränkt, daß man sich in die Lage derer versetzen kann, für die gespendet wird. Diese Vorstellung sowie die Angst, selbst in eine solche unglückliche Situation zu gelangen, fanden wir schon beim Almosengeben, und beides wird auch in Spendenbriefen dezidiert angesprochen (Voß, S. 106).

Spenden sind seit dem Mittelalter bekannt. Dort wurden sie durch sog. Stiftbriefe begründet (Lau und Voß, S. 289). Diese Stiftbriefe waren testamentarische Verfügungen zugunsten von Kirchen oder Klöstern. Darin wurde ein Betrag festgelegt, der zwar an die kirchliche Institution ging, von dem aber jährlich eine Leistung an die Armen, die Spende, entnommen wurde. Meist war die Leistung ein Mahl. Soziologisch ist hier folgende Kette festzustellen, die der beim Opfern ähnelt: Spender – vermittelnde Institution – Empfänger der Spende. Dazu kam noch Gott, um dessentwillen die Spende begründet worden war; dieses Element der Kette tritt in der traditionellen Spende auch dadurch deutlich zutage, daß die Armen, wie schon die Bettler als Empfänger von spontan gegebenen oder für sie gesammelten Almosen, sozusagen als Gegenleistung für den Spender beten, die Messe besuchen oder die Sakramente empfangen sollten.

Das genuin religiöse Element tritt heute meist zurück; selbst in Spendenaufrufen religiöser Organisationen ist es oft nicht mehr deutlich ausgeprägt. Dennoch meint Andreas Voß, in Spendenbriefen sowohl „die Annahme von Existenz von Schicksalsmächten" wie „die Möglichkeit, diese Schicksalskräfte durch eine Spende an eine Hilfsorganisation zugunsten bedürftiger Menschen positiv beeinflussen können" (S. 128), gefunden zu haben. Die Bedeutung einer solchen vagen „Schicksalsmacht" für den Spender muß auch nach den Darlegungen von Voß notgedrungen offenbleiben.[15] In einer vom Nachrichtenmagazin „Focus" durchgeführten Umfrage, werden – in der Reihenfolge der Häufigkeit des Vorkommens der Nennungen – folgende Gründe für die Unterstützung genannt: Mitleid mit Schwachen (35%), Angst vor eigenen Notfall (31%), konkreter Notstand (30%). Die nächsthäufig genannten Gründe sind eher formaler Natur: Mitgliedschaft in einer Organisation (16%) und steuerliche Absetzbarkeit (16%). Erst dann folgen, gleichauf mit der Nennung „staatliche Untätigkeit", religiöse Gründe (Esser u.a., S. 43).[16]

Was an der modernen Spende typisch ist, ist die Eigenart des vermittelnden Gliedes. Es sind – darin stimmen nahezu alle Organisationen, die zu Spenden aufrufen, ungeachtet ihrer unterschiedlichen Ziele überein – effizient arbeitende, bürokratische Institutionen. Sie gleichen darin der modernen Behörde und dem modernen Betrieb. Die typische Art des Spendens ist die Bank- oder Postüberweisung, die regelmäßige Abbuchung vom Konto etc., also die Zuhilfenahme anderer bürokratischer Institutionen. Die Beziehungen bleiben im Rahmen des modernen Spendenwesens – auch dies ist ein Merkmal bürokratischer Organisationen – weitgehend anonym. Mögen die Briefe, die spendensammelnde Organisation an potentionell Spendenwillige senden, noch so individuell gehalten sein (bis zur namentlichen Anrede oder gar zur Schreibschrift): Hat der Angesprochene einmal gespendet, wird er zur Nummer, unter der seine Spenden zu verbuchen sind. Und so wie die vermittelnden Organisationen anonym bleiben, bleiben es die Empfänger (wie übrigens schon im Mittelalter), die vielleicht noch in einem Spendenaufruf exemplarisch als Dankende vorgestellt werden. Daß über Organisationen z. B. Patenschaften zwischen Einzelpersonen vermittelt werden, ist die Ausnahme. Werden größere Summen und dies womöglich regelmäßig über einen längeren Zeitraum hinweg an ein „Patenkind" gegeben, so wird nicht selten ein persönlicher Dankesbrief des so Bedachten mit der Schilderung der Lebenssituation und eventuell einem Photo in Aussicht gestellt. Solche Ansätze von persönlichen Beziehungen sind als besondere Belohnung gedacht. Aber im allgemeinen steht die Spende durch den weitgehenden Ausfall der Beziehungsdimension dem Geschenk noch ferner als das Almosen.

Auf eine besondere Art sozialer Beziehungen im modernen Spendenwesen machen Thomas Lau und Andreas Voß in einer Arbeit aus dem Jahre 1988 aufmerksam. Im Mittelpunkt ihrer Ausführungen stehen sogenannte Spendenaktionen. Als Beispiel dafür sollte ein Dauerlauf in Form einer Endlosstaffel dienen, die sich sechs Tage und fünf Nächte hinzog. Die Veranstalter, Schüler eines Bonner Gymnasiums, liefen 1.282 km und sammelten 1.678 DM für eine an eine Rundfunkanstalt gebundene Hilfsorganisation. Solche Aktionen werden von den Hilfsorganisationen gerne gesehen, wobei weniger die gesammelte Summe als ihr spektakuläres Vorkommen in der Öffentlichkeit von Bedeutung ist. Soziologisch interessant ist, daß die bei der Spendenaktion Aktiven „Spender, Spendensammler und Spendenempfänger in Personalunion" (S. 287) sind. Als diejenigen, die eine asketische Leistung aufbringen, sind sie Spender; durch die Leistung sind sie gleichzeitig Spendensammler. Da ihnen die Spende übergeben wird, sind sie kurzzeitig Spendenempfänger. Für unseren Zusammenhang ist wichtig, daß in der Regel intensive soziale Beziehungen zwischen den an der Aktion Beteiligten zustandekommen. Aber zwischen Gebern und Empfängern fehlen auch hier Beziehungen, die zu stärken und zu pflegen wären. Man kann im Falle der Spende bestenfalls von einer imaginären Beziehung in Form des Sich-in-die-Rolle-des-Empfängers-Versetzen sprechen. Die Freiwilligkeit der Gabe ist jedoch wieder – wie beim Almosengeben – sehr deutlich ausgeprägt.

Abschließend soll auf eine Beobachtung rekurriert werden, die von einer neuen Warte eine gewisse Nähe von Spende und Geschenk über den Faktor „soziale Beziehungen" erkennen läßt. Firmen spenden für einen karitativen Zweck und teilen dies – wie es zur Weihnachtszeit 1994 in den Pressemeldungen von einem Baukonzern berichtet wurde – den Geschäftspartnern mit, die zuvor Präsente erhielten. Man kann hier durchaus einer gewissen Konvertibilität von Spende und Geschenk das Wort reden, wenn im Bereich der Ökonomie wichtigen Bezugspersonen und -gruppen der Verzicht auf ein Geschenk zugemutet wird, in diesem Verzicht den früher Beschenkten aber gedanklich ein Anteil an der Spende beigemessen wird. Die Spende wird ein Stück weit nicht nur der Bedürftigen, sondern auch der Geschäftspartner und der Beziehungen zu ihnen wegen gegeben.

Trinkgeld geben

Ein sehr komplexes Feld ist das Geben des Trinkgeldes. Es wurde soziologisch schon früh bearbeitet. Ferdinand Tönnies nennt es in seiner 1887 zum ersten Mal erschienenen Schrift „Gemeinschaft und Gesellschaft" ein „von neueren Autoren angelegentlich erörtertes Phänomen" und faßt es selbst als „eine seltsame Mischung von Preis, Lohn, Almosen" (S. 166) auf. „Es ist wie der letzte Ausläufer und die äußerste Entartung aller solcher Bildungen. Hingegen ihre ursprüngliche und allgemeine Gestalt ist das *Geschenk*" (S. 166, Hervorh. durch T.). Tönnies sieht also den Bezug zum Geschenk, der hier natürlich besonders interessiert, aber er ordnet das Trinkgeld gleich wertend ein.

Zunächst ist das Trinkgeld eine Geldgabe. Es hat etwas von dem unpersönlichen Charakter, der dieser Art von Gabe innewohnt. (s. S. 128f.) Dienstleistungen sind der Anlaß zum Trinkgeldgeben schlechthin. Allerdings kann man nicht pauschal feststellen, daß mit der Zunahme von Formen und Umfang der Dienstleistungen, die für die westlichen Gesellschaften derzeit typisch sind (also mit dem sogenannten Trend zur Dienstleistungsgesellschaft), auch die Anlässe für Trinkgelder zunehmen. Die Anlässe sind – wie für deutsche Verhältnisse gezeigt werden soll – eher traditioneller Art, und wenn derzeit häufiger Trinkgeld gegeben wird, dann allenfalls deshalb, weil weitere Kreise der Bevölkerung Dienstleistungen in Anspruch nehmen, die früher lediglich priviligierten Schichten vorbehalten blieben. Generell ist sogar festgestellt worden, daß Anlässe und Umfang des Trinkgeldes abgenommen haben. Wie Laum (Wirtschaft, S. 234ff.) schildert, bekamen in der vorindustriellen Gesellschaft etwa Handwerker, Landarbeiter, Kinder, die bestimmten Bräuchen, z.B. Schmüken und Geleiten des Pfingstochsen, nachkamen, Trinkgeld. Oft wurden Trinkgelder kollektiv und von Haus zu Haus ziehend eingesammelt; so durften etwa die Müllergesellen für sich sammeln. Die auch heute in Städten übliche Sitte, nach Neujahr Müllmännern ein Trinkgeld zu geben, dürfte zu den wenigen Relikten solcher früher weitverbreiteter Kollekten gehören.

Das Geldliche hat das Trinkgeld mit den Hauptformen der Spende und des Almosens gemeinsam. Tönnies bezeichnet den „Charakter des *Almosens*" (S. 166, Hervorh. durch T.) „als freiwillige Abgabe des Höheren an Niedere". Dieses soziale Gefälle kommt auch beim Trinkgeld zum Ausdruck, wenn man sich z.B. scheut, dem Besitzer eines Restaurants, der einen bedient hat, oder dem Chef eines Handwerksbetriebs ein Trinkgeld zu geben. Doch wie steht es beim Trinkgeld mit der Freiwilligkeit, die Almosen und Spenden in die Nähe des Geschenks rückten?

In manchen Ländern, z.B. in Mexiko, gibt man dem Kellner gleich nach dem Eintreffen in ein Restaurant Trinkgeld, um überhaupt bedient zu werden. Dann ist das Trinkgeld einfach – um die Tönniessche Terminologie aufzugreifen – Teil des Preises für das Essen und Bestandteil des Lohnes der Bedienung. Nahe an dieses Extrem reicht heran, wenn – wie ich das in Kalifornien erlebte – vom Fremdenführer genau der Prozentsatz vom Preis der Tour genannt wird, der auf den Kreditkarten-Coupon als Trinkgeld einzutragen sei.

Auch in Europa sind die Trinkgeldregeln sehr unterschiedlich. Der ADAC hat 1995 für wichtige Urlaubsländer diese Regeln zusammengestellt. So ist es etwa in Frankreich, Griechenland und Spanien unüblich, dem Friseur ein Trinkgeld zu geben, in der Schweiz, Österreich und Großbritannien werden mindestens 10% des Preises erwartet. Dem türkischen und französischen Taxifahrer braucht man nichts zu geben, in allen übrigen aufgelisteten Ländern ist die Weigerung, ein Trinkgeld zu geben, Ausdruck der Unverfrorenheit oder der Unzufriedenheit oder bestenfalls der Unkenntnis. Nach einer Allensbach-Umfrage vom Januar 1986 gaben im Westen Deutschlands 83% der Westdeutschen Trinkgeld. 72% gaben dem Kellner oder der Bedienung im Restaurant Trinkgeld, 60% dem Friseur oder der Friseuse, 39% dem Personal im Krankenhaus, 35% dem Taxifahrer, 30% dem Zimmermädchen, 28% dem Angestellten einer Transportfirma, wenn er größere Gegenstände ausliefert, dem Handwerker und dem Zeitungsboten, 27% der Toilettenfrau und 26% dem Briefträger, wenn er die Post direkt abgibt (Noelle-Neumann und Köcher, S. 195). In die Höhe dieser Prozentsätze sind vermutlich folgende Komponenten eingegangen: die face-to-face-Situation, aber auch Traditionen (z.B. 30% geben dem Zimmermädchen Trinkgeld, das man oft gar nicht sieht, gegenüber 15% Trinkgeldgeben an den Automechaniker) sowie die Bedeutung der Dienstleistung (z.B. Trinkgeld an das Klinikpersonal). Was aber die Freiwilligkeit betrifft, so sind neben der face-to-face-Situation konventionelle Elemente von größter Bedeutung. Trinkgeldgeben an Kellner etwa ist so selbstverständlich, daß das Ausbleiben als Sanktion benutzt werden kann, was auch darin deutlich wird, daß jemand im Anschluß an eine unhöfliche oder langsame Bedienung sagt: „Dem habe ich keinen Pfennig Trinkgeld gegeben". Fast allen Personen, denen häufig Trinkgeld gegeben wird – besonders den beiden in der Umfrage am häufigsten ermittelten Kategorien – begegnet man face-to-face. Eine solche Begegnungsform ermöglicht auch den Aufbau einer zwar nur kurz dauernden, aber bisweilen doch intensiven Beziehung, in die situative Elemente einbezogen werden, die beide Beziehungspartner verbinden. Der Friseurberuf etwa gilt als ein ausgesprochen kommunikationsorientierter. Das Trinkgeld ist auch ein Ausdruck dieser positiv erlebten Beziehung, vielleicht sogar eine Bezahlung dafür, daß der professionelle Part diese Beziehung positiv gestaltet hat. Das face-to-face bei häufig vorkommenden Anlässen des Trinkgeldgebens ist auch als soziale Kontrolle zu sehen, und ein Verhaltenswissenschaftler würde vermutlich feststellen, daß Trinkgeldgeben mit intensiven Blickkontakten und Verweigerung mit Vermeiden eines solchen Kontakts verbunden ist. Anders als bei Almosen oder Spenden spielt der Beziehungsaspekt also durchaus eine Rolle. Die Freiwilligkeit ist durch Konvention begrenzt. Mit allem Vorbehalt lassen sich die beiden zentralen Komponenten in folgenden Zusammenhang bringen: Wo die Freiwilligkeit größer ist, d.h. bei den weniger häufig genannten Personenkreisen (z.b. Zeitungsboten, Toilettenfrauen, Briefträger), ist die Möglichkeit des Aufbaus einer Beziehung weniger naheliegend.

Abschließend noch folgendes Detail: In den USA ist es üblich, beim Restaurantbesuch das Trinkgeld auf dem Tisch liegenzulassen. Die soziale Kontrolle als Aspekt einer sozialen Beziehung ist geringer, der Grad der Freiwilligkeit höher. „Tipping on the road" meint, daß man ein Trinkgeld in einem Lokal zurückläßt, in dem man zufällig etwas verzehrt hat. Vor einer Zuhörerschaft vornehmlich aus Soziobiologen, die keinen echten Altruismus außerhalb der engeren Verwandtschaft zulassen (s.S. 98f.), stellte Robert H. Frank dieses „tipping on the road" als Muster echt altruistischen Verhaltens vor (Frank, Theory). Wenn man weggehe, ohne ein Trinkgeld zurückzulassen, habe dies weder für die Gegenwart noch für die Zukunft, denn man wird kaum noch einmal in dieses Lokal zurückkehren, Konsequenzen; man gibt also mit dem tipping etwas für nichts. Doch das ist schon Teil einer Geschichte, die noch folgt (s. S. 90ff.).

4. Schenken und soziologische Konzepte (I): Funktion, Gefühl, Identität, Status

Hauptfunktion und Unterfunktionen

Zu den heute in der Soziologie eher allgemein belächelten Vorstellungen gehört der Vergleich der Gesellschaft mit einem Organismus. Diese Analogie ist alt; schon der römische Patrizier Menenius Agrippa soll sie um 500 vor Christus benutzt haben, um die auf den mons sacer ausgewanderten Plebejer zur Rückkehr nach Rom zu bewegen. Denn schließlich – so argumentierte er – könnten in einem Körper die arbeitenden Glieder, also die Plebejer, nicht ohne den Bauch, den er unverblümt mit den Patriziern identifizierte, existieren. Herbert Spencer, einer der Gründerväter der Soziologie, führte die Organismusanalogie explizit in die Soziologie ein, zeigte Übereinstimmungen, aber auch – was weniger bekannt ist – Unterschiede zwischen Gesellschaft und Organismus auf (S. 87ff.). Das im 19. Jahrhundert weitverbreitete organizistische Denken ging im 20. Jahrhundert vor allem in der Systemtheorie auf; der Terminus „System", der hier kursorisch mit „Ganzes, das aus Teilen besteht" eingeführt werden soll, ist abstrakter und umfassender als der des Organismus. In den Zusammenhang der skizzierten Tradition gehört auch der Begriff der Funktion. In der bei weitem wichtigsten sozialwissenschaftlichen Systemtheorie des 20. Jahrhunderts, der von Talcott Parsons entwickelten, ist dieser Begriff schon im Namen „strukturell-funktionale Theorie" enthalten, und der bekannteste deutsche Systemtheoretiker, nämlich Niklas Luhmann, kennzeichnete eine frühe Version seiner theoretischen Annahmen dadurch, daß er die Parsonssche Reihenfolge verkehrte und seinen Ansatz „funktional-strukturell" nannte (Luhmann, Soziologie, S. 113ff).

Funktion wird meist als Beitrag eines Teils oder Elements zur Erhaltung eines Systems definiert (Luhmann, Funktion, S. 10). Funktion ist somit auf ein größeres Ganzes bezogen, das eine Gruppe, eine Organisation oder – das ist ein häufiger Anwendungsfall – eine Gesellschaft sein kann. Doch auch eine andere Perspektive ist möglich. Dabei ist auf das Werk des Ethnologen Bronislaw Malinowski zu rekurrieren, der ein wichtiger Theoretiker des Funktionalismus als eines Ansatzes ist, in dem die Funktionen im Mittelpunkt stehen. Malinowski sieht Funktionen auch „als Befriedigung eines Bedürfnisses durch eine Handlung, bei der Menschen zusammenwirken, Artefakte benutzen und Güter verbrauchen" (nach: Kohl, S. 138). Hier bezieht sich der Funktionsbegriff auf das Individuum als Teil eines größeren Ganzen.

In dem Zitat aus dem Werk Malinowskis sind noch zwei Gesichtspunkte bemerkenswert. Zunächst kommen Funktionen Handlungen zu und nicht Personen. Schenken ist eine solche Handlung, „bei der Menschen zusammenwirken, Artefakte benutzen und Güter verbrauchen". Oben war als Hauptkriterium des Schenkens die Stützung sozialer Beziehungen herausgearbeitet worden. An dieser Stelle sehen wir nun, daß dieses zentrale Kriterium eine Funktion ist; wir arbeiten also mit einer funktionalen Definition. Und bezieht man diese Funktion des Schenkens im Sinne des Malinowskischen Funktionsbegriffs weiter auf das Individuum, so führt sie direkt zu der von Aristoteles formulierten und seither immer wieder bekräftigten Grundannahme vom Menschen als eines sozialen Wesens.

Wenn man von dem auf das Ganze, auf ein System wie die Gesellschaft orientierten Funktionsbegriff ausgeht, ist die Funktion des Schenkens – soziologisch gesehen – fundamental. Denn die zwischenmenschlichen Beziehungen, denen die Geschenke zugute kommen, sind fundamental für das Ganze einer Gesellschaft; Beziehungen zwischen Menschen halten soziale Entitäten zusammen, man könnte soziale Einheiten als dichtes Netz sozialer Beziehungen bezeichnen. Fällt die Rate sozialer Beziehungen drastisch, zerbröckelt eine Einheit (Homans, Theorie, S. 338ff.), selbst in Form von Gesellschaften (S. 420ff.).

Die Funktion des Schenkens ist weiterhin relativ abstrakt, da Beziehungen sich auf sehr unterschiedlichen Ebenen konkretisieren. Im Zusammenhang mit Schenken begleiten Gaben – und damit wird versucht, eine Reihenfolge in der Bedeutung des Schenkens zu bilden – vor allem Beziehungen in der Familie, dann aber auch zu Freunden, Bekannten, Nachbarn und Arbeitskollegen. Das kann auf – und damit geraten wir in die Peripherie des hier zu Behandelnden – Geschäfts- und Regierungsbeziehungen ausgedehnt werden. Wir wollen daher den Beziehungsaspekt als Hauptfunktion des Schenkens und die Beziehungen innerhalb der verschiedenen sozialen Kreise als Unterfunktionen bezeichnen. In analoger Weise ließe sich eine Reihe von Unterfunktionen ableiten, wenn man von der Intensität der sozialen Beziehungen ausgeht. So würden an den Polen einer solchen Intensitätsskala Geschenke stehen, die eine Intimbeziehung begründen, und am entgegengesetzten Ende eine Gabe als Dank für eine einmalig erwiesene Gefälligkeit an eine Person, zu der der Schenkende keinerlei weitere Kontakte mehr pflegen wird.

Im folgenden soll die Hauptfunktion nach den Phasen, in denen die Beziehungen stehen, unterteilt und so eine weitere Gruppe von Unterfunktionen gebildet werden.

Geschenke können eine Beziehung begründen. In der Ethnologie wird immer wieder davon berichtet, daß Geschenke am Anfang von Beziehungen zwischen zwei Gruppen aus verschiedenen Kulturen gestanden haben. Die Mitglieder der Gruppen konnten nicht miteinander sprechen, die Geschenke sprachen für sie (Laum, Wirtschaft, S.88f). Für Klaus Zimmermann ergibt sich aus dem Gabentausch gar ein fundamental-anthropologisches Datum. „Im Gabentausch ist der Fremde ein Wesen, das mir gleich ist, und ich bin ein Wesen, das ihm gleich ist" (S. 144). Durch Gaben kann also die in vielen Ethnien beobachtete Tatsache aufgehoben werden, sich selbst mit dem Menschen schlechthin gleichzusetzen, wie es etwa durch das Synonym des Eigennamens der Ethnie und des Wortes für die Gattung „Mensch" geschieht. Von China wird berichtet, daß jeder Besucher, der zum ersten Mal seine Aufwartung macht, ein Geschenk mitbringt.[17]

Die häufigste Variante der Hauptfunktion besteht darin, bereits begründete soziale Beziehungen aufrechtzuerhalten. Diese Aufrechterhaltung kann über ein Geschenk zu einer Bekräftigung, einer sichtbaren Erneuerung der Beziehungen werden.

Geschenke können aber auch als Versöhnungsgeschenk die Wiederaufnahme einer abgebrochenen Beziehung begleiten. Mit ihrer Hilfe kann weiter versucht werden, eine am Rande des Abbruchs stehende Beziehung zu „retten". Hier ist zusätzlich noch an Kompensation für Beleidigungen oder sonstiges Fehlverhalten zu denken. Da hat auch der mit einem Blumenstrauß oder gar mit einem Ring ankommende reuige Ehemann, Protagonist vieler Witze, seinen Platz. Aber nicht nur Ehebeziehungen, auch Freundschaften können so neu begründet werden. So schrieb ein Mädchen, das die 7. Volksschulklasse besuchte: „Und man kann auch durch manches nette Geschenk die Freundschaft wiedergewinnen, die in den Bruch gegangen ist, und man kann sich dann revanchieren, weil ich eine Sache so nicht gemeint habe" (Laum, Kinder, S. 106). Solche Versöhnungsgeschenke können in manchen Kulturen sogar die Alternative zu einer Tötung darstellen, wenn in Gesellschaften, die Blutrache praktizieren, ein Geschenk an die Familie des Getöteten den Verzicht auf deren Rache bedeutete (Laum, Wirtschaft, S. 89f.). Natürlich mußten solche Versöhnungsgeschenke einen bedeutenden Wert repräsentieren; vielleicht läßt sich hier eine Assoziation zum umgangssprachlichen Ausdruck „für etwas bluten müssen" herstellen, der auch im Zusammenhang mit dem Erwerb eines Geschenks Verwendung finden kann. Von einem solchen imponierenden Versöhnungsgeschenk berichtet das biblische Buch Genesis. Der Patriarch Jakob kehrt in seine Heimat zurück, wo er seinen Bruder Esau treffen wird, den er viele Jahre zuvor schmählich betrogen hatte.

„Dann stellte er von allem, was er gerade zur Hand hatte, ein Geschenk für seinen Bruder Esau zusammen: zweihundert Ziegen und zwanzig Böcke, zweihundert Mutterschafe und zwanzig Widder, dreißig säugende Kamele mit ihren Jungen, vierzig Kühe und zehn Stiere, zwanzig Eselinnen und zehn Esel. Er übergab sie, nach Herden geordnet, seinen

Knechten ... Dem ersten trug er auf: ‚Wenn du auf meinen Bruder Esau triffst und er dich ausfragt: >Zu wem gehörst du, wohin gehst du, und wem gehört das vor dir da? <‚dann sag: ‚Deinem Knecht Jakob. Ein Geschenk ist es, gesandt an meinen Herrn, an Esau... Denn Jakob sagte sich: ‚Ich will ihn mit der geschenkten Herde, die vor mir herzieht, beschwichtigen, und ihm dann erst unter die Augen treten. Vielleicht nimmt er mich freundlich auf‘." (Gen 32, 14-21)

Und seine Rechnung geht auf.

„Da fragte Esau: ‚Was willst du mit dem ganzen Auftrieb dort, auf den ich gestoßen bin?‘ Jakob erwiderte: ‚Ich wollte das Wohlwollen meines Herrn finden‘. Darauf sagte Esau: ‚Ich habe selber genug, Bruder. Behalte, was dir gehört‘. ‚Nicht doch‘, entgegnete Jakob, ‚wenn ich dein Wohlwollen gefunden habe, dann nimm das Geschenk aus meiner Hand an! Denn dafür habe ich dein Angesicht gesehen, wie man das Angesicht Gottes sieht, und du bist mir wohlwollend begegnet. Nimm doch mein Begrüßungsgeschenk an, das man dir überbracht hat. Denn Gott hat mir Wohlwollen erwiesen, und ich habe alles, was ich brauche‘. Er drängte ihn, bis er annahm." (Gen 33, 8-11)

Soziale Gefühle

Es mag auf den ersten Blick überraschen, daß Gefühle zu den soziologischen Konzepten gezählt werden. Die traditionelle Soziologie hat bis auf wenige Fälle (Simmel; Homans, Gruppe) diesen psychischen Faktor nicht in Betracht gezogen. Wichtiger als das Emotionale war das Rationale. Bei Max Weber etwa ist die Zweckrationalität im Sinne des Idealtypischen Richtschnur, von der das Emotionale, das bezeichnenderweise oft „irrational" genannt wird, lediglich eine Abweichung darstellt (Wirtschaft, S. 5). Und aus der methodischen Bevorzugung des Rationalen wird dann oft in der praktischen Forschung eine faktische. Gegenüber solchen Annahmen ist in der gegenwärtigen Soziologie ein Wandel festzustellen. Im Rahmen der Renaissance einer verstehenden Soziologie, in der die Perspektive des Handelnden einzunehmen versucht wird und Alltagsprobleme thematisiert werden, hat sich erwiesen, daß Gefühle zentrale, nicht übergehbare Faktoren sind, wenn „Lebenswelten" ergründet werden sollen. Und es ist in diesem Zusammenhang sicher auch kein Zufall, daß gerade Autorinnen (Hochschild, Agnes Heller) wichtige Beiträge zu einer Soziologie der Gefühle geleistet haben.
    Innerhalb einer Soziologie der Gefühle werden begriffliche Unterschiede zwischen Gefühlen, Emotionen, Haltungen, Attitüden u.ä. getroffen. Diese spezielle Nomenklatur soll hier keine Rolle spielen; es soll generell von Gefühlen die Rede sein. Zentral sind dabei soziale Gefühle, also Gefühle, die von anderen ausgelöst werden oder sich auf andere beziehen. Im „Vorwort" war auf das Problem der Redundanz hingewiesen worden, daß dadurch entsteht, daß Schenken ein „soziales totales Phänomen" ist. Das ist ein Grund dafür, daß auch schon den vorangehenden Ausführungen fast

unausweichlich von Gefühlen gehandelt werden mußte; so war schon vom Vertrauen als einer dem Schenken zugrunde liegenden Gemütslage die Rede gewesen. Und es wird an anderen Stellen angebracht sein, über Scham und Neid zu handeln.

Mit Funktionen waren im letzten Abschnitt vor allem soziale Funktionen gemeint, die auf ein größeres Ganzes als den Einzelnen bezogen sind und dessen Bestand mitgarantieren. Motive dagegen sind psychische Befindlichkeiten, also letztlich individuelle Dispositionen. Motive, die – zugegebenermaßen wenig konturiert – als „Spannungszustand innerhalb eines Organismus" (Krohne, S. 456) bestimmt werden sollen, sind oft im Bereich der Gefühle zu finden. In einer indischen Schrift, auf die Mauss eingehend zurückgreift, werden folgende Motive des Schenkens genannt: „Pflicht, wenn man dem Brahmanen spontan gibt; Eigennutz (,er gibt mir, er hat mir gegeben, er wird mir geben'); Furcht (,ich bin nicht sein, er ist nicht mein, er könnte mir Böses tun'); Liebe (,er ist mir teuer, ich bin ihm teuer' – ,er gibt mir ohne Zögern'); Mitleid (,er ist arm und mit wenigem zufrieden')" (Mauss, S. 148, Anm. 92; die Zitate innerhalb des Zitates stammen aus der indischen Schrift). Unter den fünf von Mauss für das Geschenk genannten Motiven ist lediglich der Eigennutz eine Attitüde der aktiven Berechnung und damit weitgehend dem Gefühlsbereich entzogen. Die übrigen vier sind ihm zuzuordnen, auch die Pflicht, die mit dem Spontanen in Verbindung gebracht wird. Dieses Spontane enthält die Komponente des Erfaßtwerdens, die als Kennzeichen des Gefühls genannt wird. Natürlich sind damit nicht alle möglichen Motive genannt, deren Spannweite schwerlich ausmeßbar ist.

Gefühle sind im Zusammenhang mit Schenken nicht nur als Motive relevant. Sie begleiten den gesamten Vorgang. Diese umfassende Art der Durchdringung läßt einige prinzipielle Überlegungen zu Gefühlen notwendig erscheinen, die ein Verständnis für Nuancierungen schaffen sollen. Gefühle haben tiefe biologische Wurzeln. Sie verbinden uns mit den höheren Stufen des Lebendigen; viele Säuger und Vögel zeigen z.B. eindeutig Angst. Gleichzeitig sind aber Gefühle kulturell normiert. So ist es in manchen Kulturen verboten, Angst zu zeigen. Das bedeutet noch nicht, keine Angst zu haben, aber das Zurückhalten des Ausdrucks der Angst kann die Angst auf Dauer tatsächlich mindern. Umgekehrt kann durch sozial erwünschten Ausdruck erst ein Gefühl entstehen. Wenn die soziale Situation den Ausdruck der Trauer erfordert, können in dem Individuum, das zuvor keinerlei Gefühle des Verlustes wahrnahm, tatsächlich solche Gefühle entstehen.[18] Es gibt also im Ausdruck der Gefühle die Pole der Authenzität, eines quasi automatischen Reagierens des Inneren auf eine Situation oder ein Objekt einerseits, und des Befolgens sozialer Normen bezüglich des Gefühlsausdrucks, ohne daß dieses Gefühl vorhanden ist, andererseits. Letzteres wird oft als Heuchelei oder Zynismus verurteilt. Aber auch der Ausdruck authentischer Gefühle ist sozial normiert; es ist z.B. festgelegt, wer weinen darf und wer nicht. Und lautes Schreien vor Schmerz in der Öffentlichkeit, das in manchen Kulturen vorgeschrieben ist, ist bei uns verpönt. So entstehen in dieser Spannung zwischen Gefühl bzw. nichtvorhandenem Gefühl und sozial normiertem Ausdruck selbst wieder Gefühle, etwa solche der Angst, sich zu sehr „gehenzulassen" oder als Heuchler, der Gefühle vortäuscht, entlarvt zu werden. Der Sozialpsychologe Barry Schwartz faßt solche Probleme des Gefühlsausdrucks in soziologische Terminologie und spricht in diesem Zusammenhang von „Statusangst" (S. 7), denn jegliches „Versagen" schwächt die Position eines Menschen in einem sozialen Feld.

Alle Probleme der Gefühlsarbeit und im besonderen ihre sozialen Komponenten kommen im Rahmen des Schenkens zum Tragen. Gefühle und Gefühlsausdruck sollen spontan wirken, und oft wird auf beiden Seiten, also von Geber wie Empfänger, sehr auf „laue" Reaktion geachtet, d.h. es werden Verhaltensnuancen registriert. Vielleicht haben viele Erwachsene soviel Freude an den spontanen Reaktionen von Kindern auf Geschenke, weil hier die Situation von den üblichen Spannungen sozialer Normierungen entlastet ist. Allerdings werden auch Kinder schon sehr früh zu „richtigem" Reagieren auf Geschenke erzogen. Oft ist es die erste Situation im Leben, in der von den Kindern Verstellung verlangt wird.

Die Gefühle, die den gesamten Akt des Schenkens durchwalten sollen, sind Zuneigung, Solidarität und Wohlwollen. „Sollen" meint gedankliche Voraussetzung, auch Erwartung. Cheal spricht dementsprechend von einer „Kultur der Liebe" (love culture), die sich beim Schenken zu entfalten hat (Gift, S. 61ff.). Besonders eng scheint bei Kindern der Bezug von Liebe und Geschenk zu sein. Claude Lévi-Strauss zitiert die Kinderpsychologin Susan Isaacs: „Kinder ‚empfinden Liebe nicht so sehr *aufgrund* der Geschenke; für sie *ist* das Geschenk Liebe'" (S. 151; Hervorh. durch L.-St.). Diese positive Gefühlsfärbung läßt sich auch in den Antworten auf die Frage nach dem wichtigsten Grund des Schenkens erkennen, die in einer britischen Studie aus dem Jahr 1967 zu finden sind. Am häufigsten wird „Freude am Geben" genannt, auf diese Kategorie entfielen 27% der Antworten. Es folgten „Freundschaft/Liebe zeigen" (16%), „anderen Freude bereiten" (13%), „Anerkennung zeigen" (13%) und „Sentimentalität" (5%). Es soll allerdings auch nicht verschwiegen werden, daß 16% angaben, daß ein Geschenk erwartet werde (Lowes u.a., S. 226).

Unter den Gefühlen, die bei Schenkenden häufig vorkommen, sollen weiter Vorfreude und innere Spannung über die Aufnahme des Geschenks genannt werden. Das erstgenannte Gefühl kann auch beim Empfänger entstehen, wenn ein Geschenk erwartet werden kann. Ausgeprägt ist solche Vorfreude bei Kindern zu den regelmäßig wiederkehrenden Geschenkterminen. Diese Gefühle sind ebenso wie das der Enttäuschung über den Verlauf des Geschenkaktes sozial unproblematisch, weil sie solitär ausgelebt werden.

Das Gros an Gefühlsarbeit ist auf Seiten des Beschenkten zu leisten: Er hat Überraschung und Freude zu signalisieren, auch wenn beide Seiten wissen, daß ein Geschenk „fällig" ist; pro forma hat er das Geschenk zurückzuweisen, d.h. das Gefühl der Unwürdigkeit zu produzieren, und natürlich Dank auszudrücken.

Der Kinderbuchautor Erich Kästner beschreibt in „Als ich noch ein kleiner Junge war" spezielle Mühen der Gefühlsarbeit eines Beschenkten, der sich am Heiligen Abend über die Geschenke der miteinander um die Liebe des Kindes konkurrierenden Eltern zu freuen hatte:

> „...Weihnachtslieder erklangen ... Doch mir war elend zumute, gleich würde ich lächeln müssen, statt weinen zu dürfen ... Vater und Mutter hatten sich rechts und links vom Tisch postiert, jeder neben seine Gaben, als sei das Zimmer samt dem Fest halbiert. ‚Oh‘, sagte ich, ‚wie schön‘ und meinte beide Hälften ... Zögernd ging ich auf den herrlichen Tisch zu, auf den halbierten Tisch, und mit jedem Schritt wuchsen meine Verantwortung, meine Angst und der Wille, die nächste Viertelstunde zu retten ... Ich stand am Tisch und freute mich im Pendelverkehr..." (nach: Armbruster, S. 47).

Arlie Russell Hochschild diskutiert die Folgen des Versagens in bezug auf die beim Empfang des Geschenks zu leistenden Gefühlsarbeit:

> „Wenn es uns nicht gelingt, uns zu freuen oder uns dankbar zu zeigen, versuchen wir, uns zumindest schuldig zu fühlen, wenn wir uns schon nicht über das freuen können, was uns andere geschenkt haben. Schuld und Verwirrung scheinen gleichsam als ‚Schuldscheine‘ zu fungieren. Schuldgefühle halten die Gefühlsnormen von innen her aufrecht; in ihnen drückt sich die internalisierte Anerkennung einer nicht bezahlten Schuld aus. Sogar die Formulierung ‚Ich sollte mich schuldig fühlen‘ ist ein abgeschwächtes Bekenntnis, das auf die anerkannte Schuld verweist" (Herz, S. 90f.).

Wenn der Beschenkte ein Mehr an Gefühlen zu demonstrieren hat, so bezieht sich das also nicht nur auf den Umfang der Gefühle, sondern auch auf ihre Qualität. Er wird auch hinsichtlich Freude und Überraschung Intensität und sogar Spontaneität demonstrieren. Und all das ist stark normiert. Von daher ist auch das Ergebnis einer empirischen Studie zum Thema „Lügen" aus dem Jahre 1992 in sich plausibel, das besagt, daß am häufigsten gelogen wird, wenn man sagt, man freue sich über ein Geschenk. 89% der Befragten gaben Lügen dieser Art zu. Die nächsthäufige Nennung (87%) bezog sich auf die Vertuschung von Fehlern bei der Arbeit[19]. Die Feststellung des amerikanischen Dichterphilosophen Ralph Waldo Emerson ist wohl treffend: „Das ist ein guter Mann, der ein Geschenk gut empfangen kann" (S. 95).

Wahrscheinlich das wichtigste Gefühl im Zusammenhang mit Schenken ist die Dankbarkeit, die als Reaktion auf ein Geschenk genuin zum Akt des Schenkens gehört. Auf Dankbarkeit wird daher auch noch an anderen Stellen einzugehen sein. Dankbarkeit enthält immer die Komponente des Wohlwollens (Clausen, S. 36). Dankbarkeit ist aber auch ein Wechsel auf die Zukunft von Seiten des Beschenkten. Sie setzt Vertrauen beim Schenkenden voraus; der andere wird loyal zu mir stehen, wenn ich es brauchen werde. Dankbarkeit enthält so das Versprechen, in Zukunft eine Gegenleistung zu erbringen, und zwar ist diese Leistung noch nicht spezifiziert[20]. Verbitterung über Undankbarkeit bezieht sich oft auf enttäuschte Erwartungen. Wie gravierend eine solche Situation empfunden wird, zeigt auch die in westlichen Rechtssystemen vorkommende Möglichkeit des Widerrufs einer Schenkung wegen Undankbarkeit, die schon im römischen Recht zu finden ist (Mauss, S. 128). Im deutschen Recht ist die Undankbarkeit neben der unerwarteten Not des Schenkenden der einzige legitime Grund für die Rücknahme einer Schenkung.

Die Auffassung, daß Geschenke das weite Netz sozialer Beziehungen materiell unterlegen, kann in vergleichbarer Weise auch auf die Dankbarkeit übertragen werden. Dankbarkeit kann als eine die Gesellschaft überziehende Form der Bindung zwischen Menschen gesehen werden. Georg Simmel nennt die Dankbarkeit „das moralische Gedächtnis der Menschheit", „ein ideelles Fortleben einer Beziehung, auch nachdem sie längst abgebrochen und der Aktus des Gebens und Empfangens längst abgeschlossen ist" (S. 444). Und er konstatiert: „Würde mit einem Schlage jede auf frühere Aktionen hin den Seelen verbliebene Dankreaktion ausgetilgt, so würde die Gesellschaft, mindestens wie wir sie kennen, auseinanderfallen" (S. 444). In seiner übernervös zu nennenden Sensibilität betont Simmel besonders das Überdauernde der Dankbarkeit, in dem er feststellt, „daß die Situation der Dankbarkeit leicht einen Ton von nicht lösbarer Bindung mit sich bringt, daß sie ein moralischer character indelebilis ist" (S. 446). Er vergleicht die Dankbarkeit mit der Treue, für die es Fälle gibt, in denen es als legitim empfunden wird, sie nicht mehr zu halten. Aber: „Eine solche Entlastung von der inneren Wesenheit her, wie diese, tritt für unser Gefühl nicht ein, wenn unser Dankbarkeitsgefühl erlischt" (S. 447). Dankbarkeit wird zur Penetranz; sie ist „eine Stimmung eines ganz allgemeinen Verpflichtetseins (mit Recht behauptet man, dem Anderen für etwas Dankenswertes ‚verbunden' zu sein), die keiner Lösung durch irgendwelche einzelnen Leistungen fähig ist" (S. 447).

Identität und Individualisierung

Mauss berichtet, daß in manchen der von ihm berücksichtigten Naturvolkgesellschaften geglaubt werde, dem Geschenk wohne ein mana, eine Kraft inne, die dem Geber entstamme (S. 31ff.). Mauss benennt diese Kraft mit dem Maori-Wort „hau". Diese Kraft kann ein Stück der Seele des Gebers sein. Deswegen müsse das Geschenk in besonderer Weise gewürdigt oder behandelt werden. Es dürfe z.B. nicht ohne weiteres weggegeben werden.[21] Dieses „hau" macht auch den Diebstahl für den Stehlenden wenig rentabel, denn das „hau" bewirkt Unheil durch die gestohlene Sache; also: „Unrecht Gut gedeiht nicht" in exotischer Version oder – mit Friedrich

Stentzler – „der juridische Begriff ... als eine Rationalisierung der verhexten Formen" (S. 49). Bei den Stammesgesellschaften Nordwestamerikas wurden wichtige Geschenke, wie z.b. Kupferplatten, mit Namen belegt und als Personen gedacht, die mit Ehrfurcht behandelt werden müssen (Mauss, S. 103ff.). Im Rahmen einer soziologischen Erklärung könnte man solche Vorstellungen als Verdinglichung der sozialen Komponente des Geschenks enthüllen, die den neuen Besitzer über den Gegenstand an den Geber bindet. Eine solche, nicht immer rational erfaßte Komponente, die auf dem sozialen Faktor beruht, ist auch im Geschenkverhalten unserer Gesellschaften vorfindbar. Sie wird oft dann deutlich, wenn man im Geschenk die Anstrengung des Gebers entdeckt, das für eine bestimmt Person Passende zu finden. Colin Camerer und Russell W. Belk schreiben in diesem Sinn: „Es ist der Gedanke, der zählt" (S. 195 bzw. Belk, Thought, S. 155). Das „Für Dich" eines Geschenks zeigt, daß eine ganz persönliche Beziehung zugrunde liegt und bekräftigt werden soll. Noch heute gilt so, auch wenn wir dem Geschenk keine Seele zusprechen, was Mauss im Zusammenhang mit dem Maori-Recht feststellt: „... daß jemand etwas geben soviel heißt, wie jemand etwas von sich selbst geben" (S. 35). Georg Simmel spricht von „einer Expansion des Ich, das sich ... im Schenken ausströmt" (S. 371). Und dasselbe meint Ralph Waldo Emerson, wenn er mit dichterischer Pathetik verkündet: „Das einzige Geschenk ist ein Stück von dir selbst" (S. 94).

Jemandem etwas von sich selbst geben, bedeutet auch, sich selbst zu erkennen geben, jemandem seine Identität als das, was man „eigentlich" ist, zu enthüllen, und zwar im ursprünglichen Sinn. „Da habe ich ihn kennengelernt" könnte im Alltag eine Floskel lauten, die nach einem besonders großzügigen oder – und dies wahrscheinlich öfter – nach einem mißglückten, zu geringen oder ausgebliebenen Geschenk zu hören ist. Natürlich versucht sich der Geber so zu präsentieren, wie er sich gerne von anderen gesehen hätte, z.B. als großzügig, originell, liebenswert. Geschenke sind eine Möglichkeit der Realisierung dessen, was der Soziologe Erving Goffman „Eindrucksmanipulation" (Theater, S. 189) genannt hat.

Nicht nur etwa im Umfang des Geschenks decouvriert sich der Geber, sondern auch in letzten Nuancen des Geschenks. Blumen sind Geschenke par excellence, weil sie häufig verschenkt werden und vor allem auch weil ihr Wert als Nutz- und Handelsgegenstand zwischen Personen sehr begrenzt ist. Ralph Waldo Emerson bezeichnet sie als immer passende Geschenke (S. 93) und betont, daß „sie stolz geltend machen, daß ein Strahl der Schönheit alles Nützliche der Welt an Wert übertrifft" (S. 93). Wenn die Aussage: „Ein Geschenk ist immer ein Zeichen. Es ersetzt die verbale Sprache, die vor Gefühlen verstummt, die vor dem Unaussprechlichen versagt" (Jost, S. 69) zutrifft, dann gilt sie in besonderer Weise für Blumen. Man kann – so eine geläufige Redeweise – „etwas durch die Blume sagen". Es gibt eine „Sprache der Blumen" mit Hilfe derer differenziert kommuniziert werden kann. Und der, der heute rote Rosen schenkt, gibt sich in bestimmten Situationen eindeutig als Liebender zu erkennen und riskiert, wenn er sich der Gegenliebe zuvor nicht versichert hat, Blamage.

Ein Geschenk, das deutliche Züge des bisher zu Identität Explizierten in sich trägt, ist die Photographie oder eine sonstige Abbildung des Gebers. Durch die Übergabe oder den Austausch der Porträts kann die Beziehung intimisiert werden. So können wiederum Liebende bei der Übergabe der Photographie für die Brieftasche oder das Armaturenbrett am Auto sagen: „Du bist jetzt immer bei mir". Es gibt also kaum ein Geschenk, in dem der Geber mehr von sich gibt als in einer Abbildung. Von den unzähligen Geschenken, die Cheal registrierte, waren mehr als 1% Photographien, zu Weihnachten waren es fast 2% (Gift, S.90). Auch beim Dachverband der deutschen Photoindustrie wird für Portraits eine hohe Schenkquote angenommen (s. S. 134). In vielen Kulturen gilt die Abbildung als so eng mit dem Abgebildeten verbunden, so daß ihr Besitz auch Einflußmöglichkeiten auf den Abgebildeten gibt, die auch in unheilvoller, „schwarzer" Magie bestehen kann. Diese Gefahr wird auch mit dem Haar verbunden, das etwa in Form einer Locke schon im Mittelalter (Laum, Wirtschaft, S. 165f.) ein Geschenk zwischen Liebenden, vor allem von der Frau an den Mann, war, aber auch heute noch ausgetauscht wird. Walter Tobler zitiert in diesem Zusammenhang den Barockdichter Paul Fleming: „Eines deiner güldnen Haare, das du mir gibst, o klare, ist mir ein festes Band" (S. 741). Der Sprachwissenschaftler Jacob Grimm schreibt: „der wahren gabe soll immer noch ein eigner bezug auf die absicht und neigung des gebenden oder empfangenden einwohnen" (S. 176). Das Konzept „Identität" ist also nicht nur in bezug auf den Geber, sondern auch in bezug auf den Empfänger anwendbar (Schwartz, S. 2). In den Geschenken kommen oft unsere Vorstellungen vom Gegenüber zum Ausdruck. Klaus Fritz hat in seinem „Geschenkbuch" eine Reihe solcher Geschenke aufgelistet (S. 34ff.). Da ist die Reproduktion einer Tageszeitung vom Datum der Geburt des zu Beschenkenden, in die man noch die Geburtsanzeige einfügen lassen kann. Man kann natürlich auch eine Art „Bierzeitung" zum Leben des zu Bedenkenden gestalten. Hat man Zugriff auf Photos, kann man eine Collage zu wichtigen Lebensstationen zusammenstellen und rahmen; ähnliches ist in Form einer Dia-Show möglich. Viel Hintergrundwissen erfordert ein gezeichneter Stammbaum. Speziell auf den Beschenkten zielen auch das Abonnement einer Zeitschrift, die sich einer bestimmten Liebhaberei widmet, oder die Eintrittskarte zum Konzert eines bestimmten Interpreten oder ein Tonträger mit Stücken eines bevorzugten Komponisten. Nicht-materielle Geschenke sind ein Gedicht oder ein Sketch zum Leben des zu Beschenkenden. Ob ein Büroschlafkissen als personenspezifisches Geschenk Freude macht (S.131)?

In solchen Geschenken kann sich auch ein spezieller Zug des derzeitigen gesellschaftlichen Lebens manifestieren. Wir hatten in einem geschichtlichen Abriß die Entwicklung des Schenkens bis in das Zeitalter des Massenwohlstands nach dem zweiten Weltkrieg, im Rahmen dessen alle Schichten in das regelmäßige Schenken einbezogen wurden, verfolgt (s. S. 22). Führt man die bisher gezogene Linie einer Geschichte des Schenkens in die Gegenwart der 90er Jahre fort, so muß noch ein Stichwort fallen, das vielen Sozialwissenschaftlern als Schlüsselbegriff dient, wenn sie die neueste Entwicklung in den westlichen Gesellschaften charakterisieren. Es handelt sich um den Terminus der Individualisierung. Es ist dies ein vielschichtiger Begriff (Lau, S. 219), von dem hier nur zwei Facetten zu berücksichtigen sind. Individualisierung meint zunächst objektive Prozesse der „Freisetzung von traditionellen Gemeinschaftsbindungen" (ebd.), die die modernen Menschen vereinzeln, was durchaus schmerzhafte Gefühle u.a. des Alleingelassenseins auslösen kann, vor allem wenn man ungewollt aus traditionellen partnerschaftlichen, lokalen, weltanschaulichen und beruflichen Bindungen entlassen wird. Gleichzeitig bergen jedoch solche Situationen auch die Chance der Autonomie. Der einzelne kann und muß sich – das gilt auch für beruflichen Wandel – neu orientieren und neu binden. Er muß so seine Biographie gestalten und erfährt sich als jemand mit besonderem Schicksal, das sich schlecht mit anderen vergleichen läßt. Selbstverwirklichung – um ein anderes, derzeit gängiges Schlagwort mit Orientierungscharakter aufzugreifen – wird dann nicht mehr unbedingt gewollte, sondern unumgehbare Aufgabe; der einzelne erfährt am eigenen Leibe das, was Ulrich Beck in seinem berühmten Buch „Risikogesellschaft" „*reflexive* Modernisierung" (z.B. S.14, Hervorh. durch mich) nennt. Von hier aus läßt sich nun ein direkter Bezug zum Schenken herstellen. In einer Wohlstandsgesellschaft mit hohem Masseneinkommen ist die Geschenkauswahl auch dadurch bestimmt, daß man auf die spezielle Situation eingeht, die sich durch das ausgeprägte Schicksal eines zu Beschenkenden ergibt. Jeder könnte sich prinzipiell alles selber kaufen. Denn man muß Klaus Fritz rechtgeben, wenn er schreibt: „Längst ist die Zeit dahin, in der man allein mit warmer Unterwäsche, gewöhnlichem Konfekt oder praktischen Haushaltsgeräten Begeisterungsstürme auslösen konnte" (S. 7). Geschenkwert besitzen angesichts der Individualisierung vor allem die Dinge, die in dem Sinne passen, daß sich der einzelne wiedererkennt. Geschenke, die im Zeichen reflexiver Modernisierung stehen, sind eine Aufgipfelung des Identitätsprinzips; in ihnen ist im Falle des Gelingens das erspürt, was einer speziellen, ein Individuum von allen anderen grundsätzlich unterscheidenden Situation gerecht wird. So wäre beispielsweise einmal nachzuprüfen, inwieweit die unzähligen Titel der sogenannten Ratgeber-Literatur auch zu Geschenkzwecken erworben werden und als gutgemeintes Mittel der Therapie in den zahlreichen durch solche Modernisierung ausgelösten Krisensituationen fungieren sollen.

Neben diesen auf die ganz persönliche Identität zielenden Geschenken gibt es auch solche, die Züge der Identität deutlich machen, die der Beschenkte mit vielen anderen teilt. Geschlechtsspezifische Geschenke an Kinder, wie Puppen, Eisenbahnen etc., sollen der Identität als Mädchen oder Junge Rechnung tragen. Nach einer amerikanischen Untersuchung mit einem allerdings kleinen Sample war die Mehrzahl der Spielzeuge von Vorschulkindern geschlechtsspezifisch. Übrigens fällt die identitätsstiftende Rolle solcher Spielzeuge, obwohl sie oft nicht von Eltern gegeben werden, mit der Funktion der Sozialisation zusammen, die zum Teil auch Identitätsbegründung ist (Banks, S. 320). Geschenke an Kinder zeigen besonders dann sehr deutlich die Einschätzung des anderen, wenn Geschenke gebracht werden, die „verfrüht" oder schon zu „kindisch" für den Beschenkten sind. Und wenn in einer großangelegten US-amerikanischen Untersuchung über Weihnachtsgeschenke aus dem Jahre 1979 festgestellt wird, daß von den weit über 3000 erfaßten Geschenken 35% Kleidung waren, so hat das durchaus mit der Identität des Beschenkten zu tun, wie der Berichterstatter selbst feststellt: „Das Überwiegen von Kleidung gegenüber allen anderen Kategorien erklärt sich wahrscheinlich aus der automatischen Individualisierung von Einzelheiten von Kleidung. Sie beschreibt tatsächlich den Empfänger im Alter, Geschlecht, Erscheinung und Geschmack" (Caplow, Christmas, S. 385).

Kriterien der Identität werden überwiegend von außen an ein Individuum herangetragen. Solche Kriterien sind wandelbar. Das hat William B. Waits in einer Analyse von US-amerikanischen Zeitschriftenartikeln und Anzeigen demonstriert, in denen Geschenkartikel thematisiert wurden. Zwischen 1890 und 1920 wurden Jungen dargestellt, die sich körperlich betätigen und schon früh ein „männliches" Betragen an den Tag legen. Geschenke waren dementsprechend Fahrräder, Schlittschuhe, Taschenmesser und – der Mythos vom Wilden Westen war noch sehr lebendig – Gewehre (S. 133). In einer Anzeige aus dem Jahr 1902 heißt es, „daß jeder Junge gelehrt werden sollte, wie man mit einer Feuerwaffe umgeht, und daß die Eltern sie zu einem Leben draußen (out-of-doors-life) ermuntern sollten" (S. 135). Das änderte sich nach 1920. Einer der neuen Schwerpunkte in den Darstellungen war die beruflich-praktische Seite des Lebens, zu der mit Hilfe von Spielzeug hingeführt werden sollte. Metallbaukästen standen für solche Tendenzen (S. 141ff.). Mädchen wurden in der Zeit vor 1920 in erster Linie mit Puppen gezeigt. Danach änderte sich das Bild des Mädchens. Es wird als aktiver vorgestellt. Schlitten und Fahrräder werden als für Mädchen passende Geschenke empfohlen.

Vergleicht man die Komponenten „Identität des zu Beschenkenden" und „Identität des Schenkenden", so scheint der ersteren eine größere Bedeutung zuzukommen. Russell W. Belk zeigt das am Beispiel eines Jungen, der Fußball über alles liebt; dennoch sei es nicht angebracht, daß der Junge seiner Mutter zum Geburtstag einen Fußball schenke (Thought, S. 156f.). Paul Tournier dokumentiert einen Fall, in dem gegen dieses Grundsatz verstoßen wurde. „Ich denke hier an einen Ehemann, der seine Frau immer unfehlbar mit einem Buch beschenkte und dabei unschuldig sagte: ‚Du gibst es mir dann, wenn du es gelesen hast; ich interessiere mich schon lange dafür'" (S. 18). Ferner weist Belk noch darauf hin, daß der Schenkende eine Identität entwickelt haben muß, die er positiv bewertet (Thought, S. 157); d.h., daß er nicht die dunklen Seiten von sich schenken darf.

Züge der eigenen Identität können nur soweit in das Geschenk einfließen, als sie der des zu Beschenkenden ähnlich sind. Dies wird in besonderer Weise bei Menschen deutlich, die dabei sind, eine intensive Beziehung aufzubauen, wie etwa Verliebte. In den Geschenken, die in einer beginnenden Liebe fließen, drücken sich nicht nur wahrgenommene oder gemutmaßte Vorlieben des anderen aus, sondern es können in Schallplatten, Büchern u.ä. auch gemeinsame Präferenzen zum Ausdruck kommen. Oder die Geschenkgegenstände selbst können dazu dienen, die Beziehung selbst aufrechtzuerhalten oder zu intensivieren. Solche Geschenke stellen etwa Briefpapier da. Vielleicht schenkt man sich im Zeitalter der fernmündlichen Kommunikation schon Telefonkarten (Fritz, S. 51f).

Die Komponente der Identität in Geschenken läßt eine Weitergabe an Dritte nicht zu. Aber selbst wenn ein Geschenk nicht so auf die Identität bezogen ist wie die Photocollage zu Lebensstationen besteht eine gewisse Scheu, Geschenke weiterzugeben. Und es ist eine Beleidigung des Gebers, wenn er entdeckt, daß sein Geschenk weggeworfen wurde. Entrüstung aus diesem Grund dürfte allgemein gerechtfertigt erscheinen. Man entwertet damit die zutiefst persönliche Dimension. Hierzu noch ein Ergebnis aus der Sozialforschung: Eine repräsentative Auswahl von Briten wurde gefragt, was sie mit einem Geschenk machen würden, daß sie wirklich (really) nicht wollten. 69% der Befragten sagten, daß es behalten würden, 24% würden es weggeben, und bei einem Prozent ist von Wegwerfen die Rede (Hastings und Hastings, 1991-1992, S. 403). Die unangenehmen Gefühle, die mit dem Weggeben von Geschenken verbunden sind, kommen auch in einem Zeitungsartikel zum Ausdruck, in dem über eine Auktion mit Geschenken berichtet wird, die an den deutschen Außenminister gegeben worden waren. Der Beitrag von Eberhard Nitschke trägt bezeichnenderweise den Titel „An die Geber dachte niemand". Obwohl es sich hier um Staatsgeschenke handelte, die weniger von Person zu Person als von Funktionsträger zu Funktionsträger gegeben wurden (und damit auch das Thema dieser Schrift nicht voll getroffen wird), läßt sich zwischen den Zeilen immer wieder der Vorwurf der fehlenden Pietät herauslesen. Bevor ein eklatantes Beispiel präsentiert wird, soll noch an die vorangegangenen Bemerkungen über Photographien erinnert werden.

„Aufsehen erregt ein Kölner, der für 800 Mark (Taxe 100 Mark) ein handsigniertes Foto des japanischen Kaiserenkels Naruhito im Silberrahmen ersteigert hatte. Ein japanisches Fernsehteam nahm sich der Sache an. Der Kölner: ‚Ich habe für einen japanischen Freund gesteigert, ich will, daß das wieder nach Japan zurückkommt'."

Den Zusammenhang von Identität und Schenken soll abschließend am Beispiel einer gestörten oder beschädigten Identität erörtert werden (Neisser, S. 294ff.). In diesen Zusammenhang läßt sich als dritte Komponente die für uns so wichtige Kategorie der sozialen Beziehung einfügen. Im Falle einer defizitären Identität kann es sein, daß der Betroffene ein durch und durch negatives Selbstbild von sich besitzt. Er ist es in seinen Augen nicht wert, daß ihm geschenkt wird. Er hat gelernt, daß andere ihm daher nur aus selbstsüchtigen Motiven heraus schenken. Geschenke werden von ihm daher wenig geschätzt, und er schenkt daher nur widerwillig, nur wenn ihm die Pflicht zum Gegengeschenk keine andere Wahl läßt. Und die Therapeutin Marianne Neisser, die diese Fragen erörtert, berichtet auch, wie sie über die Annahme des Geschenks einer in ihrer Identität gestörten Person und der Aufarbeitung dieser nicht unproblematischen Maßnahme das Selbstwertgefühl des Klienten und seine Einstellung zu Beziehungen mit anderen positiv beeinflussen konnte (S. 296ff.). Zuvor waren Geschenke oft Anlaß gewesen, Beziehungen abzubrechen (S. 299).

Status

Status als bewertete Position in Gesellschaften der Ungleichen ist ein zentraler soziologischer Bezugspunkt. Auch bei den Ausführungen zum Status kann an dem Phänomen der sozialen Beziehungen angeknüpft werden. Soziale Beziehungen, die im Mittelpunkt unserer Analyse des Schenkens stehen, sind nur in seltenen Fällen egalitär. So wichtige soziale Beziehungen wie die in Familie und Beruf sind jeweils auch solche zwischen Höher- und Niedrigergestellten. In den meisten Beziehungen haben die Beteiligten verschieden hoch bewertete Stellungen, sie haben – so die soziologische Fachsprache – verschiedene Status. Die Bestimmung dieser Status ist nicht einfach und darf nicht schematisch erfolgen. Zunächst ist der offizielle Status vom faktischen zu unterscheiden; selbst in patriarchalischen Gesellschaften kommt es in vielen Einzelfällen dazu, daß Frauen letztlich dominieren. Weiter ist nicht in jeder Situation der Statusabstand gleich; der Status kann ein von Situation zu Situation schwankender sein. Der Status ändert sich weiter über die Zeit; die Eltern als die gegenüber den Kindern Statusüberlegenen können in unseren Gesellschaften im Alter zu deutlich Statusunterlegenen werden. All diese „caveats" sind zu bedenken, wenn im folgenden Zusammenhänge zwischen Geschenk und Status behandelt werden.

Schwerpunktmäßig soll das Schenken von Statushöheren an Statusniedrigere erörtert werden. Dabei bedienen wir uns zunächst des Funktionskonzepts. Eine wichtige Funktion des Geschenks kann in der Unterstützung des Statusniederen bestehen. Viele traditionelle Geschenke zu Festen stellten und stellen Unterstützungen dar, also Geschenke, die nicht oder nur unzureichend erwidert werden können. Allerdings gilt es folgendes zu beachten: Unterstützen kann eine Funktion in einem Bündel von Funktionen sein, z.B. wenn Großeltern ihre Enkel reichlich beschenken. Wird sie zur zentralen oder alleinigen Funktion, so rückt die unterstützende Gabe immer weiter weg vom Geschenk zum Almosen hin, bei dem die persönliche Beziehung, die bei unserer Definition des Schenkens das Definiens war, in den Hintergrund rückt oder gar nicht mehr vorhanden ist. Für die korrespondierende Sphäre der Gefühle ließe sich das so ausdrücken, daß aus der persönlichen Liebe die unpersönliche wird, die z.B. die Form der Nächstenliebe annehmen kann (Cheal, Gift, S. 152ff.). Dadurch, daß solche Unterstützung von Person zu Person durch Geschenke eben sehr leicht das Odium des Almosens erhält, büßt sie in modernen Gesellschaften der prinzipiell Gleichen an Bedeutung und Umfang ein. Moderne Gesellschaften sind durch „organisierte Sozialsysteme ..., die sich aufs Helfen spezialisieren" (Luhmann, Formen, S. 141) gekennzeichnet; die dort erhältliche Unterstützung ist keine freiwillige, persönliche Gabe, sondern eine einklagbare, von einem beliebigen Sachbearbeiter vermittelte „zuverlässig erwartbare Leistung" (S. 141). Hier läßt sich nochmals das zu „Almosen" Explizierte anwenden.

Auf das primär unterstützende Schenken zwischen Ranghöheren und Rangniederen hat sich auch Georg Simmel in seinen Ausführungen zum Geschenk konzentriert, wobei sich der Rang am Vermögen bemißt. Nach seiner Auffassung fällt die „Soziologie des Geschenkes ... zum Teil mit der der Armut zusammen" (S. 370). Eine solche pauschale Aussage ist für das Schenken in der Gegenwart der westlichen Gesellschaften eindeutig unzutreffend. Die Statusseite spielt beim Austausch der Geschenke in vielen, wahrscheinlich den meisten Fällen allenfalls eine marginale Rolle. Man achtet vor allem darauf, sich mit seinem Geschenk nicht zu „blamieren" und dadurch an Status zu verlieren. Ansonsten geht es primär um Beziehungen, nicht um Statusarbeit im allgemeinen und Unterstützung im besonderen. Denken wir an Geschenke anläßlich von Einladungen und Geburtstagen oder auch zum Weihnachtsfest, wobei Cheal für letzteres explizit das Fehlen der Unterstützungsdimension festgestellt hat (Dimension, S. 429, 431) Simmel behandelt jedoch in seinen Überlegungen einen speziellen Fall unter der Devise der Allgemeingültigkeit. Das deutet sich schon an, wenn er schreibt: „Bei sehr großem sozialen Abstand und bei sehr großer persönlicher Nähe kann man fast immer schenken; schwierig aber pflegt es in dem Maße zu werden, in dem die soziale Distanz ab- und die persönliche zunimmt" (S. 371). Hier bringt Simmel doch noch wichtiges Generelles zur Sprache. Damit bezieht er sich auf Bedürftige, die sich nur noch formell in einer relativ hohen Schicht befinden, in Wirklichkeit jedoch deklassiert sind. In der Terminologie Simmels: Ihre persönliche Distanz zu den übrigen Angehörigen der Statusgruppe ist gering, ihre soziale schon groß. Solchen „Absteigern" zu geben, ist problematisch, und bedürften sie noch so sehr der Unterstützung; denn das „Annehmen einer Unterstützung rückt also den Unterstützten aus den Voraussetzungen des Standes heraus, sie bringt den anschaulichen Beweis, daß er formal deklassiert ist" (S. 371). Simmel bezieht später die Ausführungen auf Arbeiter, aber bei der Abfassung dürfte er in erster Linie den verarmten Juden vor Augen gehabt haben, der durch Zuwendungen seiner Glaubensbrüder beschämt wird. Wenn Simmel hier letztlich Bewältigung von typischen Problemen seiner Herkunftsgruppe betreibt, so zeugen doch seine Ausführungen von dem für ihn typischen tiefen Einfühlungsvermögen. Und seine Überlegungen ließen sich auch derzeit auf Situationen übertragen, in denen – so wieder Simmel – „Geschenke, die demütigen ... peinlicher ... als die durch sie behobene Entbehrung" (S. 250, Anm.) sind und in denen wir zwischen dem Respekt vor dem anderen und der sichtbaren Notwendigkeit der geschenkförmigen Hilfe, die diesen Respekt sichtlich verletzen würde, hin- und hergerissen sind.

Die Hinweise zum Unterstützen zeigen auch an, daß mit Hilfe von Geschenken Macht und Einfluß ausgeübt werden können. Das gilt besonders dann, wenn solche Unterstützung variiert werden und auch versagt werden kann, wogegen der Bedürftige sich vielleicht nicht zu wehren in der Lage ist (Blau, Exchange, S. 118ff[22]). Ist solcher Einfluß allgemein anerkannt, so bedeutet dies gleichzeitig die Dokumentation der Statusüberlegenheit auf Seiten des Schenkenden wie ihre Anerkennung durch den Beschenkten. Angenommene Geschenke, die nicht adäquat erwidert werden können, „drücken" tendenziell den Status. George Caspar Homans hat sich im Rahmen der Sekundäranalyse einer Untersuchung über eine Straßenbande detailliert mit solchen Fragen auseinandergesetzt und hebt mit dem Verfasser der Studie hervor, „wie ein Führer sorgfältiger darauf achtet, daß keiner seiner Anhänger einen Zahlungsausgleich mit ihm erreicht" (Homans, Theorie, S. 277). Sultan Saladin wird der Ausspruch zugeschrieben, „eine Königshand solle durchlöchert sein". Richard M. Meyer, der dies wiedergibt, weist in einem Kommentar auf das Zwingende dieser Vorstellung hin, indem er auf das mittelhochdeutsche Wort „milte" eingeht: „... der König darf nichts für sich behalten, er *muß* geben. Die ‚milte', die Freigebigkeit, ist keineswegs nur eine moralische, sondern geradezu auch eine juristische Pflicht" (S. 27, Hervorh. d. M.). Hier ist wohl eine zentrale soziale Funktion des Geschenks benannt, die schon bei kollektiven Geschenkzeremonien wie dem potlatch den gedanklichen Hintergrund des Geschehens bildet. Das höherwertige oder nicht erwiderte Geschenk sichert Prestige sowie hohen Status und im Falle der bei Homans analysierten Straßenbande wie des Feudalherrn auch Gefolgschaft.

In unseren Gesellschaften schenken Statushöhere öfter und mehr an Statusniedere als umgekehrt. Der Ethnologe Marvin Harris führt in einer

70

Satire über das Schenken aus, daß man von weihnachtlichen Geschenklisten gestrichen werde, wenn man es mehrfach am Gegengeschenk fehlen ließe, und er fügt hinzu: „Die Ausnahmen sind Müllmänner, Sekretärinnen, Hausmeister und Kinder" (S. 25). Durch Schenken wird hier auch die unterschiedliche Höhe des Status ausgedrückt und durch das Ungleichgewicht der Geschenke, das in der Regel von beiden Seiten als solches gesehen wird, bestätigt. Wichtig erscheint – hier wie in anderen Fällen – der Zusatz „in unseren Gesellschaften". Denn es ließen sich z.B. Kulturen vorstellen, in denen häufig von unten nach oben Geschenke fließen, ohne daß der Höherstehende an Status einbüßt. Mauss nennt das Beispiel der Brahmanen, die nur von sogenannten Geschenken leben, die ihnen von den Gläubigen gebracht werden, denen sie religiöse Dienste leisten (S. 136).[23] Das könnte ein spezifischer Zug indischen Schenkens sein; danach fließen Geschenke von unten nach oben, das Geschenk ehrt primär den Geber, was als Statuserhöhung im Sinne eines Näherrückens an die höhere Position des Beschenkten gedeutet werden kann.[24] Ähnliches scheint für Japan zu gelten (Befu, S. 451). Und auch in westlichen Gesellschaften kann man vereinzelt Fälle solchen Schenkens beobachten. Theodore Caplow hat festgestellt, daß in einer amerikanischen Mittelstadt anläßlich des Weihnachtsfestes der Hausarzt und der Lehrer beschenkt wurden (Rule, S. 1316), ohne daß sie ein Gegengeschenk zurückgaben, obwohl den Angehörigen dieser beiden Berufsgruppen ein höherer Status zugemessen worden sein dürfte als den meisten derer, die sie bedacht hatten.

Warum fließen in den meisten Gesellschaften Geschenke seltener von unten nach oben? Woher haben Statushöhere die Ressourcen, aus denen sie auch zum Schenken schöpfen können? Hier bietet es sich an, auf einen Faktor hinzuweisen, der bei vielen primär durch den ihnen zugeschriebenen Sinn charakterisierten Verhaltensweisen auftritt. Es ist dies der Faktor der Definitionsmacht. Das bedeutet in unserem Fall: Wer bestimmt, ob es sich bei einer Güterübergabe um ein Geschenk oder eine Steuer bzw. eine Gebühr handelt? In der Regel – und hier halten wir uns an Alvin W. Gouldner (S. 132ff.) – wird die Ausbeutung der niederen Schichten über Steuern u.ä. betrieben, denen nicht das Erniedrigende eines nicht adäquat vergoltenen Geschenks seitens des Empfängers, sondern das Pflichtgemäße, „Normale", „Gewöhnliche" anhaftet. Norbert Ohler schreibt zu Übergangsphänomenen zwischen Geschenk und Steuer, wie er sie für das Mittelalter festgestellt hat: „Mächtige sind immer erfinderisch darin gewesen, freiwillige, einmalige Gaben in regelmäßige Abgaben zu verwandeln; eine harmlose Bezeichnungen wie ‚Bede' behielt man bei, wenn aus der Bitte längst eine ungeliebte Steuer geworden war" (S. 223). Dieser Version der Steuer als Zwangsabgabe steht jene Auffassung gegenüber, nach der bis in die Neuzeit auch die Steuer etwas freiwillig Gewährtes (etwas „Beigesteuertes") gewesen sein soll (Laum, Wirtschaft, S. 246ff.) Vieles spricht jedoch für die erste Version des

Zwangsmäßigen, das nur begrifflich dem Schenken nahesteht (S. 247, Anm. 13), dem aber jegliche Form der Freiwilligkeit fehlt, die in unserem Begriff des Schenkens wichtig war. Auch der französische Historiker Paul Veyne verweist auf „Tributleistungen, die als unmotivierte Schenkungen getarnt sind" (S. 73). Auf den Zusammenhang von Geschenk und Tribut deutet das italienische Wort für Geschenk „regalo" durch die Silbe „re" hin, die den König meinen kann (Bamberger, S. 147). Im Frankreich des Feudalismus hießen die vom Volk sogenannten Großen Steuern „dons gratuits" – kostenlose Geschenke (S. 149). Tribut ist eine Gabe, die demütigt, sie enthält die Anerkennung der Inferiorität. So sind auch die Geschenke der drei Weisen an den neugeborenen Christus zu verstehen, von denen der Evangelist Matthäus berichtet. Und wenn aus den Weisen gar Könige werden, so ist mit dieser Erhöhung auch die Erhöhung des Status des Empfängers verbunden, dem aus noch höherer Position Tribut gezollt wird.

Wenn Eliten geben, so definieren sie als die ohnehin Mächtigen diese Gabe als Geschenk, das einerseits durch Freiwilligkeit gekennzeichnet ist und andererseits das Unerwartete darstellt. Im Begriff des Wahlgeschenks schwingen solche Vorstellungen noch heute mit. Sie gelten auch für Gott als den unüberbietbar Höchsten; Gerd-Klaus Kaltenbrunner weist auf die im christlichen Bereich übliche Formel von „Geber aller Gaben" (Vorwort, S. 14) hin. Schon von daher ist es plausibel, wenn Gouldner im Zusammenhang mit der von sehr Hohen gewährten Wohltätigkeit von „außerweltlich" spricht, wobei er mit „außerweltlich" nicht nur die zum Beispiel vom Transzendenten her bewirkte Motivation meint, sondern auch das gegenüber dem üblichen wirtschaftlichem Handeln und damit weltlich gesehen Außergewöhnliche. Er stellt fest: „Die Widersprüche zwischen weltlicher Reziprozität und außerweltlicher Wohltätigkeit dienen schließlich dazu, das *Mystische*, das Eliten anhaftet, zu erhöhen" (S. 132, Hervorh. durch G.). Das „Mystische" legitimiert teilweise die Macht, die ein wichtiger Bestandteil des Status ist. Diese Legitimität kommt jedoch im Falle der Geschenke auch aus der (vielleicht nur fiktiven) Vorstellung, der Statusabstand diene letztlich dem Wohle des Ganzen. Das gesamte Syndrom faßt Gouldner so zusammen: „Mildtätiger Edelmut wird damit unmittelbar zum Symbol für die kollektive *Verantwortlichkeit* und die persönliche *Überlegenheit* (oder den Erfolg) derjenigen, die Wohltätigkeit gewähren" (S. 140, Hervorh. durch G.).

Die bisher eher auf den gesamtgesellschaftlichen Raum bezogenen Feststellungen zum Zusammenhang von Geschenk und Status lassen sich natürlich auch auf den familiären Raum beziehen, wo zwischen Eltern und Kindern ein deutlicher Status- und Machtunterschied herrscht (Moschetti, S. 5). Dementsprechend erhalten Kinder, was beispielsweise für das Weihnachtsfest in empirischen Untersuchungen festgestellt wurde (s. S. 151), deutlich mehr und wertvollere Geschenke, als sie den Eltern geben. Auch das Wunderbare, das Gouldner mit dem Geschenk verbindet, ist über mythenhafte Gabenbringer anläßlich der Feste Weihnachten und Ostern realisiert. Und wenn Kinder im Zuge ihres Mündigwerdens gegenüber den Eltern an Status gewinnen, schlägt sich das oft auch in gleichwertigen Geschenken nieder (S. 3).

Die Soziologin Arlie Russell Hochschild geht davon aus, daß der Statusunterlegene beim Austausch der Geschenke „einen höheren Preis zu entrichten hat". Sie meint damit vor allem den Bereich „emotionaler Gratifikationen" und konkretisiert das folgendermaßen: „Das unterwürfige Verhalten von Dienstboten und Frauen – das aufmunternde Lächeln, aufmerksames Zuhören, bestätigendes Lachen, Ausdrücke der Bestätigung, Bewunderung und Besorgtheit ..." (Herz, S. 93). Das Schenken ist aber auch für den Angehörigen höherer Schichten nicht immer problemlos. Auch dem Statusgeringeren muß das Geschenk so gegeben werden, daß er sich nicht über den Grad hinaus, den er etwa im Sinne Hochschilds für angemessen hält, erniedrigt vorkommt. Es gilt – so Mauss – „die unbewußte schimpfliche Gönnerhaftigkeit des reichen ‚Almosengebers' zu vermeiden" (S. 157). Es sind kulturspezifische Vorstellungen von Achtung und Ehre zu berücksichtigen, die allerdings gegenüber Statusniedrigeren eher als gegenüber Statushöheren verletzt werden, da letzteren in der Regel mehr Sanktionsmöglichkeiten zur Verfügung stehen als den ersteren. Nur wenn das Geschenk ohne Groll entgegengenommen werden kann, dann erfüllt es die weitere, sehr schwer zu realisierende Funktion, den Neid des Statusgeringeren gegenüber dem Statushöheren zu beschwichtigen (Gouldner, S. 139). Denn dieser Neid ist nicht etwas Belangloses. Er ist nicht nur ein Gefühl, das als Stachel im Gemüt des Beneideten wirken kann und damit auch ein Stück der Macht des Neiders darstellt. Aus dem Neid können Kräfte erwachsen, die dem Statusgeringeren zugeschrieben werden. Er ist der von Gott Gesandte, dem Hilfe zuteil werden muß; wird sie ihm nicht gewährt, so kann er wirksame Verfluchung aussprechen (S. 142ff.; auch Voß, S. 130f.)

Wenn wir uns für moderne Gesellschaften auf die nähere Bestimmung des Einflusses von Geschenken auf den Status konzentrieren, so kann festgestellt werden, daß im Regelfall durch Geschenke sich der Status dokumentieren läßt, durch sie kann er anerkannt und gesichert werden. Aber Geschenke sind nicht mehr – was der Soziologe Niklas Luhmann auch für das Helfen betont – „status*konstituierendes* Prinzip" (Luhmann, Formen, S. 139, Hervorh. durch L.). Über den potlatch in archaischen Gesellschaften wurde der Status gebildet, durch Geschenke in modernen Gesellschaften kann er bestenfalls ausgedrückt werden.

Die Dokumentation eines hohen Status ist wirkungsvoller, wenn sie sich öffentlich vollzieht. Von einer den Status des Gebers betreffenden Strategie wird aus China berichtet. Man schenkt einer Person zur Hebung des eigenen Status etwas überaus Wertvolles, z.B. ein Stück aus dem Familienschmuck, in der Erwartung, daß es der Empfangende nach der Überreichung wieder diskret zurückgeben werde. Tiefgehende Konflikte entstehen in den seltenen Fällen, in denen der Erwartung nicht entsprochen wird. Wohltätigkeitsaktionen sind in westlichen Gesellschaften oft mit öffentlichen Akten der Übergabe verbunden. „Tue Gutes und rede darüber", das ist eine wichtige Form, Status zu dokumentieren und im Einzelfall seine Hebung zu erreichen. Daß gerade anläßlich von Hochzeiten generös geschenkt wird, könnte damit zu tun haben, daß die Geschenke oft öffentlich präsentiert werden (s. S. 166f.) In seiner klassischen Arbeit „Theorie der feinen Leute", in den USA unter dem „The Theory of the Leisure Class" im Jahre 1918 zum ersten Mal erschienen, weist Thorstein Veblen darauf hin, daß der Status von Männern oft durch Geschenke an die Ehefrauen dokumentiert wird. Der ihnen geschenkte und in der Folge zur Schau getragene Schmuck demonstriert augenfällig den Status des Gatten. Ähnliches gilt für die Ausstaffierung von Kindern (S. 93, 95, 105, 121).

Viele Probleme entfallen beim Schenken zwischen Gleichrangigen (Hochschild, Herz, S. 93). Das kann zu erhöhten Geschenkraten führen, worauf auch Ergebnisse aus Laborexperimenten mit Dyaden hinweisen (Lawler und Yoon).[25] Der Soziologe, für den die soziale Ungleichheit eine Schlüsselkategorie darstellt, wird immer wieder den Blick auf Statusunterschiede lenken, für die es in den modernen Gesellschaften noch genügend Anhaltspunkte gibt, was die vorangegangenen Ausführungen auch zeigen sollten. Dennoch muß festgestellt werden, daß derzeit in den westlichen Kulturen in vielen Fällen zumindest gedanklich von „gleich zu gleich" ausgegangen wird und vielleicht vorhandene, aber nicht gravierende Statusunterschiede beim Schenken unberücksichtigt bleiben.

Dunkle Seiten des Schenkens

Der erste Satz in diesem Buch lautete: „Schenken gehört zu den eher freundlichen Seiten unseres Lebens". Davon soll nichts zurückgenommen werden. Aber es soll das Wort „eher" eingelöst werden, denn es läßt die Möglichkeit zu, daß es auch eine andere Seite gibt. Und das Geschenk hat nicht nur positive Seiten, es wirkt nicht nur als Katalysator in sozialen Beziehungen, hilft Identität schaffen und den Status zu behaupten. Es hat nicht nur Funktionen, Schenken kann auch dysfunktional wirken. Schenken ist oft riskant, einschränkend, ja es kann vernichten. Wurde nicht auch das Trojanische Pferd geschenkt? Und kam nicht – wieder nach Vorstellungen aus der griechischen Mythologie – aus der Büchse der Pandora, der „Allgeberin", alles Unheil auf dieser Welt? Fing nicht Gretchens Unglück mit einem Geschenk Fausts an, was Mephisto zu dem Kommentar veranlaßt: „Gleich schenken? Das ist brav! da wird er reüssieren" (S. 79). Und so sollen im folgenden die soziologischen Konzepte noch einmal durchgegangen werden, um die dunklen Seiten des Schenkens aufzuzeigen.

Der enge Zusammenhang von Schenken und Beziehungen kann auch dadurch zum Ausdruck kommen, daß Geschenke in kriminellen und pathologischen Beziehungen (Stanjek, S. 35) einen zentralen Stellenwert erhalten. Christa Meves demonstriert, wie Heiratsschwindler sich durch Geschenke das Vertrauen und Vermögen ihrer Opfer erschleichen (S. 55ff.). Sie beschreibt auch ausführlich die Rolle des Geschenks im Rahmen eines pathologischen Verhaltens, das von ihr als kaptative Gehemmtheit bezeichnet wird (S. 59ff.). Hier überschüttet eine Person eine andere mit Geschenken und geschenkhaften Diensten. Dieses Übermaß dient nicht nur dazu, entsprechende Dankesbezeugungen entgegennehmen zu können, sondern auch sich des anderen immer mehr zu bemächtigen, ihn sozusagen aufzusaugen. Setzt der so Beschenkte Grenzen in der Annäherung, wird sich der unmäßig Gebende tödlich beleidigt zurückziehen. Derart pathologisch Schenkende unternehmen solche Versuche der Vereinnahmung mehrfach in ihrem Leben und bleiben wegen des Scheiterns ihres Ansinnens doch in Isolation. Meves sieht den Grund solchen Verhaltens vor allem in fehlender Zuneigung der Bezugspersonen während der Sozialisation.

Dauerhafte Geschenke erinnern an den Geber. Das ist durchaus erwünscht, wenn der andere positiv eingeschätzt, wenn er geliebt und verehrt wird, wenn die soziale Beziehung mit ihm aufrechterhalten werden soll. Was aber, wenn aus dem Geliebten ein Verachteter oder gar Gehaßter wird, der zur „persona non grata" erklärt worden ist, wenn eine Beziehung endgültig gescheitert ist? Eva Heller beschreibt in ihrem Roman „Beim nächsten Mann wird alles anders", wie man mit diesem Problem umgehen kann.

> „Oh how can I forget you, when there is always something left to remind me of you? Always something there to remind me of you... you... you...'
> Früher hielt ich diesen Song für ein Liebeslied.
> Albert hatte alles mitgenommen, was ihm gehörte, und alles, was ich ihm geschenkt hatte. Trotzdem überall Erinnerungen, der Andacht dienende Gegenstände. Ein Albert-Auerbach-Museum war meine Wohnung geworden.
> ‚Ich liebe dich' stand auf dem Lebkuchenherz, das ich als erstes in den Mülleimer warf. Dann ein Porträt, das ich von Albert gezeichnet hatte. Wenn er es nicht aufheben wollte, ich auch nicht. Dann ein Wandteppich, klein wie ein Schuhabputzer, ein Geschenk seiner Mutter, selbst geknüpft hatte sie dieses Scheusal mit pompösen Fransen, es lag hinten im Kleiderschrank – endlich durfte ich es wegwerfen. Das allein war alle Trennungsschmerzen wert. Auf den Wandteppich-Schuhabputzer kippte ich die Reste meines Mittagessens: Die Ravioli paßten exakt zum Knüpfmuster. Und dazu das Parfüm von Albert, von dem ich immer Kopfschmerzen bekommen hatte. Ich fragte mich, welche Erinnerungen Albert in den Müll geworfen hatte. Als ob bei ihm gewesen war, hatte ich keines meiner Geschenke vermißt. Er lebte in einem Constanze-Wechselburger-Museum.
> Den antiken Silberreif, den er mir vorletztes Jahr als Geburtstags- und Weihnachtsgeschenk gekauft hatte, wickelte ich in Folie, legte ihn in ein Plastikkästchen, das Kästchen stellte ich in den Kühlschrank ins Eisfach. Da ist der Armreif gut versteckt. In fünf Jahren, dann vielleicht, werde ich ihn wieder tragen. Auch der riesige blaue Teddy, der neben meinem Bett sitzt, war von Albert. Wir hatten ihn auf dem Rummelplatz gewonnen. ...

Ich holte einen Karton aus dem Keller und Schuhschachteln aus dem Kleiderschrank. Der Krimskrams aus dem Regal, alles Erinnerungen an Albert. In das Perlmuttkästchen, ein Ostergeschenk, legte ich die große Straßbrosche, auf dem Trödelmarkt hat er sie mir gekauft; dazu das kleine Plastikschweinchen mit den sechs Plastikschweinchenbabys – sein allererstes Geschenk, mitten im Kaufhaus hat er mir die alleinerziehende Schweinemutter überreicht: ‚Sieh mal, was ich in der Spielzeugabteilung für dich geklaut habe.' Das Perlmuttkästchen kam in eine Schuhschachtel, dazu die Art-Deco-Blumenvase, in Seidenpapier eingewickelt. Obendrauf zwei Schmetterlinge aus Blech zum Aufziehen. Ein Straußenei hatte er mir mal geschenkt. Eingewickelt in viel Seidenpapier paßte es nur in den größten Schuhkarton, aber der Straußenfederfächer ging auch noch rein. Ein Straußenei und ein Fächer aus Straußenfedern: meine Erinnerungen sind gut sortiert. ...
Die kleine Eule aus Bronze, das Kästchen mit den aufgemalten Schmetterlingen, der Opalglasaschenbecher, das Monokel, der verschnörkelte Handspiegel, das Ei aus Plexiglas mit der eingegossenen Rose, das Tablett mit dem Bild von Elvis, der turnende Clown, die beiden winzigen Keramikfrösche, das karierte Kästchen aus England, die grüne Muschelschnecke, die rosaroten Notizblöcke in Herzform – ich brauchte noch eine Schachtel.
Ich wollte alles behalten, es sind schöne Objekte, aber ich wollte sie nicht mehr sehen.
‚Devotionalien' schrieb ich auf den Karton mit den Schuhschachteln der Erinnerung. Das war sehr stilvoll, dann brachte ich den Karton in den Keller" (S. 91-93).

Ist durch Unachtsamkeit ein unpassendes Geschenk ausgewählt, der Umfang des Geschenks verfehlt, in der unpassenden Situation ein Geschenk gegeben oder in einer zwingenden keines gegeben worden, so bedeutet das für den Schenkenden mehr als eine mißglückte Handlung. Denn mit dem unpassenden, fehlenden oder vielleicht sogar als provozierend aufzufassenden Geschenk hat man eine negative Seite von sich selbst offenbart. Man spürt, daß das Bild des eigenen Selbst beim anderen nicht mehr das gleiche ist wie zuvor. Und das ist eine typische Situation, in der das eindeutig belastende Gefühl der Scham entsteht, denn: „Im Schamgefühl vergegenwärtigt sich eine Person, in einer Verfassung zu sein, die sie selbst als defizitär, als mangelhaft und auch als entwürdigend empfindet. Darin ist Scham normativ: sie setzt ein Idealbild des eigenen Selbst voraus, gegen das die Person dann beschämend abfallen kann" (Neckel, S. 16). Sighard Neckel, der dies formuliert, sieht auch die Beziehungsseite beim Vorgang des Schämens. „... Scham isoliert: Sich schämen macht einsam" (S. 17). Wenn diese Aussage beim Schenken nur in Extremfällen zutrifft, so kann doch festgestellt werden, daß ein deutlicher Fehlgriff beim Schenken Beziehungen beschädigen, Distanzen schaffen kann. Scham hat viele Formen; so kann man sich auch vor sich selbst schämen oder für Sachverhalte, für die es keine Zeugen gibt. Im letzteren Fall läßt sich Scham leichter verdrängen oder bewältigen. Ist aber in der beschämenden Situation ein anderer zugegen, ist das Gefühl der Scham nicht zu unterdrücken; Scham „brennt" dann unausweichlich. Dieses Kriterium, das der Philosoph Jean Paul Sartre mit „Geständnis" gegenüber anderen (nach: Neckel, S. 29) gleichsetzt, ist beim Schenken immer gegeben. Fehler beim Schenken können so über Scham die eigene Identität tiefgehend beschädigen, schmerzhafte Gefühle der Inferiorität entstehen lassen.

Von einer anderen Perspektive soll nochmals der Zusammenhang von Geschenk und Identität aufgegriffen werden. Je mehr soziale Normen bestehen, „Passendes" zu finden, je mehr ungeschriebene Regeln besagen, daß die Persönlichkeit des anderen, sein Geschmack und seine Neigungen zu berücksichtigen sind, desto größere Risiken bestehen bezüglich des Geschenks.

Lange andauernde Beziehungen, durch die Einblick in den anderen gewonnen wurden, können es erleichtern, ein „persönliches" Geschenk zu finden. Schwieriger ist es, wenn ein derartiges Geschenk für eine Person benötigt wird, von der der Geber nichts Entscheidendes weiß, z.B. wenn er sie nur vom Beruf her kennt. Hier setzt oft eine detektivische Auseinandersetzung mit dem Ganzen der Identität des anderen ein, die u.a. auch dazu dienen kann, die Beziehungen auszuweiten und auf eine neue Grundlage zu stellen. Es tritt ein, was der klassische Autor bezüglich der Identitätsproblematik, nämlich George Herbert Mead, als „Übernahme der Einstellung des anderen" (taking the attitude of the other) (nach: Cheal, Dialect, S. 164) bezeichnete. Am wenigsten oder kein Risiko bergen Geschenke, die quasi rituell oder traditionell festgelegt sind und als typisch gelten. David Cheal hat Geschenke aufgelistet, die in Winnipeg/Kanada zu bestimmten Anlässen auffallend häufig gegeben wurden. Dies sind u.a. Süßigkeiten zu Ostern und zum St. Valentinstag, Zierpflanzen zum Muttertag, Kleidung zur Geburt und Geld zur Hochzeit (Gift, S. 94).

Läßt ein sich als unpassend erweisendes Geschenk eine Fehleinschätzung des Gegenüber erkennen, kann es zu einem Drama kommen, weil der andere zutiefst getroffen wird. Der Anthropologe John Davis berichtet vom Besuch des bekannten britischen Historikers Thomas Carlyle und seiner Frau bei dem Bankier Baron Ashburton zum Weihnachtsfest 1855. Als Harriet Ashburton Carlyles Frau ein schwarzes Seidenkleid schenkt, „ging diese in ihr Schlafzimmer und wollte nicht mehr herunterkommen, um sich der Gesellschaft wieder anzuschließen, bevor Lady Harriet sich entschuldigt hatte, was sie ,mit Tränen in den Augen' tat" (Exchange, S. 5). Denn ein schwarzes Seidenkleid war damals ein typisches Geschenk für Hausangestellte, und mit einem solchen Geschenk hatte Lady Harriet sehr deutlich geoffenbart, wie sie die Historikergattin einschätzte. Ein Geschenk kann also, für alle Beteiligten ersichtlich, mißglücken. Russell W. Belk nennt Strategien, mit Hilfe derer der Schenkende mit einem solchen Lapsus umgehen kann: Man kann die Bedeutung des Geschenks herunterspielen, wenn es die Situation erlaubt. Diese Taktik ist also bei bedeutenden Anlässen nicht möglich. Man kann Streßsituationen reklamieren, auf Grund derer es dem Schenkenden nicht möglich war, etwas Passendes zu besorgen. Man kann auf falsche Ratschläge Dritter verweisen, und man kann nach Situationen suchen, in denen dem Beschenkten ein vergleichbares Mißgeschick unterlaufen ist (Thought, S. 161).

Nicht nur die Art des Geschenks, sondern auch sein Umfang ist wichtig und kann Risiken in sich bergen. Unpassende oder regelwidrig nicht erwiderte Geschenke können eine Beziehung schwächen oder einen Abbruch bewirken. Nichterwiderung von Geschenken kann sogar als Racheakt genutzt werden. Eine Gegengabe, die an Wert die Gabe übertrifft, kann Verwirrung auslösen (Schwartz, S. 8) oder im Zusammenhang mit einem Inferioritätsgefühl auch Scham. Besitzt der Empfänger aber ein gesundes Selbstbewußtsein, nimmt er fest an, mit seiner Ausgangsgabe die richtige Dimension getroffen zu haben, kann das zu einer Reaktion führen, in der der in Übermaßen Beschenkte durchaus seinen Status behaupten bzw. die Gabe als Erhöhung seines Status interpretieren kann, da er annehmen kann, daß der andere mit dem überreichlichen Geschenk entweder seine Freundschaft „kaufen" wollte oder nicht in der Lage sei, den üblichen Normen entsprechend zu handeln (Cheal, Gift, S. 53ff.). Im letzteren Falle kann er als „Dummkopf" (Eibl-Eibesfeldt, Biologie, S. 460) betrachtet werden.

Deutlich unzureichende Gegengeschenke können den zuvor schon feststehenden unterlegenen Status des Gebers dokumentieren und problemlos akzeptiert werden. Dagegen treten bei vorgegebenem gleichem Status Akzeptanzprobleme auf (man kann sich z.B. ausgebeutet, übervorteilt etc. vorkommen), die wiederum Einfluß auf die Statusbestimmung haben können.

Eine wichtige allgemeine Voraussetzung für eine zufriedenstellende Situation bezüglich des Schenkens ist die gemeinsame Interpretation des Geschenks (vgl. Hochschild, Economy, S. 96). Mit dieser allgemeinen Annahme sind wir in den Bereich der Attributionstheorie gelangt, die die Erklärung des Verhaltens von Personen zum Ziel hat. Mit der Wahrnehmung von Verhalten wird die Frage gestellt: Warum tut er oder sie das? (Poe, jr., S. 58). Bezogen auf das Schenken können solche Fragen lauten: Warum schenkt er mir etwas? Warum schenkt er mir nichts, obwohl ich ein Geschenk erwarte? Im ersten Falle, der Frage nach den Gründen für ein Geschenk können zwei Fehldeutungen auftreten, die beide die sozialen Beziehungen beeinflussen können. So kann ein Geschenk ohne Hintergedanken gegeben worden sein, aber vom Empfänger als Bestechung ausgelegt werden. Es kann aber auch ein Geschenk arglos angenommen werden, mit Hilfe dessen der Geber sich einen ungerechtfertigten Vorteil verschaffen will. Jedes Mal täuschen sich die Empfänger bezüglich der tatsächlichen Beziehungen. Besonders beim Zusammentreffen von Kulturen in Gestalt von zwei Personen, von denen mindestens eine schenkt, können Unsicherheiten und Fehldeutungen auftreten. So wird in manchen Kulturen ein Geschenk durchaus als legitimes Mittel angesehen, das anderwärts als Bestechung gewertet wird. Harimu Befu führt für das moderne Japan als Beispiel das Geschenk eines Vaters an, der den Lehrer seines Sohnes mit eindeutigen Absichten beschenkt (S. 453), und er zitiert einen weiteren Autor, der für diese Kultur einmal festgestellt hat, daß Geschenk und Bestechung dort nur eine „Haaresbreite" trennt (S. 453). Befu will daher auch den Begriff der

Bestechung vermeiden und spricht von „niedriger motivierten Geschenken" (S. 454). Ähnliche Probleme können innerhalb einer Kultur auftreten, wenn die Motive nicht eindeutig sind. Ist ein konkretes Geschenk Ausdruck der persönlichen Sympathie, des geschlechtlichen Angezogenseins oder einer Konvention? Etwa: Die Sekretärin wird zu Weihnachten vom Vorgesetzten beschenkt. Wenn das Geschenk aus der Parfümerie stammt, kann sie sich fragen, ob das noch Konvention ist oder schon Ausdruck persönlicher Art. Welche Botschaft läßt sich aus dem Geschenk herauslesen? War das Geschenk ungeschickt gewählt, weil es nicht eindeutig bewertet werden kann? Auf das soeben Dargelegte läßt sich resümierend die poetische Formel Ludwig Bambergers aus dem Jahre 1888 anwenden: „Schenken ist keine Kunst, aber gut und richtig schenken ist ein Stück aus der höchsten aller Künste, der Kunst des Lebens" (S. 140).

5. Schenken im Licht von sozialwissenschaftlichen Theorien: Soziobiologie, Austauschtheorie, Feminismus[26]

Soziobiologie (1)

Der Erklärungsversuch zum geschlechtsspezifischen Geschenkverhalten im historischen Teil des einleitenden Kapitels (s.S. 20f.) weist auf das höhere Niveau „Theorie" hin. Die weibliche Dominanz beim Schenken wurde mit dem Hinweis auf die These von der Funktionsteilung der Geschlechter erklärt. Dieser Ansatz und die ihm korrespondierenden Fakten stehen aber im Widerspruch zu biologisch fundierten Theorien, nach denen der Mann grundsätzlich der Schenkende und die Frau die Empfangende ist. Der Mann schenkt zunächst, damit ihm dafür geschlechtlicher Verkehr gewährt wird. Mauss führt ein Beispiel an, das er Bronislaw Malinowskis Arbeit über die Trobriander entnommen hat. Es ist die Institution des „mapala, die ständige Zahlung seitens des Ehemannes an seine Frau als eine Art Lohn für sexuelle Dienste" (S. 168). Ähnlich läßt sich die „Morgengabe" interpretieren. Auch bestimmte Sitten in unserer Gesellschaft, wie z.B., daß der Mann bei Einladungen schon in der Periode des mating für die Frau bezahlt oder ihr Geschenke bringt, ließen sich eventuell vergleichen. Ebenfalls in die Richtung der biologisch orientierten Argumentation deutet der in westlichen Gesellschaften übliche Brauch, daß vor allem Männer zum Jahrestag der Hochzeit ihre Frauen beschenken. Witze über vergessene Hochzeitstage sind Legion, und sie betreffen in der Regel die Männer, denen das, was sie einmal besonders schätzten, nun nicht mehr so sehr prämierenswert erscheint. Ja, man könnte bis in den subhumanen Bereich zurückgehen, wo geschenkförmiges Verhalten von Männchen gegenüber Weibchen festgestellt wurde. Haushähne locken die Hühner mit Futter. Der Seeschwälberich bringt dem umworbenen Weibchen Fische oder der Geschenkkorblaubenvogel der begehrten Partnerin Beeren (Daiber, S. 50; Eibl-Eibesfeldt, Grundriß, S. 234f.)[27].

In der Soziobiologie als einer speziellen biologischen Theorie wird davon ausgegangen, daß jeder der Geschlechtspartner möglichst optimal seine Gene weiterverbreiten will. Der Mann ist zumindest in der Hinsicht im Vorteil, daß er dies theoretisch mit jedem Geschlechtsakt tun kann; und wird dieser jeweils mit einer anderen, nicht schwangeren Partnerin vollzogen, könnte er Tausende von Nachkommen haben. Die Nachkommenschaft der Frau ist durch die biologisch mögliche Zahl von Schwangerschaften begrenzt. Sie wird sich bezüglich der Gewährung von Geschlechtsverkehr zurückhaltend und spröde zeigen, bis der Mann gefunden ist, der geeignet erscheint, Vater ihrer Nachkommenschaft zu sein. Durch Geschenke zeigt er diese Eignung, indem er demonstriert, daß er erstens Ressourcen besitzt, die er zweitens für sie und die Kinder in die Beziehung einbringen will. Colin Camerer entnimmt aus soziobiologischen Überlegungen auch, daß die Frau mit der Annahme eines Geschenks auch Zustimmung dafür signalisiert, daß sie dem gebenden Mann Kinder gebären will (S. 195f.), und er spekuliert im Anschluß an diese Feststellung darüber, ob angesichts der Möglichkeiten der Empfängnisverhütung die Übergabe von Geschenken des Mannes an die Frau seltener vorkommt.

Zwar soll an dieser Stelle nicht übergangen werden, was oben festgestellt wurde, daß in der Praxis vor allem Frauen Schenkende sind und daß unter Frauen viel öfter geschenkt wird als unter Männern. Wenn aber sexuelle Antriebe im Spiel sind, so scheint doch das in der Soziobiologie angenommene Muster durchzuschlagen, und dies trotz weiblicher Emanzipationsbestrebungen. In diesem Zusammenhang ist ein Interview mit der französischen Soziologin Marie-Francoise Hans aufschlußreich, die ein Buch über „Les femmes et l'Argent" veröffentlichte. Frau Hans antwortete auf die Frage, warum Frauen käuflich seien:

„Geben ist männlich, Nehmen weiblich. Die Zeit des Feminismus, da alles geteilt wurde, ist vorbei. Heute lassen sich die Frauen erneut mit Vergnügen einladen, beschenken – das stellt beide zufrieden. ... Das Phantasma der Prostitution steckt in den Köpfen der Männer und Frauen. Das hat damit zu tun, daß die Frauen früher wirklich gekauft wurden. Diese Vorstellung stört die Gesellschaft sehr viel weniger, als sie gemeinhin zugibt" (S. 34).

Von den Männern werden in jedem Fall einseitige und wertvolle Geschenke erwartet:

„Ich kenne Frauen, die sehr gut verdienen, aber von ihrem Ehemann immer wieder Geschenke fordern. Die Geschenke sind ein Zeichen, daß man an sie denkt. Und vor allem: es ist eine Anerkennung der Weiblichkeit. Umgekehrt geht es kaum. Es gab kürzlich in Frankreich eine Werbekampagne. Man wollte die Männer dazu bringen, Diamanten zu tragen – mit einem sehr schönen Plakat: „Sie hat mir einen Diamanten geschenkt." Die Kampagne erwies sich als Mißerfolg. Warum? Ich dachte, die Frauen wollten den Männern schlicht keine Diamanten schenken. Aber es war noch einmal anders: die Männer weigern sich, Diamanten-Geschenke zu bekommen. Wenn schon, so wollen sie sich diese selber kaufen. Anders gesagt: ihre Männlichkeit wäre in Frage gestellt" (S. 35).

Und jeder Soziobiologe hätte seine Freude an der Antwort auf die Frage: „Woran entzündet sich die erotische Phantasie der Frauen?" „Der mächtige, reiche Mann wird als erotisch empfunden." (S. 35) Daß in einer solchen Antwort, wenn man sich noch einmal den Zusammenhang von Status und Wert des Geschenks in das Gedächtnis zurückruft, auch traditionelle Abhängigkeiten (Clausen, S. 158) zum Ausdruck kommen können, steht auf einem anderen Blatt, das von Vertretern anderer Positionen gefüllt wird. Ansonsten werden die Aussagen von Hans durch empirische Forschung wenigstens punktuell bestätigt. Nach einer kanadischen Studie über Weihnachtsgeschenke erhielten die Frauen im ganzen wertvollere Geschenke von Männern als umgekehrt, auch wenn die niedrigeren Einkommen der Frauen aus dem Spiel gelassen wurden (Cheal, Dimension, S. 434). Cheal resümiert: „Assymetrischer Geschenkaustausch, wie er an Weihnachten vorkommt, ist die rituelle Darstellung der Unterstützungs/Abhängigkeitsbeziehungen, von denen gewöhnlich angenommen wird, daß sie im allgemeinen zwischen Männern und Frauen existieren und zwischen Ehemännern und Ehefrauen im besonderen" (S. 434).

Austauschtheorie

Dem Verhalten der Frau, die sich durch Geschenke erweichen läßt, liegt aus der Warte des soeben diskutierten Ansatzes eine Art biologischer Rationalismus zugrunde. Viel wichtiger als die Soziobiologie sind in der Soziologie rationalistische Theorien; derzeit haben Theorien der „rationalen Wahl", Theorien der sogenannten „rational choice", Konjunktur. Danach verhält sich der Menssch generell wie ein Händler, der durch sein Verhalten möglichst viel gewinnen will; der Mensch wird auf den homo oeconomicus reduziert. Daher spricht man auch von ökonomistischen Theorien. Die in diesen Ansätzen enthaltene Komponente der Rationalität meint in der Praxis stets eine eingeschränkte Rationalität, denn – um nur einen der von Anthony Heath aufgeführten Einwände aufzuführen – der einzelne besitzt nicht alle Informationen über die Vorgänge, die Voraussetzung für eine absolut rationale Wahl sind (S. 75f.). Solche Einschränkungen sind in neueren Versionen des rational-choice-Ansatzes bereits berücksichtigt. So werden in die „subjective expected utility-Theorie", die also vom subjektiv erwarteten und nicht von einem objektiv ermittelten Nutzen ausgeht, die Beschränkungen auf das persönliche Wissen einbezogen, aber auch der Rückgriff auf Routinen, d.h. auf vorliegende und bewährte Entscheidungsmuster, die vor ihrer Wahl nicht mehr explizit reflektiert werden (Esser, S. 3, 53ff.).

In den Bereich dieses grob skizzierten Theoriestranges gehört auch die Austauschtheorie, die im folgenden zentraler Bezugspunkt sein soll. Allerdings gibt es neben ökonomistisch-rationalistischen Theorien noch einen weiteren Ansatz, auf dem die Austauschtheorie fußt: die Lerntheorie. Sie überschneidet sich teilweise mit ökonomistischen Theorien, ist aber noch elementarer angelegt, da sie sich auf alle Lebewesen bezieht. Menschen wie Tieren ist danach gemeinsam, daß sie egoistisch nach Belohnungen streben.

Belohnungen können zum Beispiel angenehme Situationen oder hochgeschätzte Gegenstände sein. Wenn also die Maximierung von Belohnung oder Gewinn durchgehendes Handlungsprinzip ist, so ist dieses doch beim Menschen doch in anderer Weise fundiert als beim Tier. Bei Tieren ist es genetisch bestimmt, beim Menschen beruht es – und hier treffen wir wieder auf den rationalistischen Ansatz – auf Überlegung, eben auf seiner Rationalität.

Die soziologische Austauschtheorie wurde in den sechziger Jahren dieses Jahrhunderts vor allem von George Caspar Homans und Peter M. Blau in den Grundzügen formuliert, die heute noch weitgehend gültig sind. Auf der Basis der von Homans und Blau formulierten Prinzipien, die historisch weit in die Vergangenheit zurückgeführt werden – je nach Anspruch, den man an diese Vorläufer stellt, bis zu den schottischen Moralphilosophen des 18. Jahrhunderts, wobei vor allem Adam Smith zu nennen ist, oder gar bis Aristoteles (Clausen, 32f.) –, werden derzeit verschiedene, allerdings nur in Nuancen unterschiedliche Versionen vertreten. Die Austauschtheorie ist der sozialwissenschaftliche Ansatz, im Rahmen dessen Schenken am häufigsten thematisiert wird. Auch Gisela Clausen wählt für ihre Erörterungen zum Schenken, die einen der wenigen umfangreicheren deutschsprachigen Beiträge zur Soziologie dieses Phänomens darstellen, die „Theorie des sozialen Tausches" (S. 30). Schenken wird auch deswegen von den Vertretern dieses Ansatzes diskutiert, weil es ein Verhalten ist, daß dieser Theorie schon auf den ersten Blick zu widersprechen scheint. Um diesen Widerspruch zu verdeutlichen, sollen einige Prämissen der Austauschtheorie vorgestellt werden.

„Die meisten Belohnungen für menschliche Wesen haben in den Handlungen anderer menschlicher Wesen ihren Ausgangspunkt" (Interaction, S. 452), stellt Peter M. Blau fest. Wenn jede Handlung Ausdruck einer rationalen Wahl ist, jeder durch die Handlung nach einem Maximum an Belohnung strebt, bedeutet eine erreichte Belohnung für A in vielen Fällen für B einen Nachteil, einen Verlust oder eine Bestrafung. Da B aber auch ein nach Belohnung strebendes Wesen ist, wird sich – Gewalt und Betrug einmal ausgeblendet – langfristig eine Situation einstellen, in der jeder ein Optimum an Belohnung bei gleichzeitiger Berücksichtigung des gleichen Wunsches beim anderen erhält. Diese Situation bedeutet inhaltlich einen Austausch, bei dem Gleichwertiges mit Gleichwertigem vergolten wird, so daß jeder auf seine Kosten kommt. Ergebnis ist also eine ausgeglichene Bilanz zwischen Beteiligten oder – um das Schlüsselwort zu nennen – Reziprozität, näherhin in der Regel als eine ausbalancierte (balanced) (Cheal, Gift, S. 192) oder symmetrische Reziprozität gedacht, wobei man „bei asymmetrischem Geschenkaustausch mehr erhält, als man gibt, während man bei symmetrischem Geschenkaustausch ein gleiches Geschenk zurückerhält" (Moschetti, S. 2). „Wie du mir, so ich dir" im Deutschen oder „Tit for Tat" im Englischen sind populäre Kurzformeln für solche Vorgänge. Eine so beschriebene Reziprozität kann zur Norm werden, die mit Gerechtigkeit assoziiert wird. Wird diese Form der Gerechtigkeit in den Mittelpunkt der theoretischen Überlegungen gestellt, spricht man von „equity theory" (Rippe, S. 26). Generosität und Einseitigkeit, die mit Geschenken assoziiert werden, haben in solchen Überlegungen keinen Raum. Der Egoismus des einzelnen findet seine Grenze am Egoismus des Gegenüber.

Der soziale Austausch auf der Basis der Gegenseitigkeit, der Reziprozität ist für viele Wissenschaftler ein tiefgründiges, unabdingbares, alle Bereiche des Lebens durchdringendes Prinzip. So schreibt Arnold Gehlen: „Man *soll* dem Anderen Gegenseitigkeit gewähren. Das Sollen drückt nichts Anderes aus, als das zugemutete, ideal situationsrichtige Funktionieren eines Instinktimpulses ..." (Moral, S. 47; Hervorh. durch G.). Eine Reihe von sogenannten Naturrechten läßt nach Ansicht von Arnold Gehlen auf dieses Prinzip zurückführen (S.48). Gehlen weist weiter das Reziprozitätsprinzip in Konfliktfeldern nach, die durch Recht geregelt sind; dort nimmt es etwa die Form des „Zahn-um-Zahn-Prinzips" an (S. 49). Es soll nach Blau für die Wirtschaft wie für die Gesamtgesellschaft und in der letzteren im Beruf wie in der Familie gelten (Interaction, S. 453). Robert Axelrod hat in seiner weithin bekannten Schrift „Die Evolution der Kooperation" nachzuweisen versucht, das das „Wie du mir, so ich dir", das „Tit for Tat" die häufigste und im Schnitt erfolgreichste Handlungsstrategie überhaupt ist. Und der Ethnologe Edward L. Schieffelin stellt im Rahmen einer Erörterung der Kaluli-Kultur auf Neu Guinea fest: „.... der umfassendere Prozeß der sozialen Reziprozität beinhaltet nicht nur den Austausch von Leistungen zur Begründung sozialer Beziehungen zwischen Individuen, sondern ist auch eine Art, mit Verhexung, zeremoniellem Ausdruck, Kampf, Heilung von Krankheit und Beziehungen mit der Welt der Geister umzugehen" (S. 506).

Der Bezug zu Naturvolkgesellschaften, wie er bei Schieffelin vorliegt, scheint nicht unwesentlich zu sein. Es gibt Hinweise darauf, daß in vormodernen Gesellschaften das Reziprozitätsprinzip rigide durchgehalten wurde. In Reiseberichten drücken Europäer ihr Verwundern über die strikte Befolgung der Reziprozitätsregel aus (Laum, Wirtschaft, S. 104). Abgesehen von der generell höheren Bedeutung dieser Norm in solchen Gesellschaften dürfte ihre Erfüllung durch Fremde, die in archaischen Gesellschaften im Beziehungsnetz die am wenigsten bedeutsamen, oft rechtlosen Positionen einnahmen (S. 59ff.), durchgehend vorausgesetzt worden sein. Hier ist noch einmal der Ort, um auf Mauss' Vorstellungen, nach denen Gabe und Gegengabe, Nehmen und Geben ein unteilbares Ganzes bilden, einzugehen.

Solche Überlegungen zur Befolgung der Reziprozitätsregel in unterschiedlichen Gesellschaftsformen scheinen im Gegensatz zu einem anderen Gedankengang zu stehen. Die Austauschtheorie, innerhalb derer das Reziprozitätsprinzip eine so wichtige Rolle spielt, gilt oft als Übertragung kapitalistischer Marktverhältnisse auf Verhalten schlechthin. Im Wettbewerb wird ein fairer Preis durchgesetzt; es gilt also die Reziprozitätsregel. Diesem Befund steht die andere Feststellung gegenüber, daß gerade in den bürgerlichen Schichten Europas das Schenken als gefühlstransportierendes, eben gerade nicht durch Maximierung ökonomischen Nutzens bestimmtes Handeln ausgeprägt wurde, bei dem auch nicht „Tit for Tat" gilt (s. S. 18f.).

Ein erster Einwand gegen eine zu krude Anwendung der Reziprozitätsvorstellungen auf das Schenken ist schon hier am Platze. Auch bei geringem Unterschied im Status von sich gegenseitig Beschenkenden werden in der Praxis immer wieder Differenzen im Wert von Geschenken auftreten, wobei die Tendenz besteht, daß die Gegengabe etwas großzügiger ausfällt, was als durchgehender Prozeß zu einem Aufschaukeln führen kann, das irgendwann durch eine geringere Gegengabe oder ein „offenes Gespräch" beendet werden kann. Im Extremfall kann der Austausch aufgegeben werden (Shurmer, S. 1242). Generell werden aber kleine Unterschiede im Umfang von Geschenk und Gegengeschenk bestehen. In bezug auf den Bestand von sozialen Beziehungen ist das eindeutig förderlich. Wie oben festgestellt wurde, haben genau austarierte Geschenke Aspekte des Geschäftsmäßigen an sich, das emotionelle Komponenten der Beziehung nicht aufkommen läßt. Für eine akzeptable Differenz von Geschenk und Gegengeschenk gilt, was Barry Schwartz so ausdrückt: „Die fortwährende Balance der Schulden – jetzt zugunsten des einen Mitglieds, dann zugunsten des anderen – sichert, daß die Beziehung zwischen beiden fortgeführt wird, weil die Dankbarkeit stets einen Teil des Bandes darstellen wird, das sie zusammenhält" (S. 8). Wenn also eine ökonomische Vorstellung in Geschenk und Gegengeschenk enthalten ist, dann ist die in der Praxis realisierte auf keinen Fall die, die das Zentrum modernen wirtschaftlichen Denkens bildet, nämlich die der Optimierung, die des höchstmöglichen Gewinns. Nicht Optimierung, sondern Schuldenvermeidung ist die normale Strategie beim Austausch der Geschenke (Cheal, Gift, S. 52). Dabei sind solche Schulden keineswegs belanglos, besonders unter Gleichgestellten sind sie es nicht. Bleiben angemessene Gegengeschenke aus, die das Hin und Her der sozialen Beziehungen auf materieller Basis widerspiegeln, kann sich derjenige, der das Schenken ruhen läßt, schuldig fühlen oder sich moralisch schuldig machen.

Geht man von einer solchen fast unüberbietbaren Bedeutung des Austauschs auf Gegenseitigkeit aus, so liegt es nahe, auch das Schenken unter dieser Perspektive zu sehen. John Davis unterscheidet vier „Subökonomien": die marktmäßige, die über den Staat verlaufende redistributive, die Ökonomie des privaten Haushalts und die Geschenkökonomie. Zu letzterer stellt er lakonisch fest: „Die Geschenkökonomie wird von Regeln der Gegenseitigkeit beherrscht ..." (Gifts, S. 408). Der Franzose Pierre Bourdieu nennt den Geschenkaustausch „einen Austausch, in dem und durch den die Akteure danach streben, die objektive Wahrheit des Tausches zu verbergen, nämlich daß die Kalkulation die Gleichheit des Austauschs garantiert". Er redet weiter in diesem Zusammnehang vom „„fairen Tausch', dem direkten Austausch gleicher Werte" (nach: Cheal, Gift, S. 21). Dennoch bleibt das Schenken auch eine stete Herausforderung für die Austauschtheorie. Schon die dem Schenken zugrunde liegenden Gefühle sind für die Vetreter dieses Ansatzes ein Problem, sehen sie doch im Menschen letztlich ein rationalistisches und egoistisches Wesen. Adam Smith, der klassische Verfechter eines auf dem Eigennutz basierenden Liberalismus, beginnt seine 1759 zum ersten Mal erschienene Schrift „Theorie der ethischen Gefühle" mit dem Satz: „Man mag den Menschen für noch so egoistisch halten, es liegen doch offenbar gewisse Prinzipien in seiner Natur, die ihn dazu bestimmen, an dem Schicksal anderer Anteil zu nehmen, und die ihm selbst die Glückseligkeit dieser anderen zum Bedürfnis machen, obgleich er keinen anderen Vorteil daraus zieht als das Vergnügen, Zeuge davon zu sein" (S. 1). „Glückseligkeit" des anderen kann auch durch Schenken erreicht werden, im Rahmen dessen immer wieder gravierende Ungleichgewichte vorkommen. So definiert schon das BGB: „Eine Zuwendung, durch die jemand aus seinem Vermögen einen anderen bereichert, ist Schenkung, wenn beide Teile darüber einig sind, daß die Zuwendung unentgeltlich erfolgt" (nach: Rost, Schenken, S. 99). Solche Definitionen fordern Austauschtheoretiker heraus. Deshalb findet man in vielen Darstellungen der Austauschtheorie Auseinandersetzungen mit dem Schenken. Doch ist eine solche Auseinandersetzung nicht nur von Abwehr eines im Rahmen der Theorie sperrigen Gegenstandes bestimmt, meist werden auch Strategien entwickelt, um diesen Widersinn zu „heilen" und damit die favorisierte Theorie auch als Möglichkeit zuzulassen, Geschenkverhalten zu erklären. Das setzt allerdings zweierlei voraus. Erstens muß die Waage von Gabe und Gegengabe immer wieder austariert werden, worauf Mauss ja schon bestanden hatte. Zweitens muß die Gegengabe auch auf anderes als auf Materielles ausgedehnt werden. Alvin W. Gouldner spricht von „kompensatorischen Mechanismen", die ins Spiel zu bringen sind (S. 49). Und George Caspar Homans, neben Peter M. Blau der wichtigste soziologische Austauschtheoretiker, wird noch deutlicher und benennt sein Objekt als „Austausch von greifbarer oder nicht greifbarer, lohnender oder kostspieliger Aktivität zwischen mindestens zwei Personen" (Elementarformen, S. 11). Unter diesen beiden Bedingungen ist dann auch eine ökonomistische Theorie des Geschenkverhaltens möglich. Sie läßt sich in drei Richtungen entwikeln.

Der ersten Richtung liegt die diese Schrift leitende Überlegung zugrunde, daß Geschenke der Aufrechterhaltung von sozialen Beziehungen dienen. Der soziale Bezug, den eine Person mit anderen aufrechterhält, kann von dieser als so wertvoll betrachtet werden, daß er das Mittel schlechthin ist, um Reziprozität herzustellen. In diese relativ abstrakte Aussage, die schnell als soziologische Leerformel abgetan werden könnte, kommt sehr schnell Leben, wenn man in die Aufzeichnungen von Mary Catherine Bateson über ihre berühmte Mutter, die Ethnologin Margaret Mead, schaut. Bateson schreibt:

> „Ich habe Margaret einmal gefragt, warum sie es nicht ausbeuterisch finde, soviel von anderen anzunehmen, insbesondere von den Erwachsenen, die mich versorgen halfen, aber auch von den Freunden, bei denen sie auf ihren Reisen wohnte und die nie zu uns zu Besuch kamen, oder von denen, die Dinnerparties gaben, ohne daß wir uns für die Einladung revanchierten. Sie erwiderte, daß sie Menschen an ihrem Leben teilhaben lasse, indem sie ihnen das Gefühl gebe, sie ermöglichten es erst, unterstützten das aufregende Leben und die Leistungen; und der Gedanke, dafür mit gleicher Münze zurückzuzahlen, sei wirklich langweilig. In dieser Art des Sich-selbst-Gebens war sie unendlich großzügig. Erst spät im Leben fing sie an, jene Schutzwälle aufzubauen, die die meisten Menschen gegen Telefonanrufe und Interview-Wünsche errichten, und das erst, nachdem es unter Schullehrern und -lehrerinnen schick geworden war, Kindern die Aufgabe zu stellen: ‚Schreib an eine berühmte Person und frag sie ...‘“ (S. 258).

Soziale Beziehungen können generell für beide Partner, zwischen denen Geschenke gegeben werden, ungleich wichtig sein. Wenn z.B. ein Älterer einem Jüngeren etwas schenkt, dieser ihm aber nichts oder weniger zurückschenkt, kann dies ein rationales Verhalten sein, weil dem Älteren die Beziehung wichtiger ist als dem Jüngeren.

In einem zweiten Versuch, Schenken austauschtheoretisch zu erklären, sind Gefühle die kompensatorischen Mechanismen, die die Waage zum Ausgleich bringen (Vester, S. 112f.). Wenn der Ältere dem Jüngeren etwas schenkt, dann empfindet er Freude oder Genugtuung darüber, so z.B. der Erwachsene, der dem Kind etwas schenkt und sich unter der Verkleidung „Christkind" oder „Osterhase" gar nicht als Schenkender zu erkennen gibt. In diesem Falle sind es positive Gefühle des Schenkenden, die als Ausdruck für materielle Ungleichgewichte akzeptiert oder gar gewollt sind. Hier ist nochmals auf das von Adam Smith thematisierte „Vergnügen, Zeuge davon zu sein", zu verweisen. Zu nennen sind weiter Gefühle der „Zuneigung, Sympathie oder Liebe" (S. 112). George Caspar Homans sieht Anerkennung als wichtigen kompensatorischen Mechanismus (Elementarformen, S. 73ff., 125). Robert Wuthnow spricht generell von „guten Gefühlen" (good feelings). Und er stellt im Sinne der Reziprozitätsthese fest: „Jemand gibt Zeit und Energie aus und gibt jemandem das Geschenk der Führung (tutoring) oder der emotionalen Unterstützung und erhält als Gegengabe ein gutes Gefühl, ein Gefühl der Befriedigung und Erfüllung" (S. 91; auch Poe, jr., S. 52). Um diese Reihe fortzusetzen, die zeigt, welche Bedeutung das Glücksgefühl, jemandem eine Wohltat erwiesen zu haben, in diesem Kalkül spielt, soll eine weitere Äußerung von Adam Smith wiedergegeben werden: „Immer wenn wir von Herzen unseren Freunden Glück wünschen, was wir zur Schande der menschlichen Natur nur selten tun, dann wird ihre Freude buchstäblich unsere Freude; wir sind in diesem Augenblick so glücklich, wie sie es sind" (Theorie, S. 65f.). Und die Bedeutung der Gefühle bei solcher

Denkweise wird sofort plausibel, wenn man den Satz liest, den eine Person in Charles Baudelaires Erzählung „Das falsche Geldstück" spricht: „... es gibt kein süßeres Vergnügen, als einen Menschen dadurch zu überraschen, daß man ihm mehr gibt, als er erwartet" (nach: Derrida, Gabe, S. 94). Und derselbe Autor Derrida, der eine extreme Position in bezug auf die Gabe im Sinne des Geschenks vertritt, nämlich ihre absolute Einseitigkeit (s. S. 30), stellt an anderer Stelle fest: „Letztlich darf der Gabenempfänger die Gabe nicht einmal als Gabe *an-erkennen*. Wenn er sie *als* Gabe an-erkennt ... genügt diese bloße Anerkennung, um die Gabe zu annullieren. Warum? Weil sie, die Anerkennung, anstelle ... der Sache selbst ein symbolisches Äquivalent zurückgibt" (S. 24, Hervorh. d. D.). Von diesem Äquivalent heißt es bei ihm noch: „... sobald er die Absicht hat zu geben ... beginnt, sich selbstgefällig glücklich zu schätzen, gratifiziert und gratuliert sich selbst und erstattet sich symbolisch den Wert dessen zurück, was er gerade gegeben hat ... oder gerade zu geben sich anschickt" (S. 25).

Das wichtigste Gefühl, das in diesem Zusammenhang genannt werden muß, ist natürlich wieder die Dankbarkeit des Beschenkten. Es ist der bedeutsamste Ausgleich, der als Gegengewicht auf die Waage geworfen werden kann und muß. Schon Georg Simmel sah das deutlich: „Nun bestehen aber unzählige Beziehungen, für welche die Rechtsform nicht eintritt, bei der von einem Erzwingen des Äquivalents für die Hingabe nicht die Rede sein kann. Hier tritt als Ergänzung die Dankbarkeit ein, jenes Band der Wechselwirkung, das Hin- und Hergehen von Leistung und Gegenleistung auch da spinnend, wo kein äußerer Zwang es garantiert" (S. 443). Und er weist auf Situationen hin, „wo die Dankbarkeit für die Gabe sich gleichsam in einer ganz anderen Münze realisiert und damit in den Tausch etwas von dem Charakter des Kaufs kommt, der hier a priori unangemessen ist" (S. 445). Ein Geschenk zieht Dankbarkeit des Empfangenden nach sich. Wenn Geschenke nach einiger Zeit erwidert werden, ist auch der ursprüngliche Geber dankbar. So ergibt sich neben dem Hin und Her der materiellen Geschenke auch ein Austausch der Dankbarkeit, also das, was die amerikanische Soziologin Arlie Hochschild eine „economy of gratitude", eine Ökonomie der Dankbarkeit nannte (Hochschild, Economy, S. 95ff.).

Dankbarkeit kann in vielfacher Weise in den „Wert" eines Geschenkes eingehen. Die Zurückweisung des Dankes für ein Geschenk ist „eine zusätzliche Gabe", und ein lauer Dank gilt als Mißachtung. Und es kann uns bewußtwerden, „daß wir gleichsam eine geistige Buchführung über ‚geschuldete' und ‚empfangene' Dankbarkeit, Liebe, Ärger, Schuld und andere Gefühle in unserem Inneren mit uns herumtragen. Normalerweise bleibt uns dies verborgen; und diese Vorstellung einer derartigen bewußten Buchführung ist wirklich abstoßend" (Hochschild, Herz, S. 87).

Dankbarkeit kann die Komponente der Inferiorität enthalten. Ich erkenne an, daß der andere mehr für mich getan hat als ich für ihn. Das wirkt sich besonders gravierend aus, wenn ersichtlich ist, daß auch mit zeitlicher Verzögerung, die bei Geschenken üblich ist, eine von dieser Dankbarkeit befreiende Gegengabe nicht möglich ist. Und damit haben wir nach dem Wert der sozialen Beziehungen und positiven Gefühlen eine dritte Komponente angesprochen, die analytisch von den Gefühlen getrennt werden kann: Unter den alltäglichen Begriffen von Respekt und Hochachtung, die beide mit der Anerkennung der eigenen Inferiorität korrespondieren, wird der höhere Status eines anderen anerkannt. Da Status mehr oder minder deutlich eine Machtdimension einschließt, ist auch diese in dem dritten Faktor enthalten, der als Ausgleich für eine materielle Leistung gedacht werden kann. Von dieser Seite her läßt sich auch die positive Bewertung der Gegengabe durch den französischen Philosophen Jean Baudrillard sehen (S. 64, Anm.). Sein Interpret Gerd Bergfleth drückt das so aus: „Die Gabe allein begründet nur die Überlegenheit und Macht des Gebers ... erst die Gegengabe ist in der Lage, diese Macht aufzuheben" (S. 71). Statusunterlegen zu sein, ohnmächtig zu sein, ist wiederum kein erwünschter Zustand. Reaktionen auf diesen Zustand sind nahezu unausweichlich: Frustration, Ärger, Zorn. Und hier entstehen die dunklen Seiten der Dankbarkeit, die Ralph Waldo Emerson in das Bild faßt: „Die Hand, die uns füttert, ist in gewisser Gefahr, gebissen zu werden" (S. 94). In John Steinbecks „Jenseits von Eden" sagt die Protagonistin: „Dankbarkeit, Dankesschuld, das sind die schlimmsten Handschellen" (S. 443). Friedrich Nietzsche drückt diesen Sachverhalt so aus: „Große Verbindlichkeiten machen nicht dankbar, sondern rachsüchtig; und wenn die kleine Wohltat nicht vergessen wird, so wird noch ein Nagewurm daraus" (S. 94). Und eine extreme Version fand ich bei Karla Fohrbeck: „Ein Kaufmann wird auf Karawanenreise von einem Mann überfallen, der ihn töten will: ‚Warum willst Du mich umbringen, hab' ich Dir doch nichts Gutes getan?'" (S. 29f.).

Vielleicht sind die zuletzt vorgetragenen Gedanken ein notwendiges caveat vor dem nun folgenden Exkurs. Sie können einer bedingungslosen Glorifizierung des Altruismus vorbeugen. Dennoch muß im Rahmen unserer theoretischen Erörterungen die anschließende Frage beantwortet werden.

Exkurs: Gibt es Altruismus?

Natürlich soll nicht geleugnet werden, daß die Idee der Reziprozität im sozialen Leben ein wichtiges Regulativ und auch schon in Naturvolkgesellschaften gut beobachtbar ist. So habe ein Feldforscher gezeigt, „daß Dispute unter Buschleuten sich gewöhnlich um Probleme des Geschenkgebens, des Geizes und der Faulheit drehen" (Trivers, S. 17). Und ein anderer berichtet, „daß ein großer Teil der Aggression unter Wildbeutern sich auf wirkliche oder eingebildete Ungleichheit bezieht, z.B. bei der Nahrungsteilung" (S. 17; auch Etkin, S. 52). Und sie ist auch aus dem Schenkverhalten nicht wegzudenken. Wir wissen alle, daß Geschenke oft „austariert" werden. Man fühlt sich beim Geschenkaustausch „über das Ohr gehauen", hat also eine schmerzhafte Erfahrung gemacht. Wir schenken Dinge ohne Hintergedanken, aber wenn Unstimmigkeiten eintreten, die gar nichts mit dem Geschenk zu tun haben, dann fangen wir an, die Rechnung aufzumachen; in den Worten des Gruppenforschers W. F. Whyte: „Nur wenn die freundschaftliche Beziehung gestört wird, kommen die zugrunde liegenden Pflichten ans Licht" (nach: Homans, Theorie, S. 274). Reziprozität wird interkulturell vorausgesetzt. So gibt es die Sitte, jemandem ein Geschenk aufzudrängen, um als Gegengeschenk einen erwünschten Gegenstand zu erhalten. Nach Homans erlebten dies die amerikanischen Pioniere beim Zusammentreffen mit Indianern und bezeichneten dementsprechend eine solche Art des Austauschs als Indianergeschenk. Ich selbst habe zur sowjetischen Zeit beim Besuch in einem baltischen Staat von der Reiseführerin eine Postkarte mit einer besonders schönen Briefmarke erhalten, was mich und andere Mitglieder der Reisegruppe endgültig bewog, das Verbot des Trinkgeldgebens in einer frei konvertierbaren Währung zu übertreten. Trotz des Bewußtseins der omnipräsenten Reziprozität sträuben wir uns dagegen, empfinden wir es als anstößig und kränkend, wenn alles Uneigennützige und Großherzige in den Geschenken als Selbsttäuschung abgetan wird, wie das in den ökonomistischen Theorien geschieht. Dieses Uneigennützige kommt in der Definition der Brockhaus Enzyklopädie von Geschenk als „ohne Entgelt dargereichte Sache ohne Absicht auf Gegenleistung" (S. 188) zum Ausdruck, was wiederum auf eine Formulierung im BGB (Rost, Schenken, S. 99) zurückgeht. Ganz ähnlich lautet die Definition von „gift" im Oxford Dictionary: „freiwillige Übertragung von Eigentum" (nach: Gregory, Stichwort, S. 524). Auf das Uneigennützige verweist die Bedeutung von Geschenk in der alten Handwerkersprache als einer Geld- oder Sachspende an arbeitssuchende Wandergesellen, die unabhängig davon gegeben wurde, ob Beschäftigung möglich war oder nicht (Brockhaus, S. 188). Dieses Uneigennützige ist mehr als Kooperation, denn auch im Falle der strikten Reziprozität besteht Kooperation.[28] Es ist das Nicht-vergolten-haben-Wollen, das, was der Ethnologe Bronislaw Malinowski das „reine Geschenk" (pure gift) (nach: Sahlins, S. 191) nannte. Und damit sind wir in einen übergeordneten Fragenkreis gelangt, der verschiedene Wissenschaften schon lange beschäftigt: Gibt es Altruismus im Sinne des Uneigennützigen, des bedingungslosen Gebens? Oder ist er eine fromme Lüge, mit der die Menschen ihren Egoismus bemänteln? Von der Beantwortung dieser zentralen Frage hängt ab, ob es im Geschenk altruistische Komponenten geben kann oder ob jedes Geschenk zwingend ein Äquivalent nach sich zieht, wie es Mauss und viele Vertreter ökonomistischer Ansätze als selbstverständlich erachten.

Man kann zunächst gegen die ökonomistischen Annahmen einwenden, daß im Falle von Geschenken das postulierte Gleichgewicht letztlich nicht eindeutig festgemacht werden kann; andererseits kann es, nimmt man die Prämissen der Austauschtheorie als evident an, nicht ausgehebelt werden. Denn das materielle Geschenk ist oft noch quantifizierbar, ein Gegengeschenk in Form etwa eines positiven Gefühls dagegen eindeutig nicht. So kann etwa die Freude, die man beim Geben empfindet, als so gravierend gewertet werden, daß sie das materielle Geschenk aufwiegt. Man kann prinzipiell in der Gegenrechnung zu einem materiellen Geschenk solange immaterielle Komponenten auf die Waage häufen, bis sie sich nach Meinung von Austauschtheoretikern austariert hat, ohne daß dies nachprüfbar ist, denn es existiert keine feste Einheit, über die beide Seiten des Austauschs verrechenbar wären. Eine solche Beliebigkeit gesteht auch George Caspar Homans unbefangen ein: „Der Gegenwert variiert von Gefälligkeit zu Gefälligkeit und von Gruppe zu Gruppe" (Theorie, S. 274). Wir haben es hier vermittelt mit Fragen der Gerechtigkeit zu tun, zu denen sich Joseph Lopreato so äußerte: „Aber Gerechtigkeit und Ungerechtigkeit sind subjektive und relative Phänomene" (S. 160).

Um angesichts solcher Immunisierung der Theorie durch ihre Vertreter für die Existenz von Altruismus zu plädieren, muß man Beispiele präsentieren, in denen die Rechnung in keinem denkbaren Fall ausgeglichen werden kann. 1992 erschien unter dem Titel „Das Rätsel der Nächstenliebe" die deutsche Ausgabe einer 1990 in den USA vorgelegten Schrift von Morton Hunt. Das Buch handelt von Umständen, unter denen Menschen altruistisch handeln, und von der Erziehung zum Altruismus. Die Frage, ob es Altruismus gibt, wischt der Autor auf den ersten Seiten weg, indem er einen authentischen Fall schildert, der sich auf Berichte in „The New York Times" und „Reader's Digest" aus dem Jahre 1982 stützt. Diese Geschichte, die tatsächlich für sich selbst spricht, soll in den Worten Hunts wiedergegeben werden.

„Nichts schien besonders an dem Mann: Mitte Vierzig, Revisor bei der Bank, beginnende Glatze, kleiner grauer Bart; wer Arland Williams kannte, war über sein Verhalten an einem Nachmittag im Januar 1982 genauso erstaunt wie der Rest der Welt. Es war schon fast dunkel in Washington, neblig, bitter kalt, und auf der Brücke der Vierzehnten Straße über den Potomac stauten sich die heimwärtsfahrenden Autos, als urplötzlich eine große Düsenmaschine aufdröhnte – immer lauter, immer näher, immer mühsamer – , ins Blickfeld platzte, mit ohrenbetäubenden Krachen über die Brücke schoß und in einer Kaskade von Wasser, Wrackteilen und herumfliegenden Körpern in den eisigen Fluß stürzte. Von den 85 Menschen an Bord dieses Flugzeuges der Air Florida starben 79 entweder sofort oder innerhalb von Sekunden nach dem Sturz in das eisige Wasser. Aber die Besatzung eines Rettungshubschraubers, der wenig später eintraf, sah drei Frauen und zwei Männer, die sich an ein im Wasser treibendes Wrackteil klammerten, und dicht daneben, wassertretend, einen weiteren Mann. Der Hubschrauber ließ ein Seil zu dem wassertretenden Mann herunter, zog ihn hoch und brachte ihn in Sicherheit. Dann kam er zurück und ließ das Seil zu der Gruppe hinunter, die sich an dem Wrackteil festhielt. Ein Mann mit beginnender Glatze und kleinem Bart fing das Seil, aber noch ehe die Retter ihn hochziehen konnten, gab er es Kelly Duncan, einer Stewardeß, und also nahm der Hubschrauber sie mit. Als er das nächste Mal kam, fing wieder dieser Mann das Seil und reichte es abermals einem anderen weiter. Arland Williams dürfte gewußt haben, daß er als Büromensch mit seinen 46 Jahren nicht besser als die anderen für diese Art Abenteuer gerüstet war und daß seine Überlebenschancen rapide abnahmen. Und es gab manches, für das zu leben sich lohnte. Seit einiger Zeit geschieden, hatte er sich erneut verliebt und war frisch verlobt. Und doch, auch als er das Seil ein drittes und vielleicht auch ein viertes Mal fing, (die Augenzeugenberichte gehen hier auseinander), gab er es weiter. Als der Hubschrauber ein letztes Mal kam, war er nicht mehr da" (S. 9f.).

Wenn sich diese Begebenheit so zugetragen hat, dann kann man sich kaum etwas vorstellen, was für diese soziale – es drängt sich die Steigerung „eusozial" auf – Tat als Gegengewicht eingebracht werden kann. Selbst das Motiv der Ruhmsucht ist nicht sehr stichhaltig, denn es wäre auch möglich gewesen, daß die Identität des Altruisten nach dem Unglück nicht mehr hätte festgestellt werden können. Und es deutet nichts darauf hin, daß Williams lebensmüde oder geistig verwirrt war.

Ruth Leeds arbeitete in einem 1963 veröffentlichten Aufsatz drei Kriterien heraus, die erfüllt sein müssen, bevor von altruistischem Geben geredet werden kann. Das Geben muß zunächst seinen Zweck in sich selber haben; keine andere Befriedigung als die Freude an der Wohlfahrt des oder anderen ist zugelassen. Das Geben muß weiter freiwillig sein; es darf nicht die Erfüllung von Pflichten sein. Und zuletzt muß die Tat von Beobachtern wie Betroffenen positiv bewertet werden (S. 230f.).[29] Diese drei Kriterien scheinen geeignet und hinreichend, um altruistisches Geben zu charakterisieren. Arlands Tat erfüllte die drei Kriterien und kann so auch über den spontanen Impuls hinaus, sie so zu charakterisieren, als solche eingestuft werden.

Hier haben wir vermutlich einen objektiven Fall von Altruismus vor uns. Die subjektive Seite des Altruismus hat der amerikanische Soziologe Alvin W. Gouldner ins Auge gefaßt. Gouldner ist zunächst ein eindeutiger Verfechter der Reziprozitätsnorm, und er hält sie für „ein kaum weniger allgemeines und kaum weniger wichtiges Element der Kultur ... als das Inzesttabu" (S.118). Dennoch sieht er auch Grenzen der Reziprozität; er ergänzt das Prinzip der Gegenseitigkeit durch „die Norm der *Wohltätigkeit* bzw. der ‚Güte'" (S. 125, Hervorh. durch G.), deren Inhalt – so der Titel seines Essays – „Etwas gegen nichts" ist. „Diese Norm fordert, daß der Mensch anderen Menschen jene Hilfe zukommen läßt, die sie *benötigen*" (ebd., Hervorh. durch G.). Er setzt die Norm der Güte vom Prinzip der Reziprozität dadurch ab, daß er sie als Verpflichtung des Gebenden und nicht als Recht des Empfangenden charakterisiert. Dadurch ist sie schwächer als die Reziprozitätsnorm, bei der beide Parts gleiche Rechte und Pflichten haben. In diesem Unterschied ist auch begründet, daß oft den Gebenden mehr Empfangenwollende gegenüberstehen, von denen einige zwangsläufig leer ausgehen. Für sie bleiben „unverdiente Wohltaten" ein Traum, denn – so die Redensart – „im Leben wird einem nichts geschenkt" (Fasching und Woschnak, S. 66). Oder aus der Perspektive des Pessimisten Theodor W. Adorno: „Der Verletzung des Tauschprinzips haftet etwas Widersinniges und Unglaubwürdiges an; da und dort mustern selbst Kinder mißtrauisch den Geber, als wäre das Geschenk nur ein Trick, um ihnen Bürsten oder Seife zu verkaufen" (S. 46). Andererseits gehören solche unverdienten Wohltaten zu den Menschheitsträumen schlechthin. Wir verstehen ohne weitere Erklärung den Ausdruck „Geschenk des Himmels", und in Märchen kommen Geschenke wie Königreiche oft gerade denen zu, denen sie im Alltag so gut wie immer versagt bleiben (auch Gouldner, S. 127).

Die Überlegungen von Gouldner zielen in bezug auf den Altruismus darauf ab, die Gesinnung des einzelnen, sein subjektives Freigebigsein-Wollen als ausschlaggebend anzusehen. Und er nimmt an, daß uneigennütziges Verhalten häufiger vorkommt, als es nach dem äußeren Schein zu vermuten ist. Denn es gebe zum Beispiel auch Handeln ohne den Wunsch nach Reziprozität, daß wider Erwartung und Willen des Handelnden doch vergolten werde. Und er wirft Mauss in diesem Zusammenhang vor, „nicht zwischen der *Motivation* zu wohltätigen Handlungen und ihren unerwarteten *Folgen* unterschieden (zu haben). Er hat die Tatsache nicht gesehen, daß eine Handlung, die in Übereinstimmung mit der Wohltätigkeitsnorm initiiert wird, zu weiteren Interaktionen führen kann, die dann von der davon unterschiedenen Reziprozitätsnorm geleitet werden" (S. 163, Hervorh. durch G.). Kenneth E. Boulding nimmt in diesem Sinn an, daß ein Geschenk und ein Gegengeschenk nicht als ein Akt gesehen werden dürfen, sondern als zwei, wobei der erste und der zweite nicht voneinander abhängig sein dürfen (S. 25). Noch schärfer als bei Gouldner erscheint in einem neueren Werk des Ökonomen Robert H. Frank die Differenz von altruistischer Motivation und Handlung einerseits und dem davon abweichenden Resultat andererseits. Er will nachweisen, daß es Situationen gibt, „wo Egoisten sogar rein materiell gesehen oft schlechter abschneiden als Personen, die in erster Linie durch Liebe und Zuneigung motiviert sind" (Strategie, S. 10). Das Ergebnis einer Handlung, selbst das eindeutig meßbare, läßt nicht auf die Motivation der Handlung zurückschließen. Positive Auswirkungen sind von der Motivation unabhängig. Das gilt auch für das Schenken. Weder der enge Kontakt zum Beschenkten noch ein gewichtiges Gegengeschenk sind Argumente gegen ein altruistisches Schenken, das auf dem subjektiven Verständnis des Schenkenden beruht.

Um diese Ausführungen zusammenzufassen: Natürlich lassen sich bei der Betrachtung eines Austauschs alle möglichen materiellen und immateriellen Größen so einrechnen, daß sich die Waage der Reziprozität einpendelt. Selbst wenn das plausibel möglich wäre, wäre das nicht die letztgültige Lösung. Denn auf der nächsthöheren Ebene könnte dann doch zwischen

Handlungen unterschieden werden, bei denen Reziprozität erwartet wird, und andere, bei denen sie nicht erwartet wird oder gar bewußt ausgeschlossen werden soll. Ob das realistisch ist, ist fast schon eine Glaubenssache, die sich bis auf Grundvorstellungen über den Menschen zurückführen läßt (Elster, Ulysses, S. 142). Und auch hier soll die menschliche Fähigkeit zur Uneigennützigkeit nicht überschätzt werden. Soll aber die Variable „Sinn" für das menschliche Handeln wie für dessen soziologische Analyse nur irgendeine Rolle spielen, so müßte hier die Differenzierung zwischen reinem Egoismus, Reziprozität und Altruismus angesetzt werden. Diese drei Begriffe können auch als Idealtypen verstanden werden, als Ordnungskategorien, die in reiner Form nur selten vorkommen müssen. In diesem Sinn schreibt Bernhard Laum, der sich zuvor mit Rudolf von Ihering, einem Rechtslehrer in der zweiten Hälfte des 19. Jahrhunderts, und der von diesem gesehenen Antinomie „Egoismus versus Selbstverleugnung" auseinandergesetzt hat: „Gewiß ist die Selbstverleugnung, von der Ihering spricht, nur selten in voller Reinheit verwirklicht. Wie oft mischen sich Hoffnung auf Dankbarkeit, Trieb nach Anerkennung und andere Motive der Ichbezogenheit ein." (Wirtschaft, S. 20). Übertragen auf das Geschenk als den Anwendungsfall könnte das so oft zitierte „reine Geschenk" (pure gift) als Idealtypus der „totalen Erwiderung" (total reciprocation), weiter dem geringeren Gegengeschenk, das eventuell zusätzlich noch mit der Intention zur Übervorteilung gegeben wird, oder gar dem nicht erwiderten Geschenk gegenübergestellt werden. Der Ethnologe Bronislaw Malinowski, der den Begriff des reinen Geschenks in die sozialwissenschaftliche Diskussion eingeführt haben dürfte, stellt dem „pure gift" den „real barter", den wirklichen Schacherhandel, gegenüber (nach: Sahlins, S. 193).

Ein Gedankenexperiment mag noch einmal zeigen, wie sich eine solche altruistische Schicht im Handeln bemerkbar macht. Wir gehen dabei von einem Bedürftigen aus, und damit unsere Überlegungen tatsächlich das Schenken und weniger das Almosengeben betreffen, soll dieser Bedürftige eine uns nahestehende Person sein. Wir unterstützen diese Person großzügig, und dann stellt es sich heraus, daß sie uns hinsichtlich ihrer Bedürftigkeit getäuscht hat. Warum sind wir dann so ärgerlich? Doch in erster Linie deswegen, weil unser Ziel, jemanden zu unterstützen, nicht realisiert worden ist. Die Gabe ist in jedem Fall gegeben, aber für unser altruistisches Motiv fand in der Realität keine Entsprechung.

Zu guter letzt: Inzwischen haben auch Vertreter eines rational-choice-Ansatzes davon abgesehen, den Menschen als prinzipiellen Egoisten zu definieren und lassen Altruismus als rationale Strategie des Handelns zu (Frohlich). Jon Elster nimmt mit Descartes an, „daß anderen zu helfen zwar kurzfristig irrational, doch langfristig rational sei" (Subversion, S. 95). Und an anderer Stelle unterscheidet er: „Der *homo oeconomicus* (Economic man) kann über dauerhafte Präferenzen und engstirniges Selbstinteresse definiert werden, aber das *animal rationale* (rational man) hat nicht-Archimedische (non-Archimedian) Präferenzen und kann durch Sorge für andere bewegt werden" (Ulysses, S. 146). Und Reinhard Selten, der 1994 für seine Beiträge zur Spieltheorie den Nobelpreis für Wirtschaftswissenschaften erhielt, zielte mit einem Statement in die Richtung, auch dem homo oeconomicus die Dominanz des Rationalen abzusprechen. „Die Spieltheorie hat wie die Entscheidungstheorie bisher angenommen, daß die Wirtschaftssubjekte sehr stark rational handeln. Man geht fälschlicherweise immer davon aus, daß die Menschen vernunftbetont entscheiden, durch keinerlei Beschränkungen der Denk- und Rechenfähigkeit behindert sind und außerdem auch keinen emotionalen Grenzen ausgesetzt sind. Viele wissen zwar, was sie tun sollen, tun es aber trotzdem nicht. Und diese Gefühlsfaktoren sollten in der Wirtschaftswissenschaft stärker berücksichtigt werden" (Lehren) Die Antwort auf die Frage nach dem Vorkommen von Altruismus mag außer von weltanschaulichen Präferenzen auch von tiefliegenden Persönlichkeitsstrukturen beeinflußt sein. Aber sie läßt theoretisierende Denker nicht los, und das kann dazu führen, daß selbst Wissenschaftler, die sich ein Programm zu eigen gemacht haben, das von Anfang an vom Menschen als Egoisten ausging, bewogen hat, über den langen Schatten dieses Menschenbildes zu springen und dann Altruismus zuzulassen und in die Programmstruktur einzubauen. Das bedeutet für das konkrete Schenken, daß auch in altruistischen Handlungen „egoistische Einsprengsel" enthalten sein können. Denn die Heiligen und die Arland Williams's sind selten. Nur soll mit dem großen Soziologen Emile Durkheim Kants Behauptung zurückgewiesen werden, „wonach altruistische Gefühle stets von Eigennutz gefärbt seien" (Wallwork, S. 168).

Feminismus

Im Rahmen von feministisch orientierten sozialwissenschaftlichen Beiträgen finden wir prinzipielle Einwände gegen die Austauschtheorie. Viele Feministinnen würden Nancy C. M. Hartsock zustimmen, wenn sie behauptet, daß die traditionelle Austauschtheorie eines George Caspar Homans oder Peter Blau ein von Männern erdachtes Konstrukt sei, lediglich auf „Männerleben" anwendbar sei und letztlich „Beziehungen der Geschlechterherrschaft rechtfertige und verdunkle" (S. 57). Hartsocks Überlegungen sollen als für den Feminismus exemplarisch vorgestellt werden.

Der Einbezug von Gefühlen zum Zwecke der Herstellung von Reziprozität, wie er in der Austauschtheorie praktiziert wird, wird in feministischen Ansätzen abgelehnt. Es wird argumentiert, daß gerade die Gefühlskomponente nicht verrechnet werden dürfe. Hartsock stellt insbesondere die Bedeutung von Austauschtheorien für den weiblichen Part innerhalb der geschlechtlichen Arbeitsteilung in Frage. Dabei geht sie von Prämissen des ökonomistischen Programms aus, die bisher noch nicht explizit vorgestellt wurden. Die Mutter-Kind-Beziehung etwa ließe sich mit austauschtheoretischen Modellen nicht adäquat erfassen. In ökonomistischen Theorien werde von der Vorstellung des isolierten Individuums ausgegangen, das auf dem Markt seine Chance suche. Die Mutter-Kind-Dyade sei der Gegenpol zu diesem Vereinzelten, der nur für sich nach Gewinn strebe. Daß dieses im Marktaustausch als isoliert gesehene Individuum männlich sein müsse, wird damit begründet, daß Jungen, um ihre Identität zu gewinnen, aus der Mutter-Kind-Beziehung ausscheiden müßten und so notgedrungen auf sich allein gestellt seien. Hier kommen psychoanalytische Überlegungen im Zusammenhang mit der ödipalen Krise ins Spiel (S. 64). Im Marktmodell habe man ferner die Wahl zwischen verschiedenen Alternativen zu treffen, man könne sich aber auch grundsätzlicher zwischen Tun und Lassen entscheiden, und all das basiere auf Freiwilligkeit. Frauen hätten, z.B. gegenüber Kleinkindern, Verpflichtungen, die ihnen nicht die Wahl ließen, eine Entscheidung zwischen einer Handlung und einer Unterlassung zu treffen; auch seinen nicht alle ihre Handlungen freiwillig. Selbst die Wahl, Kinder zu bekommen oder nicht, hätten sie die längste Zeit in der Geschichte nicht gehabt. Ein weiteres Argument geht von der Interessenbezogenheit des Handelns des homo oeconomicus aus. Gerade der intergenerationelle Transfer ist von vielen Seiten als Argument gegen die Austauschtheorie vorgebracht worden. Die Empathie, die über die Mutterrolle die weibliche Existenz bestimme, sei mit der Orientierung an den eigenen Interessen („self interest") nicht vereinbar. Interessenbezogenheit bedeute stets auch Konflikt. Konflikt sei aber nicht die Zentralkategorie im Verhältnis von Eltern und Kindern, wenn auch ihr Vorkommen nicht geleugnet werden könne; aber tiefgehend sei der Konflikt nur für Jungen. Hartsock berücksichtigt weiter die Erfahrbarkeit der männlichen und der weiblichen Welt durch die Kinder. Mädchen würden sehen, was die Mütter tun, Jungen würde die Welt der Väter eher durch abtrakte Vorstellungen und Maximen erschlossen. Das spiegele sich in der Austauschtheorie wider: „Ihre ‚Rationalität' trägt den Ring (carries the ring) der Reihe formaler Maximen, die der Junge gelernt hat, Maximen, die von der ganzheitlichen Wirklichkeit des täglichen Lebens getrennt sind" (S. 67). Hartsock spitzt die Weltvorstellung, die der Austauschtheorie zugrunde liegt, folgendermaßen zu: Diese Sozialwelt sei „zufällig und fragil, grundlegend aufgebaut auf Wettbewerb und Herrschaft ... auf das kurze Zusammenfallen der wahrgenommenen Interessen von Individuen, die keine inneren (intrinsic) Beziehungen zueinander haben" (S. 67). Dem setzt sie resümierend entgegen: „Eine Frau zu sein, die eine Frau zur Mutter hatte, macht eine solche Welt fremd für weibliche Erfahrungen der sozialen Welt" (S. 67).

Was bedeutet das alles für das Schenken in modernen Gesellschaften? Zunächst wird vom Vorkommen des „reinen", altruistisch bestimmten, einseitigen Geschenks ausgegangen. Daß Frauen öfter als Männer schenken und öfter beschenkt werden, könnte mit dem auf das Empathische, auf Beziehung und Konkretes ausgerichteten Leben der Frauen erklärt werden. Züge des weiblichen Lebens, wobei der Mutterrolle eine überragende Bedeutung zugemessen wird, passen recht gut in den Kontext, in dem Schenken vorkommt. Doch darauf geht Hartsock nicht direkt ein. Sie setzt sich vielmehr im Fazit ihrer Ausführungen kursorisch mit Mauss und dem Ethnologen Claude Lévi-Strauss auseinander. Daß beide Autoren zulassen bzw. – im Falle von Lévi-Strauss – hervorheben, daß Frauen zu den möglichen Geschenken zu zählen seien, ist für sie ein Beweis dafür, daß die von den Autoren vertretenen Annahmen, die sich auch in der Auffassung vom Schenken auswirken, durch und durch mit männlichen Erfahrungen imprägniert sind (S. 68).

Soziobiologie (2)

Im Rahmen der dargelegten feministischen Position wird implizit davon ausgegangen, daß zumindest in der weiblichen Welt Altruismus eine unübergehbare Tatsache ist. Flankiert werden solche Argumentationen von einer Seite, von der sie eigentlich nicht zu erwarten ist, nämlich von der Biologie. In soziobiologischen Ansätzen, denen in feministischen Kreisen das Etikett „sexistisch" anhaftet, ist der Altruismus ein wichtiger Gegenstand ständiger Reflexion. Schon für Darwin, auf dessen Überlegungen zur Evolution die Soziobiologie fußt, war Altruismus eine Vorstellung, welche nicht überhaupt nicht in seine Theorie paßte, die von der Individualauslese bestimmt war. Auslese als zentrales Movens sollte sich auch auf der Ebene der Handlungen realisieren. Und wie wäre dann noch möglich, daß sich jemand altruistisch verhalten würde, wenn Altruismus als Minderung der Überlebens- und Reproduktionschancen des Individuums definiert wird?

Die Soziobiologie geht nicht mehr – wie einst Charles Darwin – vom Individuum und seinem Überleben aus, sondern von seinem Erbmaterial, von der Genausstattung (zum folgenden Schmied, Religion, S. 18ff.). Das führt zur sogenannten Verwandtschaftsauslese (kin-selection), wobei Verwandtschaft aus denjenigen besteht, deren Genmaterial in einem beträchtlichen Maße identisch ist. Handle ich innerhalb der Verwandtschaft altruistisch, so ist das dem Erhalt und der Weitergabe meiner Gene dienlich. Sehr deutlich wird das in der Eltern-Kind-Beziehung; diese Beziehung ist aber auch die Basis von Hartsocks Ausführungen, so daß hier eine seltene Übereinstimmung von Feministinnen und Soziobiologen vorliegt, nämlich daß auf Familienbeziehungen nicht die Reziprozitätsregel angewandt werden kann. Generell läßt sich aber feststellen, daß in der Soziobiologie „tiefer gegraben" wird, als es eine Feministin wie Hartsock tut. In der Soziobiologie wird über den Hinweis auf die weibliche Rolle hinaus zum Beispiel festgestellt, warum Mütter häufiger altruistisch gegenüber ihren Nachkommen handeln als Väter. Für Frauen sind ihre eigenen Kinder eine weniger leicht ersetzbare Form der Weitergabe ihrer Gene als für Männer.

Soziobiologen nennen den Altruismus innerhalb der Verwandtschaftsgruppe strengen Altruismus. Das Gegenstück, der sogenannte milde Altruismus, bezieht sich auf Nichtverwandte, mit denen Austauschbeziehungen im Sinne der Reziprozität eingegangen werden. Daher wird dieser Altruismus als reziproker bezeichnet. Der milde oder reziproke Altruismus ist eine Fähigkeit, die nur beim Menschen in ausgeprägter Form vorhanden ist. Die Ethologen Lionel Tiger und Robin Fox veranschaulichen das so: „Kein Affe hat jemals Schulden bei einem anderen Affen gehabt ... Alle Tierpopulationen haben Ökologien, nur die menschlichen Populationen haben Ökonomien" (nach: Zimmer, S. 234). In dem Stellenwert, der der Reziprozität beigemessen wird, gibt es Parallelen zwischen Soziobiologie und sozialwissenschaftlichen Austauschtheorien.

Für die soziobiologische Annahme der Bedeutung des Altruismus innerhalb der Familie spricht auch, daß die meisten Geschenke innerhalb der Verwandtschaft gegeben werden. Intergenerationelle Geschenke sind oft zumindest materiell nicht gleichwertig, so daß deutliche Hinweise auf altruistisches Verhalten vorliegen. Aber es gibt auch Befunde, die gegen die soziobiologischen Vorstellungen sprechen. Geschenke unter Verwandten sind vielfach institutionalisiert, es hat sich ein sehr genau festgelegtes Geben und Nehmen eingependelt, das zumindest die Demonstration von Altruismus erschwert. Weiter können uneigennützig erscheinende Geschenke auch mit einer Reziprozität auf lange Sicht oder auf bloße Eventualität von Reziprozität hin gegeben werden. So sagt in einer Untersuchung über Geldgeschenke innerhalb der Verwandtschaft bei plötzlich auftretender Arbeitslosigkeit eine Geberin: „Ich habe nichts dagegen, jemandem in der Familie zu helfen, weil sie, weißt du, dasselbe für mich tun würden" (Uehara, S. 536). Oft sind auch in modernen Gesellschaften Geschenke an Nichtverwandte feststellbar, die Sympathie und Zuneigung ausdrücken wollen und die nicht am Gegengeschenk orientiert sind. Die Freiheit, die mit solchem Schenken verbunden ist, fehlt im Rahmen der Verwandtschaft häufig. Das ist ein erster Einwand gegen die soziobiologische Annahme des Altruismus innerhalb der Verwandtschaft. Ein zweiter Einwand bezieht sich auf die Frage, ob es sich beim strengen Altruismus überhaupt um Altruismus handelt. Denn es geht in jedem Fall um Gene des Schenkenden. Identifiziert man die Gene des Altruisten mit diesem selbst, so handelt es sich um verkappten Egoismus. Es ist aber auch möglich, das Gen als eigene Größe zu sehen; der Titel des bekannten Buches von Richard Dawkins „Das egoistische Gen" aus dem Jahre 1976 verweist auf solche Überlegungen. Dann kämen Geschenke als Ausdruck des Altruismus weder dem Empfänger einer Gabe noch dem nach Gegengeschenk heischenden Geber zugute, sondern dem gemeinsamen Genpool. Aber damit hätte sich unsere soziologische Fragestellung endgültig verflüchtigt.

In einer neueren Auseinandersetzung mit der Soziobiologie wird noch eine dritte Form des Altruismus vorgeschlagen. Der britische Soziologe Christopher Badcock nennt sie „induced altruism" (S. 87ff.). Es geht hier um ein Verhalten, das man als Täuschung oder Betrug bezeichnen könnte. Wenn jemand in der Erwartung der Reziprozität handelt, aber die Gegengabe oder Gegenleistung nicht erfolgt oder vielleicht noch zusätzlich ein Schaden zugefügt wird, so hat der Enttäuschte oder Getäuschte nach biologischem Verständnis altruistisch gehandelt, denn er hat seine Überlebens- und Reproduktionschancen zugunsten eines anderen vermindert. Badcock nimmt als Beispiel sogenannte Putzerfische, die größeren Fischen das Innere des Maules und die Kiemen von Parasiten befreien und im Gegenzug die Parasiten als Nahrung erhalten. Frißt der größere Fisch den Putzerfisch, so hat letzterer nach diesem Verständnis altruistisch gehandelt.

Es gibt im Sozialleben der Menschen viel „induzierten Altruismus": falsche Versprechungen, Parasitismus, Betrug, Beraubung. Und damit gelangt man auf ein durchaus interessantes Feld der Soziologie. Denn gerade der Betrug kommt häufig vor und wird in modernen Gesellschaften durch deren Unübersichtlichkeit leicht gemacht (Lopreato, S. 158). Betrug läßt sich wie Geschenke in Reziprozitätsgleichungen einrechnen, wenn zum Beispiel der Macht der Betrug der Machtlosen gegenübergestellt wird (S. 158). Und zuletzt ist es interessant, daß der Betrug wie das Schenken ein in den Sozialwissenschaften weitgehend vernachlässigtes Thema ist; in keinem der gängigen deutschen Wörterbücher zur Soziologie fand ich ein Stichwort „Betrug" oder „Täuschung". Zwar kann es grundsätzlich Widerstreben hervorrufen, einen Belogenen oder Betrogenen als Altruisten zu bezeichnen. Zum Altruismus scheint die Willentlichkeit und die Verknüpfung der Handlung mit der sinnhaften Nichterwartung der Reziprozität zu gehören. Doch der induzierte Altruismus gehört nicht nur vom Wortlaut in eine Reihe der Altruismen, wenn man eine Auffächerung für möglich hält. Er läßt sich auch im Sinne des Idealtypischen dem reinen oder strengen Altruismus gegenüberstellen. Vor allem aber ist sein Vorkommen als Betrug, als Handlung der gewaltlosen Übervorteilung eines anderen, ohne daß dieser eine solche Absicht wahrnimmt, eine Form sozialen Handelns, das im Rahmen einer Analyse des Phänomens „Schenken" als Sinnalternative etwa bei der Übergabe eines Gegenstandes nie völlig aus dem Auge verloren werden darf.

6. Grundelemente des Schenkens (I): Das Geschenk

Schenken ist als soziales Handeln primär die Übergabe einer Sache, eben des Geschenks. Das Übergebene und die Situation der Übergabe sind zwei wichtige Elemente des Schenkens, die nacheinander betrachtet und auf ihre soziologischen Komponenten hin analysiert werden sollen.

Die Schwerpunktsetzung bei einzelnen relativ konkreten Geschenkgegenständen, wie beispielweise bei Schokolade oder Büchern, ist auch auf die Literaturlage zurückzuführen; es war nur punktuell Material vorhanden. Kulturgeschichten, wie sie derzeit Konjunktur haben, sparen vielfach das Thema „Schenken" aus. So findet sich in Kulturgeschichten des Tabaks, des Kaffees, des Riechens und Alkoholtrinkens kein Hinweis auf Geschenke, die mit diesen Komplexen in Verbindung stehen. Eine der Ausnahmen ist Jack Goodys „The Culture of Flowers" aus dem Jahre 1993. Derselbe Mangel an vorliegender Aufarbeitung ist weitgehend auch für die in den Kapiteln 8 und 9 erörterten Geschenkanlässe festzustellen. Etwa zu Geschenken nach der Rückkehr von einer Reise sind in einem so umfassenden Werk wie dem von Hermann Bausinger u.a. herausgegebenen Band „Reisekultur" lediglich zwei Hinweise enthalten, von denen der eine eher indirekt ist. Und so mußte bei diesem auffälligen und schon traditionellen Phänomen auf ein Büchlein über bayerische Kuriosa zurückgriffen werden, um Details präsentieren zu können.

Geschenke lassen sich auf vielerlei Weise einteilen. In den folgenden Erörterungen zur Klassifikation von Geschenken bleibt die zeitliche Dimension unberücksichtigt; sie soll in separaten Kapiteln behandelt werden. Implizit erörtert wurden bereits: Geschenke nach Art der Deutlichkeit, in der die Identität des Beschenkten und/oder des Schenkenden zum Ausdruck kommt, sowie erste und darauf folgende Geschenke.

Gefährliche, bösartige und „blendende" Geschenke

Zuerst soll noch einmal auf die dunklen Seiten des Schenkens eingegangen werden, die sich auch in Geschenken manifestieren kann. Das germanische Wort „gift" als Synonym für Geschenk ist im Englischen erhalten, im Deutschen ist es noch als „Mitgift" geläufig. Gift weist auf den zwiespältigen Charakter des Geschenkes hin (Mauss, S. 150 ff). Das Märchen kennt nicht nur das unerwartete, mit ungläubigem Erstaunen und übergroßer Freude aufgenommene Geschenk der Sterntaler oder des Schlosses, sondern auch die gefährliche Seite von Geschenken, wenn etwa Schneewittchen von der bösen Stiefmutter den vergifteten Kamm und den vergifteten Apfel erhält.

Der Aberglaube weiß viel vom Schenken (zum folgenden Sartori, Sp. 720-724). Geschenke können danach Glück bringen: Geschenkte Lose treffen, geschenkte Zwiebeln vertreiben Kopfweh, ein Geschenkversprechen den Schluckauf, und ein Geschenk, das einem gegeben wird, wenn man ein neues Kleid zu ersten Mal trägt, zieht generell Glück nach sich. Noch mehr weiß aber der Aberglaube vom „Gift", von den Gefahren, die im Geschenk lauern. Und zwar kann Unglück sowohl den Schenkenden wie den Beschenkten treffen. So soll man nichts aus dem Hause weggeben, der Beschenkte trägt damit das Glück weg. Um das zu verhindern, soll die Gabe vor dem Wegtragen auf die Diele gelegt werden. Wenn man Brot verschenkt, soll man einen Kanten zurückbehalten, weil sonst der Segen vom Hause weicht. Bekannt ist, daß man nichts Spitzes oder Scharfes wegschenken soll, um nicht die Freunschaft zu zerschneiden oder gar den Lebensfaden abzutrennen. Ähnlich vorsichtig hat sich der Empfangende zu verhalten. Vom geschenkten Brot hat er drei Krümel fallen zu lassen, um nicht krank zu werden. Oft wird die Schenkung von Hand zu Hand vermieden, sondern es wird indirekt gegeben, z.B. Münzen in Salz, Käse oder in einem Gefäß. Skurril oder vielleicht gerade den Status des Hirten treffend ist die Sitte, das Geschenk für den Hirten auf den Misthaufen zu legen. Von dort darf er es sich holen, sonst kommt Unglück über die Herde.

Eine Gefährdung des Beschenkten, die in traditionalen Gesellschaften durchaus eine wichtige Rolle spielt, ist das Verhexen oder Verfluchen eines Geschenks. Reste dieses Verhaltens findet man bei Kindern, die diesen Gesellschaftsstadien bewußtseinsmäßig noch näher stehen als Erwachsene. So berichtet Barry Schwartz für die USA, daß Kinder, die von ihren Eltern gedrängt werden, dem Lehrer ein Geschenk mitzunehmen, zuvor auf dieses spucken. „Diese Rituale haben die ,Ansteckung' des Gegenstandes mit einem unfreundlichen Gefühl zum Ziel" (S. 6).

Der Vermeidung von Schäden durch ein Geschenk dient die rechtliche Regelung einer Haftungspflicht des Gebers, vor allem durch den Paragraphen 521 BGB. „Diese (die Haftungspflicht, G.S.) beschützt ... in erster Linie den Beschenkten vor rechtlichen und sachlichen Mängeln durch ein

Geschenk sowie vor arglistiger Täuschung durch den Geber" (Rost, Theorien, S. 72). Und um den Bogen zum Verhexen zurückzuschlagen: Friedrich Rost sieht als gedanklichen Hintergrund auch die Vorstellung, daß „„magische' Mängel der Gabe ausgeschlossen werden sollten" (ebd.).

Barry Schwartz zählt eine Reihe von Arten des Geschenks auf, die er als „unfreundlichen Akt" charakterisiert (Schwartz, S. 5ff.). Er nennt das Scherz- oder Juxgeschenk wie die explodierende Zigarre, die Geschenkbox mit einer Nachbildung von Exkrementen u.a. Hier amüsiert sich der Geber auf Kosten des Empfängers, der nach herkömmlichen Regeln gute Miene zum bösem Spiel machen muß, kein Spaßverderber sein soll. Das Scherzgeschenk hat – in ökonomistischer Sicht – eine einseitigen Bereicherung des Gebers zur Folge, denn das Geschenk hat keinen materiellen Wert, aber der Geber den Spaß. Dieser Mechanismus „funktioniert" so gut wie immer unter Gleichgestellten oder zwischen Höhergestellten als Gebern und Niedriggestellten als Empfängern, ferner dann, wenn man sich in der Anonymität verbergen kann. Letzteres ist bei einer alten Form des Scherzgeschenks, dem Strohstriezel, der Fall. Im Osten Österreichs stellt man einer ungeliebten Person, vor allem aber Geizhälsen, zu Allerheiligen aus Stroh geflochtene Nachbildungen dieses Gebäcks vor die Tür, während die Kinder an diesem Tag von ihrem Paten einen echten Striezel erhalten. Die Konstellation von Über- zu Untergeordneten ist auch eine Bedingung für weitere Formen des Schenkens, die mit negativen Aspekten für den Beschenkten verbunden sind. Das Scherzgeschenk gehört eigentlich zu einer umfassenden Gattung: den Geschenken, die ärgern sollen und Rache auslösen können. Frank Armbruster zählt auf: „Ein Deodorant weist unmißverständlich auf mangelnde Körperpflege hin, der ‚Knigge' auf schlechte Umgangsformen, das Repetitorium ‚Grundwissen Geschichte', einem Historiker überreicht, auf die Geringschätzung seiner Kenntnisse" (S. 43). Wilhelm Busch, der als Humorist mißverstandene Pessimist, reimte:

> „Die erste alte Tante sprach:
> Wir müssen nun auch dran denken,
> Was wir zu ihrem Namenstag
> Dem guten Sophiechen schenken.
>
> Drauf sprach die zweite Tante kühn:
> Ich schlage vor, wir entscheiden
> Uns für ein Kleid in Erbsengrün,
> Das mag Sophiechen nicht leiden.
>
> Der dritten Tante war das recht:
> Ja, sprach sie, mit gelben Ranken!
> Ich weiß, das ärgert sie nicht schlecht
> Und muß sich auch noch bedanken" (nach: S. 43f.).

Geschenke, die ärgern sollen oder aus Rachsucht gegeben werden, enthalten deutlich eine moralische Komponente. Es kann weiter unmoralisch sein, wenn ein Geschenk aus schlechtem Gewissen gegeben wird, wenn Untreue mit Brillianten „gutgemacht" und fehlende Elternliebe durch Spielzeugberge ersetzt wird (Fasching und Woschnak, S. 79), wenn also das, das geschuldet wird und nicht durch anderes ersetzt werden kann, durch Geschenke kompensiert werden soll.

Die Reziprozität, die oft mit dem Schenken verbunden ist, ist eine weitere Quelle vielfältiger negativer Wirkungen. Generell gibt der Empfänger eines Geschenks bei Anerkennung der Reziprozitätsregel einen Teil seiner Verfügungsgewalt auf. „Fesselung (enchainment) ist die Bedingung für die auf dem Geschenk basierenden Beziehungen", stellt die Ethnologin Marilyn Strathern fest (S. 161), und damit benennt sie eigentlich nur die dunkle Seite jeder Beziehung. Hier kann sich die besondere Qualität der Erstgabe, die nach Simmel durch ihre Freiwilligkeit entsteht, negativ und zwar bis zum Verhängnisvollen auswirken. Im einfachsten Fall geht es um einen Teil seines Vermögens – und sei er noch so gering – , über den der Beschenkte die Kontrolle verliert. Extreme Folgen hat dieser Kontrollverlust im Falle des bei den Eskimo der Beringstraße geübten Brauchs des „patukhtuk". Wenn jemand mit dieser Form des Geschenks beginnt, kann er den Geschenktausch so lange fortsetzen, wie er es möchte. Er ist allein befugt, die Kette der Geschenke wieder abzubrechen (Lévi-Strauss, S. 110). Gravierender sind oft die Folgen, wenn die Gegenleistung unbestimmt bleibt und bei Bedarf angefordert werden kann. Geschenke tragen so nach Pierre Bourdieu „immer virtuell einen Konflikt in sich ..." (S. 488, Anm. 26), weil sie auch die Möglichkeit von Machtausübung in sich bergen. Sie enthalten auch den Keim der Korruption, wenn eine Gegenleistung erwartet oder gar gefordert wird, die mit den Amtspflichten des sie Gewährenden unvereinbar ist (zu den strafrechtlichen Aspekten: Jäde, S. 116f.). Gedankliche Verbindungen zwischen Geschenk und unkalkulierbarem Einfluß kommen z.B. auch im Mißtrauen gegenüber Gratisgeschenken zum Ausdruck. In einem sozialpsychologischen Experiment forderten Personen denselben, ihnen angebotenen Gegenstand häufiger an, wenn sie dafür eine kleine Summe entrichten mußten, als wenn er umsonst gegeben wurde (Hennen, S. 106f.). Es gibt Fälle, in denen mit einem Geschenk direkt auf eine solche offene Rechnung gezielt wird, deren Begleichung jederzeit eingefordert werden kann, und in denen es für den potentiellen Empfänger existentiell wichtig sein kann, die Gabe zurückzuweisen. In einer amerikanischen Studie über das Gefängnisleben wird berichtet, daß Neuankömmlingen kleine Geschenke aufgezwungen werden, um sie danach ausbeuten und dominieren zu können. Oft werden sogar anonyme Geschenke in die Zelle gelegt, und bei Bedarf gibt sich der Geber zu erkennen und verlangt Gegenleistung, die oft in allgemeiner Unterwerfung besteht. So Beschenkte, die diese Taktik durchschauen, setzen alles daran, den anonymen „Wohltäter" zu finden, und sie dringen im Erfolgsfalle darauf, daß das Geschenk zurückgenommen wird (nach: Schwartz, S. 4).

Die bisher vorgetragenen Sachverhalte lassen sich in der psychologischen sogenannten Reaktanztheorie (reactance theory), wobei reactance im Deutschen am ehesten mit Widerstand zu übersetzen ist, grundsätzlich fassen. Diese Theorie besagt, daß Personen, die eine Bedrohung ihrer individuellen Freiheit wahrnehmen, versuchen werden, diese Bedrohung zu beseitigen oder zu vermeiden (Poe, jr., S. 54). Oben war vor allem von Bedrohungen in der Zukunft gehandelt worden. Eine Abhandlung von Donald B. Poe, jr. enthält dazu eine Reihe weiterer Beispiele für die Auslösung von „Folgekosten" eines Geschenks. So verursacht ein geschenktes Haustier Änderungen im Zeitbudget und Ausgaben für Futter, oder ein Kleid muß, obwohl es mißfällt, um des Schenkenden willen getragen werden. Im Rahmen dieser Theorie wird auch darauf aufmerksam gemacht, daß der Widerstand von der Stärke der Drohung oder der Bedeutung der Freiheit in dem speziellen Fall abhängt (S. 55f.). Ein kleines Geschenk ist eine geringere Bedrohung als ein großes, das Geschenk eines Ehepartners wird oft als weniger bedrohlich empfunden als ein Geschenk einer Person, mit der man sonst wenig zu tun hat und die nun in den Kreis der zu Beschenkenden einzubeziehen ist.

Im Deutschen ist wohl das bekannteste Sprichwort zum Problem des Schenkens: „Dem geschenkten Gaul schaut man nicht ins Maul". Dieses Sprichwort bietet einen weiten Spielraum für Interpretationen. Zwei Lesearten sollen im folgenden diskutiert werden. Ins Maul schauen, das heißt die Qualität des Geschenks überprüfen, wenn man davon ausgeht, daß die Zähne den Zustand eines Pferdes besser wiedergeben als die äußere Gestalt. Einer der Hintergründe des Sprichworts besteht darin, daß eine Tendenz des Schenkens darin besteht, daß oft Geschenke gegeben werden, deren Wert geringer ist, als es scheint. Ein genaues Nachprüfen, ob nichts Minderwertiges gegeben wurde, wird als unpassend verworfen. Das ist auch der Sinn des Buchtitels „Der geschenkte Gaul", den die Schauspielerin und Sängerin Hildegard Knef ihrer Autobiographie gab; ihr Leben betrachtete sie als von vielen Widrigkeiten durchzogenes Geschenk. In der Regel ist die gedankliche Voraussetzung bei der Anwendung des Sprichworts das einseitige Geschenk, das nicht direkt nach Gegengabe verlangt. Ein derartiges Geschenk, dem die Attribute der Freiwilligkeit und Großzügigkeit eigen sind, darf nicht allzu kritisch bewertet werden. In dem dahingeworfenen „Geschenkt" im Rahmen eines Alltagsgesprächs für etwas, das so bedeutungslos ist, daß es nicht der Rede wert ist, wird diese Attitüde verallgemeinert (Meidinger-Geise).

Die Rede vom geschenkten Gaul kann noch einen weiteren Aspekt der Geschenkpraxis treffen. Beim Schenken kann stets auch der Verdacht mit im Spiele sein, in dem Sinne getäuscht worden zu sein, daß die Gabe oder Gegengabe mit dem Versuch der Übervorteilung verbunden wurde. Dabei ist keinesfalls notwendig die symmetrische oder ausbalancierte Reziprozität – eine Grundannahme der Austauschtheorie – gedanklicher Hintergrund. Es geht nicht so sehr um den Umfang eines Gegengeschenks, der offensichtlich geringer ist als die ursprüngliche Gabe, sondern darum, daß ein Wert oder eine Gleichwertigkeit vorgetäuscht wird, die nicht gegeben sind. Solche Täuschung wird in der Praxis dadurch erleichtert, daß es als unschicklich gilt, das Preisschild am Geschenkgegenstand zu belassen. Das wiederum hat sicher auch damit zu tun, daß zwischen der sozialen Ökonomie des Geschenks und der Marktökonomie, aus der das Geschenk meist kommt, eine deutliche Trennung sichtbar gemacht werden soll. Was mit der Offenlegung des Preises an „Zauber" vom Geschenk abgezogen wird, konnte man übrigens beim Schenken in der ehemaligen DDR beobachten. Auf vielen Geschenken war der EVP, der von Rostock bis Suhl geltende Einheitsverkaufspreis, eingedruckt. Hatte man ihn beseitigt, war das Geschenk oft leicht lädiert. Und angesichts des recht einfach durchschaubaren Systems der Einheitsverkaufspreise in einem relativ wenig differenzierten Warenmarkt wußte man ohnehin oft, was der Gegenstand gekostet hatte. Täuschungsversuche sind auf einem Markt mit einem überkomplex gewordenen Warenangebot leichter und in vielen Fällen auch kaum nachweisbar, obwohl der Konsument feine Antennen für besondere Qualitäten entwickelt und die Hersteller mit kleinen Zeichen durchaus Hinweise auf den Wert eines Gegenstandes geben. Aber es kann durchaus vorkommen, daß der Beschenkte erst nach geraumer Zeit, wenn ihm auf dem Warenmarkt ein geschenkter Gegenstand wiederbegegnet, Wert und Unwert eines Geschenks feststellen kann. Im Zusammenhang mit den eben genannten „feinen Antennen" mögen einige Zeilen aus der SPIEGEL-Dokumentation „Outfit 3" aufschlußreich sein, obwohl sie sich nicht auf Schenken, sondern auf das Tragen von Kleidern beziehen: „Der ‚wahre Kenner' bedarf nicht des Etiketts, um ein luxuriöses Kleidungsstück zu erkennen, ihm genügen kaum merkliche Besonderheiten in Stil, Material und Machart. Das führt zum Teil soweit, daß die Etiketten entfernt werden" (S. 15). Für den Geber, dessen Geschenk einen höheren Wert vortäuscht, besteht also fast immer das Risiko, daß sein Täuschungsversuch entdeckt wird. Das kann für seinen Status wie für die Beziehung zum Beschenkten negative Folgen haben. Am ehesten akzeptabel ist eine solche Haltung noch im Bereich der beruflichen, insbesondere der geschäftlichen Beziehungen. Hier kann davon ausgegangen werden, daß das Gegenüber seinen Vorteil sucht. Aber allzu hoch darf das Ausmaß des Vorgetäuschten nicht sein, denn auch in diesem Lebensbereich ist es erwünscht, mit einem aufrichtigen Partner zusammenzuarbeiten. Wie sehr aber beim Geschenkverhalten im Wirtschaftsbereich, wo der Austausch von Geschenken vor allem im Bereich des Handels immense

Dimensionen erreicht hat und als Mittel der Beeinflussung wie der Aufrechterhaltung der Geschäftsbeziehungen eine wichtige Rolle spielt, eine auch sonst stets gepflegte Optimierungsstrategie besteht, zeigt ein Blick in Kataloge mit Geschenkartikeln, die beruflich ausgetauscht werden. Hier wird oft mit der Differenz von hohem Aussehenswert und niedrigem Preis geworben.

Schenken läßt sich also von verschiedenen Seiten her beurteilen; es hat die zwei Seiten einer jeden Medaille. Neben den unbestreitbar positiven Aspekten gibt es auch die unangenehmen, die dunklen. Wie man primär diese zweite Seite sehen kann, zeigt eine Untersuchung, die 1991 am Institut für Haushalts- und Konsumökonomik der Universität Hohenheim von Gerhard Scherhorn durchgeführt wurde.[30] Der pessimistische Überblick über das Schenken setzt an der durchaus richtigen Beobachtung an, daß Schenken „unter dem Druck von ... gesellschaftlichen Zwängen" (S. 1) stehen kann. Ergänzt werden soll, daß dadurch möglicherweise Stress entsteht. Es gibt Geschenkstress: Geschenkstress vor Feiertagen, Stress auf Grund der Menge der zu besorgenden Geschenke und bezüglich der konkreten Gegenstände. Diese Phänomene sind übrigens nicht neu, wie ein Blick in den Jahrgang 1888 der Zeitschrift „Gartenlaube" zeigt:

> „Das schöne poesie-verklärte Fest mit seinem Tannenduft und seinem Lichterglanz nähert sich wieder; aber in die kindliche Vorfreude, die wir schon empfinden, in die selige Gebestimmung drängen sich auch wieder die alten Sorgen: Was schenken wir unseren Lieben? Was kaufen wir unseren Freunden? Wie bewältigen wir am besten die Pflichtgeschenke, denen wir uns nicht entziehen können? Mancher arme Teufel, der froh wäre, wenn er seinem kleinen Mädchen ein Paar tüchtige Schuhe auf den Weihnachtstisch stellen könnte, wird bitter lächeln, wenn er von unseren ‚Sorgen' hört – und doch sind es Sorgen, und wir atmen erleichtert auf, wenn wir das Kapitel erledigt haben" (nach: Weber-Kellermann, Weihnachtsfest, S. 75).

Und in der Tat ist es oft schwierig, in einer Überflußgesellschaft, in der „jeder schon alles hat", noch etwas zu finden, das überrascht. Zeitschriftenartikel wie der von Katrin Lütkemeyer „Geschenke in letzter Minute" oder das „Geschenkbuch" von Klaus Fritz sind vor dem Hintergrund solcher Situationen zu sehen. Die Autoren legen für solche Zwangslagen einen Schwerpunkt auf technische Spielereien, von denen jeweils Neuentwicklungen zu verzeichnen sind, die tatsächlich verblüffen können. So empfiehlt etwa zu Weihnachten 1993 Lütkemeyer – wohl für den Schenkenden mit gutgefüllter Brieftasche – einen tragbaren Rechner, auf den man mit einem Stift schreiben kann, oder die Armbanduhr mit eingebautem Cityruf. Und ein letztes Mal Wasser auf die Mühlen von Gerhard Scherhorn: Es ist schon ein Stück Terror des Geschenkgedankens im Spiel, wenn man sich – um Geschenkstress zu vermeiden – nach dem Ratschlag von Klaus Fritz richtet, „von Zeit zu Zeit Geschenke auf Vorrat zu kaufen" (S. 7), sozusagen bei jeder sich bietenden Gelegenheit daran zu denken: Das könnte ich doch x oder y anläßlich von z schenken.

Aber daß über solche unbezweifelbaren Belastungen hinaus die zeitgenössische Geschenkpraxis praktisch in Bausch und Bogen abgetan werden kann, liegt an der einleitenden Festlegung Scherhorns:

> „Schenken ist ein beglückender Ausdruck menschlicher Zuwendung, wenn es von Herzen kommt – wenn es ein selbstbestimmtes, von innen kommendes Zeichen der Zuneigung oder Verbundenheit, der Dankbarkeit oder Höflichkeit und nicht zuletzt auch der Hilfsbereitschaft ist. Doch wann kann es wirklich von Herzen kommen? Wenn man beim Schenken unter dem Druck von Gewohnheiten und menschlichen Zwängen steht, mag das Geschenk zwar immer noch als Zeichen menschlicher Zuwendung gelten. Aber es ist dann gesellschaftlich geregelt und veranlaßt" (S. 1).

Das Menschenbild, das hinter diesen Vorstellungen steht, besteht aus dem Idealisieren der spontanen und individuellen Seite des Seins. Wie unsinnig diese Auffassung ist, wird man noch deutlicher feststellen können, wenn man statt „Geschenke" in solche Ausführungen einfach die Komponente „eheliche Beziehungen" setzt. Ließe man in dieser zuletzt genannten sozialen Form nur das Spontane gelten und würde man jede gesellschaftliche Regelung ablehnen, wäre diese fundamentale Einrichtung praktisch funktionsunfähig. Hinter Scherhorns Vorstellungen kann man eine grundsätzliche Kritik an Institutionen feststellen, die deren – wie es Arnold Gehlen formuliert hat – „wohltätige Fraglosigkeit oder Sicherheit" und „lebenswichtige Entlastung" (Gehlen, Mensch, S. 72) geringschätzt.

Die in dem einleitenden Statement von Scherhorn enthaltene Hochsicht entwertet jede Gabe, die zu den traditionellen Geschenkzeiten gegeben wird. Diese ist nach Ansicht des Autors ebenso Ausdruck diffuser Angst wie die Situation, daß man sich ohne Geschenk unsicher fühlt (S. 4). Wenn man mehrere Geschenke schenkt oder Wert darauf legt, daß das Geschenk „nach etwas" aussieht, bedeutet das nach Scherhorn „Kontrolle über andere". Wenn man sich Gedanken über den Umfang des Geschenks und dessen Verpackung macht, soll das auf „unsichere Beziehungen" schließen lassen. Und wenn man das Selbermachen ablehnt und auf „etwas Luxus" schaut, ist das „Selbstverwöhnung mit Gütern" (alles S. 5). Es folgt der übliche kulturkritische Seitenhieb gegen die moderne Warenwelt, und danach wird folgender Zusammenhang konstruiert: „Menschen, die ihr Herz in besonderem Maße an Güter hängen, haben gewöhnlich Schwierigkeiten, sich selbst so zu akzeptieren, wie sie sind, und suchen im Kauf und Besitz eine Stütze für ihren unsicheren Selbstwert" (S. 6). Und am Schluß dieser Philippika unter dem Tarnkleid einer empirischen Untersuchung steht dann: „Gekaufte Geschenke sind dann attraktiver als selbstgemachte, das Auspacken von Geschenken ist dann befriedigender als das menschliche Miteinander, Festtage werden dann zusehends weniger als Gelegenheiten zu Besinnung und Begegnung behandelt, das Austauschen von Geschenken wird zum Gegenstand fester Erwartungen, zu einer geregelten Pflicht" (S. 11).

Werden bei Scherhorn nicht falsche Alternativen aufgebaut? Ist damit ein mit viel Liebe und Überlegung gekauftes Geschenk nicht entwertet (Fritz, S. 24)? Kann beim Auspacken von Geschenken nicht eine Beziehung in besonderer Weise aktualisiert und intensiviert werden? Bezüglich der häufig vorkommenden Favorisierung spontaner Geschenke führt Paul Tournier aus:

> „Hüten wir uns immerhin, auf zu sehr absolute und vereinfachende Weise das spontane Geschenk dem Gewohnheitsgeschenk gegenüber zu stellen, als ob der Sinn für das Persönliche nur mit dem ersteren verbunden wäre und dem letzteren fehlte. Denn der Begriff der Person umfaßt gleichzeitig sowohl den Begriff der Bejahung seines Selbst, seiner Neigungen und seiner persönlichen Entscheidungen, wie auch den Sinn für Gemeinschaft, für menschliche Solidarität, die den Individualismus ausschließt. Nun, das konventionelle Geschenk ist ein Zeichen der Gemeinschaft" (S. 50).

Damit ist nichts gegen spontane Geschenke gesagt. Aber: Würde man aus den Festtagen, in denen der Lauf der Zeit zum Stillstand kommt, nicht viel an Zauber abziehen, wenn man das Schenken einstellen würde? Sind nicht Geschenke ebenso wie Religion, in der das Rituelle als absolut Erwartbares einen Kern bildet, elementare soziale Bindemittel (S. 52)? Würde unsere Welt nicht grauer, bestünde nicht die Gefahr, daß wir unsere Beziehungen weniger materialisieren würden. Wahrscheinlich benötigen wir dieses Materialisieren, denn wir sind auch Sinneswesen. Vielleicht erklärt sich von dieser Seite unseres Menschseins auch, daß der Soziobiologe Edward O. Wilson Schenken zu den Merkmalen zählt, die allen Menschen eigen sind (S. 27). Wie dem auch sei: Ich bleibe bei dem ersten Satz dieses Buches: „Schenken gehört zu den eher freundlichen Seiten unseres Lebens", und ich füge ganz bewußt hinzu: „auch in der heutigen Zeit".

Kollektiv- und Einzelgeschenke

Eine Einteilung, die genuin soziologisch ist, ist die entsprechend der Größe der Einheit, die schenkt oder geschenkt wird. Es geht um die grobe Einteilung in Einzel- oder Kollektivgeschenke (Eichler, S. 47f.). Dabei sollen die an den potlatch und andere an Mauss' Darlegungen gemahnenden Geschenke umfangreicher Kollektive aus unseren Überlegungen ausgespart bleiben.

Kollektivgeschenke können in drei Formen auftreten. Zunächst können Kollektive einzelnen schenken. Aus dem von David Cheal im kanadischen Winnipeg gesammelten Material geht hervor, daß 60% aller von ihm erfaßten Geschenke im Namen mehrerer Personen gegeben wurden; diese hohe Rate ist damit zu erklären, daß Ehepaare oft gemeinsam schenken (Gift, S. 114). Beim Kollektivgeschenk, handelt es sich heute also in der Regel um das Geschenk eines Kollektivs an einen einzelnen, auch von Geschwistern an ein Elternteil, von Kollegen an einen Jubilar, von einer Schulklasse an einen Lehrer. Dann können einzelne an Kollektive schenken, was allerdings seltener vorzukommen scheint. Bei Cheal waren nur 11% aller Geschenke für mehrere Personen bestimmt (S. 114). In diesem Zusammenhang kann auf den sogenannten Einstand bei Antritt einer neuen Arbeitsstelle hingewiesen werden. Das ist auch ein gutes Beispiel dafür, wie durch ein Geschenk eine neubegonnene soziale Beziehung intensiviert werden soll. Und dann kommt noch die Form der Gabe von Kollektiv zu Kollektiv vor. Das reicht vom Geschenk mehrerer Kinder an ihre Eltern bis zum Wimpelaustausch zwischen zwei Fußballmannschaften.

Bei Cheal ist die Abneigung dokumentiert, sich an einem Gemeinschaftsgeschenk (z.B. für einen ausscheidenden Kollegen) zu beteiligen (S. 84f.), u.a. weil durch eine solche Beteiligung der soziale Bezug des einzelnen zu dem zu Beschenkenden verwischt wird. Die Beteiligung gibt weiter nicht die Möglichkeit, sich selbst im Geschenk auszudrücken. Und der Gruppendruck, sich am Geschenk zu beteiligen, zieht ferner die Freiwilligkeit ab, die viele mit einem Geschenk verbinden und die es in ihren Augen wertvoll macht. Allerdings darf die Präsentation solcher Überlegungen nicht in dem Sinne mißverstanden werden, als sei das Kollektivgeschenk als etwas Zweitrangiges oder gar Minderwertiges zu betrachten. Gerade die Herstellung eines Gruppenkonsens' ist etwas gegenüber dem Einzelgeschenk Zusätzliches. Im Kollektivgeschenk materialisieren sich nicht nur die Beziehungen zwischen Kollektiv und einzelnem, sondern auch die Beziehungen in der Gruppe (Wuthnow, S. 299), die ja gegenüber dem selbständig existierenden Individuum durch Kollektivakte immer wieder hervorgebracht werden muß. Und natürlich partizipieren Kollektivgeschenke an allen weiteren Charakteristika von Geschenken wie etwa Identitäts- und Gefühlsbildung, denn auch Kollektive besitzen Identitätsmerkmale und entfalten eine allen Mitgliedern gemeinsame Gefühlslage.

Dienstleistungen und immaterielle Geschenke

Unter den Geschenken sind die materiellen von überragender Bedeutung. Daneben werden von Mauss für archaische Gesellschaften genannt: „Höflichkeiten, Festessen, Rituale, Militärdienste, Frauen, Kinder, Tänze, Feste, Märkte ..." (S. 22). Ein Teil der genannten Geschenke läßt sich auf Materielles zurückführen. Das gilt für Festessen oder Gastmähler, ein in vielen Kulturen sehr wichtiges Geschenk (Laum, Wirtschaft, S. 25ff., 66ff.), bei denen das Arrangement wie die verzehrten Speisen und Getränke zentrale Bestandteile sind. Das französische Wort für Geschenk „cadeau" soll übrigens zeitweise die Bedeutung eines für Frauen gegebenen Festes gehabt haben (Bamberger, S. 146). Frauen, die zur Heirat oder zur zeitweiligen Ausübung des Geschlechtsverkehrs verschenkt werden, und Kinder, die oft als Geiseln dienen, haftet in Gesellschaften, in denen dies üblich ist, ebenfalls der Charakter des Materiellen an. Daß Frauen eine Gabe darstellen – nach Claude Lévi-Strauss „die höchste jener Gaben, die nur in Form gegenseitiger Gaben zu erhalten sind" (S. 124) – , sollte bei Europäern nicht allein ein Naserümpfen über so barbarische Auffassungen vom weiblichen Geschlecht nach sich ziehen. Denn ein solches Verständnis zeigt sich noch im protestantischen Vermählungsritus des angelsächsischen Raums, im Rahmen dessen der Brautvater die Braut zum Altar führt und er gefragt wird: „Wer gibt diese Frau, die verheiratet werden soll?" (Who giveth this woman to be married?); der Brautvater hat zu antworten: „Ich tue es" (I do) (nach: Hyde, S. 93).

Auf eine grundsätzlich neue Art des Geschenks, die durchaus von Bedeutung ist, verweist der Militärdienst. Hier geht es um den Einsatz von Zeit und Energie. Das ist schon eine Komponente des Festmahls. Damit haben wir eine Art von Geschenk vor uns, das auch heute noch eine Rolle spielt. Es manifestiert sich in Zoobesuchen für Kinder oder im Theaterbesuch (inklusive des materiellen Aspekts des jeweiligen Eintrittsgeldes) und kann im Extrem ein Stück Zeit für Gespräche sein, das in unseren Tagen, wo viele Menschen unter einem vollgestopften Terminkalender leiden oder damit prahlen, ein wertvolles Geschenk sein kann. „Ich nehme mir einen ganzen Nachmittag Zeit für Dich", kann es heißen, denn normalerweise – so eine gängige Redensart – „habe ich keine Zeit zu verschenken". Solche immateriellen Geschenke, in denen neben Zeit stets auch Wohlwollen gegeben wird („jemandem eine Freude machen"), gibt es in erstaunlicher Spannweite. Arlie Russell Hochschild nennt etwa die Lebenssituation in einer Ehe, für die dem Partner Dankbarkeit gezollt wird, wenn er etwa in weibliche Berufstätigkeit einwilligt oder – wenn dies als angenehm empfunden wird – diese nicht fordert (Economy, bes. S. 100). Bezüglich des Geschenkcharakters bestenfalls ein Randphänomen sind sicherlich die in der Wissenschaft entwickelten und zur Zirkulation freigegebenen Erkenntnisse (Hyde, S. 79ff.); sie können allerdings dazu beitragen, daß die an den entsprechenden Ideen besonders interessierten Wissenschaftler Beziehungen aufnehmen. Kaum jemand wird dagegen Zygmunt Bauman widersprechen, wenn er schreibt: „Das größte Geschenk, das ein menschliches Wesen einem anderen anbieten kann, ist das Geschenk des eigenen Lebens" (S. 200). Und Georg Simmel sieht diese gesamte Person als Geschenk, wenn man vom Dank auf den Geschenkcharakter schließen darf. „... ja, nicht nur für das, was jemand überhaupt tut, danken wir ihm, sondern nur mit dem gleichen Begriff kann man das Gefühl bezeichnen, mit dem wir oft auf die bloße Existenz von Persönlichkeiten reagieren: wir sind ihnen dankbar, bloß weil sie da sind, weil wir sie erleben" (S. 444). Dieses Extrem von Geschenk ist aber anscheinend nicht von jedermann als solches verstehbar, zum Beispiel nicht von jenem Bankangestellten in dem französisch-italienischen Spielfilm aus dem Jahre 1982 „Ein pikantes Geschenk", dem die Kollegen anläßlich seiner Pensionierung den Charme eines Callgirls schenken und der dennoch am Schluß nach dem als Abschiedsgeschenk üblichen Lexikon fragt.

Wuthnow zählt viele der ehrenamtlichen Tätigkeiten, bei denen Menschen geholfen wird, zu den Geschenken: kostenloser Nachhilfeunterricht für Benachteiligte, Organisation von Selbsthilfegruppen, Mitgliedschaft in Vereinigungen wie der Feuerwehr oder dem Roten Kreuz (S. 89). Es ist zweifelhaft, ob man hier immer von Geschenken reden kann; am ehesten ist dies beim Nachhilfeunterricht der Fall, wo auch soziale Bindungen ins Spiel kommen; besonders ausgeprägt ist in allen Beispielen die Freiwilligkeit. Stärker ausgeprägt ist die soziale Dimension bei sogenannten Gefälligkeiten. Anthony Heath möchte die Gefälligkeiten (favours) von den Geschenken unterschieden wissen. Ihnen fehle nicht nur das Materielle, sondern auch das Symbolische und der institutionalisierte Anlaß (S. 149). Aber diese beiden letzten Züge können auch bei praktischen und von ihm sogenannten unerwarteten Geschenken fehlen, und es kann auch institutionalisierte Anlässe für Gefälligkeiten geben. Vor allem aber teilen Gefälligkeiten mit den Geschenken die soziale Dimension: Sie sind sichtbarer Ausdruck von Beziehungen. Im modernen Leben können Gefälligkeiten eine wichtige Gabe sein, die oft materiell ausgeglichen wird (Cheal, Gift, S. 43). Vor allem Nachbarschaftsdienste wie Hilfe bei Reparaturen, Beaufsichtigung von Haus oder Wohnung bei Abwesenheit, Mitnehmen mit dem Auto usw. gehören dazu. Eine der von Cheal befragten Personen brachte ihr Verhalten bezüglich der Weihnachtsgeschenke auf die Formel: „Wer mehr für uns macht, bekommt mehr, wer weniger tut, bekommt weniger" (S. 49). Es ist also nicht so, wie Heath annimmt, daß Gefälligkeiten stets auf Gegenseitigkeit beruhen (S. 149). Die bei Cheal wiedergegebene Formel zeigt eine gewisse Konvertibilität von Dienstleistungen und materiellen Geschenken. Aber in dem Wort „Gefälligkeiten" selbst klingen weitere Züge des Geschenks an, die wenigstens teilweise auch im englischen „favour" enthalten sind. Es sind dies sowohl die positive Selbstpräsentation („gefallen" im Sinne eines guten Eindrucks, den man vermitteln will) wie die Dimension der Zuwendung (*jemandem* einen Gefallen tun).

Materielle Geschenke

Die wichtigste Form des Geschenks ist aber eindeutig das materielle Geschenk. Von der antiken Philosophie – Vorrang der Welt der Ideen – über die christliche Tradition – „Suchet, was droben ist" – bis zur modernen Kulturkritik mit ihrer Anprangerung des Habenwollens besaß und besitzt das Materielle immer die Aura des Sekundären, des Suspekten, des Pejorativen generell. Die Idee, das Transzendente, das Sein gegenüber dem Materiellen, dem Irdischen und dem Haben waren und sind der Inbegriff des Primären, des Erstrebenswerten, des Guten. Dabei wird übersehen, daß das Materielle unser Leben fundamental gewährleistet und uns gefühlsmäßig ein Hier und Jetzt bereitstellt, in dem wir uns als wir selbst erfahren, das also unsere Identität zutiefst prägt und uns in überdauernden Gegenständen Sicherheit empfinden läßt. In dem Roman „Der unschuldige Millionär" von Stephen Vizinczey finden solche Gedanken dichterische Ausfaltung:

> „Dinge wachsen einem ans Herz. Dieses bemerkenswerte Phänomen läßt sich am besten als Teil des allgemeinen Alterungsprozesses beobachten. Je älter die Menschen werden, desto stärker hängen sie an ihren Sachen. Da ihre Leidenschaften, ihre Hoffnungen, ihre Zähne sie im Stich lassen, klammern sie sich um so mehr an das, was ihnen bleibt. Aber selbst die Jungen halten an den vorübereilenden Tagen fest, was sie nur können: Gibt es irgendwo ein Kind, das noch nie kaputtes Spielzeug aufbewahrt hätte? Jeder geliebte Gegenstand ist wie eine Fotografie, die einen unwiederbringlich verlorenen Augenblick einfängt. In den Dingen verkörpert sich etwas von den Jahren, die davonschweben und sich verlieren wie Rauch. Besitztümer sind Beweise, konkrete Zeugnisse all dessen, was verschwunden ist. Wenn man einem Menschen stiehlt, was er hat, stiehlt man ihm seine Vergangenheit und sagt ihm, er habe sein Leben nur geträumt" (S. 447).

Man „hängt" also an den Dingen, selbst der Pessimist Theodor W. Adorno spricht von der „Fühlung mit der Wärme der Dinge" (S. 47), und der eben zitierte Schriftsteller Vizinczey führt aus:

> „Doch manche Frauen, die bei der Rückkehr in ihr Haus oder ihre Wohnung feststellen, daß in ihrer Abwesenheit Einbrecher da waren, haben das Gefühl, vergewaltigt worden zu sein, und viele durchaus gesunde alte Menschen sterben, weil sie nicht über den Verlust irgendeines Gegenstandes hinwegkommen, der ihnen gestohlen worden ist. Offenbar waren sie mit diesen Habseligkeiten verbunden, die Dinge waren Teil ihrer psychischen Verfassung" (S. 447).

Diese enge Verbindung von Menschen und Dingen war in archaischen Gesellschaften sicher auch der mehr oder weniger bewußte Hintergrund dafür, daß dem Toten Gegenstände mit in das Grab gegeben oder mit ihm verbrannt wurden.

Nicht alle materiellen Dinge sind als Geschenke geeignet. Theodore Caplow sieht neben der Faßbarkeit noch die Kriterien „verpackbar" und „demonstrabel" als notwendige Kriterien an. Caplow fand diese Kriterien bei den von ihm erfaßten Weihnachtsgeschenken; neben Geld genügten nur Gutscheine für Zeitschriftenabonnements diesen Kriterien nicht (Christmas, S. 386). Wenn Geschenke solche Kriterien an sich nicht erfüllen, können Möglichkeiten gesucht werden, diese Kriterien, die stark an das Materielle gebunden sind, doch noch zu erreichen. Dazu ein Beispiel, das auch unter der Rubrik „Ausgefallene Geschenke" stehen könnte. Es geht um die sogenannte Sterntaufe, im Rahmen derer – so der Anbieter in einem Katalog für Geschenkartikel – man sich „einen Stern am Himmel aussuchen" kann, „dem Sie ... den Namen des Beschenkten geben können". Die Verleihung des Namens an den Stern wird mit einer eindrucksvollen Urkunde, die auch „mit dunkelblau lackiertem Rahmen im geschnittenen Passepartout" geliefert werden kann, demonstrabel gemacht. Übrigens sind in dem Werbetext zu diesem Geschenk eine Reihe von Attributen enthalten, die Geschenken generell zukommen sollen: Der Stern sei ein Geschenk „von hoher Symbolkraft und dauerhaftem Erinnerungswert", „ein absolut beeindruckendes ... Geschenk, das ... für Aufmerksamkeit sorgt". Überhaupt: Wenn man sich die Fülle der Möglichkeiten materieller Geschenke mit den von Caplow aufgeführten Kriterien vergegenwärtigen will, sollte man in die Kataloge der Geschenkhäuser schauen, in denen auf Hochglanz all das präsentiert wird, was man Geschäfts-„freunden" oder Mitarbeitern schenken kann. Von teueren Uhren bis zu Groschen-Kugelschreibern und -Feuerzeugen, vom geschmackvollen Designerporzellan bis zum Gartenzwerg, vom kleinen Schlüsselanhänger bis zum voluminösen Weinregal. Und natürlich Kalender, denn Kalender verschenken heißt – so der Text in einem Katalog – „1 Jahr lang preiswert werben".

Gekaufte versus selbstverfertigte Geschenke

Relativ häufig, besonders in Kreisen von Pädagogen wird Gerhard Scherhorn Konsens finden, wenn er das selbst verfertigte Geschenk dem Gekauften bei weitem vorzieht. William B. Waits führt folgende Vorzüge des selbstverfertigten Geschenks auf, die in US-amerikanischen Zeitschriftenartikeln dargelegt wurden (S. 20f.). Zunächst sei das „handmade item" einzigartig, eine Eigenschaft, die man besonders bei industriell gefertigten Artikeln nicht finden könne. Diese Einzigartigkeit, die zusätzlich ein Eingehen auf die Bedürfnisse und den Geschmack des zu Beschenkenden umfassen könne, spiegele die Einzigartigkeit der Beziehungen zwischen Geber und Bedachtem wider. Weiter schenke der Geber mit dem Geschenk über die Verfertigung etwas von seiner Zeit, die als Lebenszeit unwiederbringlich sei. Und zuletzt trage das selbstverfertigte Geschenk nicht das Odium eines anonymen Marktes. Trotz solch anscheinend eindeutiger Gewichtung: Am selbstverfertigten Geschenk scheiden sich die Geister. In einem Benimmbuch heißt es: „... die Mehrzahl selbstverfertigter Geschenke gehört zu den Greueln, die auf dem Gebiete des Schenkens verübt werden können" (S. 5). Klaus Frerichs, der dieses Zitat in einer Abhandlung verwendet, führt aus: „Selbstverfertigte Geschenke werden nur Kindern und Künstlern verziehen, vielleicht noch solchen, ‚die sich nichts anderes leisten können'" (S. 5). Und er bemerkt: „In der modernen Produkt-Kultur ist soviel Phantasie enthalten, daß die eigenbrötlerische Heimwerkelei fast immer dahinter zurückbleiben wird" (S. 5).

Trotzdem ist Selbstverfertigtes keineswegs völlig belanglos. Nach einer Allensbach-Umfrage vom Dezember 1990 gaben 44% der Bevölkerung an, in der Weihnachtszeit würden sie basteln oder sich mit Handarbeiten beschäftigen (Noelle-Neumann und Köcher, S. 185). 23% der Befragten stellen Weihnachtsgeschenke für Erwachsene und Kinder her. Und nach einer sample-Umfrage von 1992 liegt in 15% der Haushalte Selbstgebasteltes unter dem Weihnachtsbaum. Wie groß die Palette der selbstverfertigten Geschenke sein kann, wird aus dem „Geschenkbuch" von Klaus Fritz deutlich, das auf 15 Seiten 40 selbstgemachte Geschenke vorstellt, vom Gewürzstrauß über das Mini-Treibhaus und Holzbrettchen bis zu selbsthergestellten Medizin-Bonbons und Marmeladen (S. 40ff.). Vielleicht spielt das Selbstverfertigte tatsächlich eine größere Rolle in dem Geschenkprogramm, als der voreingenommene Autor, der allenfalls Texte selbst macht, wahrnimmt.

Symbolische versus praktische Geschenke

Die Frage, ob Geschenke prinzipiell praktisch verwendbar sein sollen, kann zu einem wichtigen, öffentlich diskutierten Problem werden und zu einer Art „Glaubenskrieg" führen. Anders läßt sich nicht verstehen, daß in den Vereinigten Staaten von Amerika – einem Land, das als vom Pragmatimus durchdrungen gilt – um die Jahrhundertwende eine „Gesellschaft zur Verhinderung unbrauchbaren Gebens" (Society for the Prevention of Useless Giving) ihre Arbeit aufnahm und viele Jahre fortführte, indem sie vor allem Öffentlichkeitsarbeit betrieb (Waits, S. 202). In Deutschland wünschen sich nach einer Umfrage des Instituts für Demoskopie Allensbach vom Dezember 1987 22% der Befragten „Dinge, die man nicht unbedingt braucht" und 43% „Dinge, die man braucht" (Noelle-Neumann und Köcher, S. 186). Cheal faßte diese beiden Kategorien schärfer und unterscheidet in diesem Sinne bei materiellen Geschenken symbolische und praktische (Gift, S. 131ff.). Symbolische Geschenke dienen sehr auffällig der Aufrechterhaltung, der Pflege und/oder der Verbesserung von sozialen Beziehungen. Sind die geschenkten Güter dauerhaft, sollen sie einer stets sich erneuernden Erinnerung an den Geber dienen. „... sie sind als Mementos höchst wirksam" (S. 132). Diese Funktion sollen auch die oben thematisierten Werbegeschenke erfüllen. Zum Service aller Geschenkhäuser gehört das Anbringen des Firmennamens an dem zu verschenkenden Gegenstand.

Symbolische Geschenke sind bisweilen von fragwürdigem Geschmack. Sicher besitzen die meisten Leser Gegenstände, an die sie bei diesem Hinweis denken können; besonders auf Glas- und Porzellanwaren trifft diese Kennzeichnung oft zu. Und man weiß häufig nicht, wo man solche Geschenke unterbringen soll; die Gefühle pendeln zwischen Pietät vor dem Schenkenden und Abscheu vor dem Geschenkten.

Eine Kette von sogenannten Geschenkhäusern hat sich das im Firmensignett stets präsente Motto „... nützliche Geschenke, die Freude bereiten" gegeben. Die Nützlichkeit ist also durchaus ein Attribut von Geschenken, mit dem geworben werden kann und das folglich als attraktiv angenommen wird. Aber die Nützlichkeit genügt nicht; in der Reaktion der Freude ist der der andere, das Für-Dich mitgedacht. Nützlichkeit heißt auch: Man schenkt nicht irgendwelchen nutzlosen Plunder. Hier scheint für Deutschland nicht zu gelten, was Claude Lévi-Strauss für Geschenkhäuser in romanischen Ländern festellte, daß dort das Angebot vornehmlich aus Gegenständen „nicht unmittelbar nützlichen Charakters" (S. 111) besteht. Dennoch kann man angesichts der „Renner" innerhalb des Sortiments Zweifel an der Nützlichkeit der Geschenke anmelden. Nach Angaben der Firmenleitung wurden 1993 und 1994 folgende Artikel besonders häufig verkauft: Glasschalen, Duftöle für Tischlampen, Duftblumen, Plüschtiere, Kunstblumen und Kerzen sowie Artikel aus Serien, in denen vom Kalender über den Aschenbecher bis zu Tassen und Socken sich wiederholende Figuren eine lustig gemeinte Botschaft verkünden. Vielleicht stimmt doch Lévi-Strauss' Feststellung auch für Deutschland.

Während es symbolische Geschenke ohne praktischen Wert gibt, haben praktische Geschenke in der Regel auch symbolischen Wert. Dennoch ist der Gebrauchswert bei der Zuordnung entscheidend. Der Gebrauchswert bringt den Aspekt des direkt Rationalen ins Spiel; „direkt rational" deshalb, weil auch symbolischen Geschenken indirekt solche Momente innewohnen können, wenn sie z.B. aus Berechnung gegeben werden; beim praktischen Geschenk liegt das Rationale in der Verwendung. Dennoch werden oft auch bei praktischen Geschenken Grenzen des Rationalen sichtbar. Bei bestimmten Gelegenheiten, vor allem bei Hochzeiten, können Gegenstände auch mehrfach geschenkt werden, so daß bei den überzähligen Gegenständen der praktische Wert aufgehoben wird. Kanalisiert man eine erwartete Geschenkflut noch über Geschenklisten, dann ist auch das Problem der Duplizität, Triplizität usw. beseitigt. Bleibt noch das Problem des Aussehens des Gegenstandes, das sich dann nicht stellt, wenn einfach nur die Funktionen berücksichtigt werden. Aber auch dieses letzte Problem ist aufgehoben, wenn statt eines Gegenstandes Geld geschenkt wird. Geld ist das praktische Geschenk schlechthin. Aber ihm fehlen der Symbolcharakter und das Moment der Erinnerung weitgehend, die sich noch an den trivialsten Gegenstand heften können. So ließe sich folgender Zusammenhang herstellen: Je rationaler, dem praktischen Wert entsprechend die Geschenkwahl vor sich geht, um so mehr schwinden die Chancen für symbolische Dimensionen.

Allerdings sind die vorangegangenen Darlegungen über die Grenzen sinnvollen Schenkens zu relativieren. Der moderne Warenmarkt ist in sich ungeheuer differenziert. Das eröffnet unübersehbar viele Möglichkeiten in der Geschenkauswahl. So ist es auch in sich plausibel, wenn in Cheals Untersuchung eine ältere Frau 44 Geschenke auflisten kann, die sie innerhalb eines Jahres weitergegeben hat und von denen sich keines wiederholte (Gift, S. 76). Angesichts dieses Tatbestands ist auch die kulturkritische Äußerung des bekannten Ethnologen Claude Lévi-Strauss nicht haltbar, nach der es anläßlich des Weihnachtsfestes zu einer ungeheuren Verschwendung von Reichtum komme, die u.a. auch darauf beruhe, daß es aufgrund der beschränkten Möglichkeiten der Geschenkauswahl zu häufigen Duplikationen käme, einzelne Gegenstände also gar nicht in der Menge benötigt würden, wie sie geschenkt würden (S. 112).

Persönliche versus konventionelle Geschenke

Eine Unterscheidung von Geschenken, die im Alltag mehr oder weniger bewußt wahrgenommen wird, ist die nach persönlichen und konventionellen Geschenken. Konventionelle Geschenke werden bevorzugt an Personen gegeben, die relativ fremd sind und deren Vorlieben man daher nicht kennt. Da konventionelle Geschenke Gegenstände sind, über deren Geschenkcharakter soziale Übereinstimmung besteht, kann man nur schwer etwas „falsch machen". An nahestehende Personen werden sie gegeben, wenn die Geschenkphantasie ausgegangen ist oder wenn man annehmen kann, mit einem konventionellen Geschenk die persönliche Vorlieben eines zu Bedenkenden zu treffen. Colin Camerer bezeichnet Süßigkeiten, insbesondere Schokolade, sowie Alkoholika, Blumen und Schmuck als konventionelle Geschenke (S. 196). Soeben wurde bemerkt, daß man mit solchen Geschenken nur schwer etwas falsch machen könne. Das ist zu relativieren. Abgesehen von der fragwürdigen Aufnahme des Schmucks in diese Liste, muß in der Konkretion des Geschenks doch etwas von der Eigenart, der Identität des Beschenkten zu verspüren sein. Um ein Beispiel zu nehmen: In der Art der Spirituosen gibt es Anspielungen auf die Geschlechter, und es dürfte als unpassend – wenn es nicht ein spezieller Wunsch sein sollte – empfunden werden, wenn man einer Frau Wodka oder einem Mann einen süßen Likör schenken würde. Noch subtiler ist die Sprache der Blumen, auf die unten noch einmal detailliert eingegangen wird.

Gerade an konventionellen Geschenke lassen sich weitere Unterteilungen von Geschenken demonstrieren. Man kann nämlich Geschenke auch danach unterscheiden, ob sie verderblich oder nicht verderblich sind. Blumen (wenn man sie nicht trocknen will) und zum Teil auch Süßigkeiten sind verderblich, Alkoholika und Schmuck sind es nicht. Eine weitere Unterteilung ist die in „verzehrbar" und „nicht verzehrbar". Bevor eingehend die verzehrbaren Geschenke erörtert werden sollen, ist noch darauf hinzuweisen, daß nur nicht verderbliche und nicht verzehrbare Gegenstände der wichtigste Fall eines dauerhaften Memento sind, das durch ein Geschenk konstituiert wird.

Lebensmittel als konventionelle Geschenke

Die Bedeutung der Lebensmittel im Geschenkaustausch ist und war immer groß gewesen. Auch die sprachliche Herkunft des Wortes „schenken" verweist auf diesen Geschenkgegenstand. Dazu Jacob Grimm: „der anziehendste ausdruck wird aber das Wort *schenken* selbst, welches eigentlich fundere, infundere aussagend ganz allgemein in den abgezogenen sinn von donare übergetreten ist; der brauch gästen und dürftigen einzuschenken musz so alt und verbreitet gewesen sein, dasz dadurch der begriff des gebens überhaupt wo nicht verdrängt, doch entschieden bestimmt werden konnte" (S. 179, Hervorh. d. G.). Die Vorstellung von Lebensmittel kann auch auf andere Geschenkgegenstände übertragen werden. Der Austausch von Armbändern und Halsketten beim berühmten Kula-Ring, auf den wir an anderer Stelle (s.S. 14) schon eingegangen sind, wird vom Geber mit den Worten begleitet: „Hier, etwas Nahrung, die wir nicht essen konnten" (nach: Hyde, S. 9).

Lebensmittel, Speisen wie Getränke, sind häufige Geschenke (Laum, Wirtschaft, S. 25ff.), denn sie sind als „Lebens-Mittel", als Mittel zum Leben, wichtige Dinge an sich. Der Ethnologe Marshall Sahlins schreibt: „Essen ist lebensspendend, unbedingt notwendig, symbolisiert normalerweise ‚Herz' und ‚Heim', wenn nicht gar ‚Mutter'" (S. 215). Konsumiert der Beschenkte ihm gegebene Lebensmittel, so nimmt er im Gedenken an den Geber diesen mit zu sich. Diese Überlegungen lassen sich leicht auf stimulierende Lebensmittel anwenden, bei denen der Geber mit in den Stimulationseffekt einbezogen werden kann, was sich wiederum auf die Beziehungen zum Schenkenden auswirkt. Daß solche Überlegungen nicht zu einem dubiosen Psychologismus führen müssen, zeigt, daß die Idee der religiösen Kommunion, einschließlich der christlichen, dieses Element des Einverleiben des anderen kennt und daß diese Vorstellungen ohne weiteres in verschiedenen Kulturen akzeptiert werden. Und wiederum bei der christlichen Kommunion zeigt sich, daß mit dem Wein ein Stimulationsmittel einbezogen wird, das diese Verbindung erleichtert.

Lebensmittel werden in vielen Gesellschaften rund um den Erdball als Geschenk gegeben. Besonders beim Zusammentreffen mit Freunden, erwartet oder unerwartet, sind sie üblich (Eibl-Eibesfeldt, Liebe, S. 212ff.). Auch beim ersten Zusammentreffen mit Fremden kann dies vorkommen. Arnold van Gennep schreibt: „Der Brauch, Nahrungsmittel auszutauschen, ohne ein gemeinsames Mahl einzunehmen, gehört in die sehr weite Kategorie des Gabentauschs. Ein solcher Gabentausch hat eine unmittelbar verpflichtende Wirkung: ein Geschenk von jemand akzeptieren heißt, sich an ihn binden" (S. 37).

Nicht alle Lebensmittel sind heute in gleicher Weise als Geschenk geeignet. So darf man (außer in Notzeiten) nicht etwa ein Pfund Zucker oder eine Flasche Pflanzenöl als Besuchsgeschenk mitbringen, aber etwa Lachs und Champagner. In einer Werbebeilage einer überregionalen Tageszeitung heißt es: „Geschenke für Geschäftsfreunde ... mit königlichem Salm direkt aus dem Rauch legen Sie Ehre ein". Geschenkgeeignet sind Lebensmittel, denen das Außergewöhnliche anhaftet, das, „was man sich nicht selbst kauft". Das ist ein wichtiges Kriterium angesichts eines Warenmarktes, innerhalb dessen man sich theoretisch (fast) alles kaufen könnte, wenn man Geschenkgeeignetes von Geschenkungeeignetem scheiden will.

Unter den konventionellen Geschenken wurden als Lebensmittel Süßigkeiten und Alkoholika genannt. Beiden ist ebenfalls gemeinsam, daß sie nicht zu den „normalen" Lebensmitteln zählen. Sie sind außergewöhnlich, sie sind mehr als Lebensmittel. Sie weisen jene Schwebe zwischen Nützlichem und Überflüssigem auf, die Ludwig Bamberger für Geschenke angemahnt hatte (s. S. 32). Bei Alkoholika wird das auf den ersten Blick sichtbar. Sie sind mehr als Durstlöscher. Sie sind das in unserer Gesellschaft erlaubte Stimulantium schlechthin. Man kann mit ihnen der Alltagswelt entrinnen. Sie bringen den Trinkenden in Situationen, in denen extreme Stimmungslagen (von Euphorie bis Niedergeschlagenheit) auftreten können und in denen man auch die Kontrolle über sich verlieren kann. Letzteres macht Alkoholika zu einem Geschenk, dem das Riskante anhaftet und das von daher seinen Reiz bezieht.

Aus der SPIEGEL-Dokumentation „Prozente 5" lassen sich Angaben über das Schenken von Alkoholika entnehmen. 15% aus einer repräsentativen Auswahl von Westdeutschen über 17 Jahren haben 1990/91 nach eigenen Angaben in den letzten 6 Monaten Sekt oder Champagner zum Verschenken gekauft (S. 137, 140). Von hochprozentigen Alkoholika wurden unter den eben spezifizierten Bedingungen Weinbrand (7%), Likör (6%), Whisky (4%), Cognac und klarer Schnaps (je 3%) am häufigsten genannt (S. 85, 116, 81, 88, 110). Auf acht andere Arten von Spirituosen entfallen Anteile von je 1%, ebenso auf Apéritif, Portwein und Sherry. Für Wein liegen keine Daten vor. Aber die hier präsentierten Angaben zeigen schon deutlich die gewichtige Bedeutung von Alkoholika als Geschenk.

Ähnliche Züge, wie wir sie beim Alkohol vorfanden, hat der Soziologe Allison James in einer brillianten Analyse der Schokolade festgestellt. Er geht von der Beobachtung aus, daß in Großbritannien trotz des Propagierens gesunden Essens der Schokoladenverbrauch jährlich ansteigt. Der Umfang des Konfektmarktes übersteigt den bei Brot bei weitem, und folgt man mit James dem Ergebnis einer Befragung, so nehmen 95% der Briten täglich Schokolade zu sich (S. 672). Auch Schokolade hat den Beigeschmack des Außergewöhnlichen. Sie gehört nicht zu den normalen Lebensmitteln. Sie ist kein fester Bestandteil der Mahlzeiten. War sie in früheren Jahrhunderten das Konsumprivileg begüterter Kreise, so ist sie jetzt allgemein verfügbar, aber in Notzeiten gehört sie schnell zu den Mangelwaren. Der Autor dieses Buches, der in der Zeit während des 2. Weltkriegs aufgewachsen ist, hat seine erste Schokolade mit sieben Jahren gegessen, obwohl sie als Wort schon viel früher präsent war und für das Wunschbild „normaler" Zeitläufe stand. Denn Schokolade ist begehrenswert, gehört es doch zur menschlichen Grundausstattung, daß Süßes als ausgesprochen angenehm empfunden wird. Auch hat Schokolade etwas von dem Riskanten, das wir beim Alkohol fanden. Sie gilt nicht nur als ungesund, sondern ist ein Lebensmittel, das der Realisierung des gegenwärtigen Schlankheitsideals entgegensteht. Das erzeugt Ambivalenz gegenüber Schokolade. Auf der einen Seite steht der Wohlgeschmack, der so beeindruckt, daß er auf vieles andere Angenehme übertragen wird, das eben als „süß" bezeichnet wird. Das Englische, in dem Anreden wie „honey", „sugar" oder „sweetheart" alltäglich sind, geht mit dieser Metapher noch großzügiger um als das Deutsche. Auf der anderen Seite steht das Ungesunde, ja oft sogar Verbotene. Schon Kinder kennen früh diese Seite des Süßen. Ein 7jähriger Junge antwortete auf die Frage nach „bad things to eat" mit „sweets, pancakes" (S. 681). Die Werbung geht in vielfältiger Weise auf diese Ambivalenz ein. Ein relativ bekannter Werbespruch soll dies verdeutlichen, in dem die Schokolade einer bestimmten Marke als „die zarteste Versuchung, seit es Schokolade gibt" angepriesen wird. „Versuchung" meint eben diese Ambivalenz, den Reiz, der von einer verbotenen Sache ausgeht. Bisweilen wurden schon die Darstellungen von Süßem in diesem Sinne mit der Pornographie verglichen (S. 680).

Schokolade gibt es in vielfältigen Verarbeitungsweisen – in Form der Likörpraline kann man die beiden riskanten Geschenke in raffinierter Weise kombinieren – und in ganz unterschiedlichen Preisklassen vom Billigangebot bis zu luxuriösen Präsentationen. Geschenkt wird tendenziell das Teure oder durch spezielle Verpackung als geschenkfähig Ausgewiesene, also als das, was man nicht für den eigenen Verbrauch erstehen würde. Schokolade ist konventionell, man schenkt sie dann, wenn man nichts Besseres weiß. Schokolade schenkt man zu wiederkehrenden Anlässen; es hat sich etwa eingebürgert, zu Ostern Schokoladeneier zu schenken, die die Hühnereier weitgehend abgelöst haben. Auch der St. Nikolaustag am 6. Dezember ist ein Anlaß, vor allem Kindern Schokoladenartikel – natürlich vor allem Figuren des Heiligen oder seiner profanierten Form in Gestalt des Weihnachtsmannes – zu schenken. Und immer schenkt man etwas von dem Außergewöhnlichen mit, das der Schokolade innewohnt.

Was über Alkoholika und Schokolade ausgeführt wurde, läßt sich teilweise auf andere Genußmittel ausdehnen. Vor allem Tabak, seltener auch Kaffee (aber kaum Tee) haben den Ruch des Ambivalenten an sich, jenes Prickelnde, das aus dem Zwiespalt von Genuß und Schädigung kommt. Und auch um sie haben sich Präsentationsformen entwickelt. Das gilt für die Tabakdose, ein schon lange eingeführtes Geschenk, das in feudalen

Kreisen oft mit Juwelen geschmückt war, wie für die millionenfach verkaufte „Geschenkdose" in Kaffeegeschäften.

Schmuck als konventionelles Geschenk?

Camerer zählt Schmuck zu den konventionellen Geschenken. Dies ist fragwürdig. Schmuck, dem der Charakter des Seltenen und Außergewöhnlichen eigen ist, kann nur bei relativ engen persönlichen Beziehungen geschenkt werden. Aber Schmuck ist ein traditioneller Gegenstand des Schenkens, soweit es sich um Objekte aus Gold und Silber handelt. Es gibt viele Belege aus früheren Zeiten (Grimm, S. 196ff.), die sich jedoch fast alle auf die Oberschichten beziehen. Reiche Römer beschenkten sich zum Geburtstag mit Goldschmuck, insbesondere mit Ringen (Stuiber, Sp. 695). Grimm hat literarische Zeugnisse aus dem deutschen Sprachraum gesammelt, aus denen hervorgeht, daß Geschenke aus Edelmetall vor allem in Form von Ketten und Ringen gegeben wurden, und zwar in erster Linie an Frauen. Solches Geschenkverhalten, wenn auch nun alle Kreise der Bevölkerung einbezogen sind, gilt weitgehend noch heute. Diese Aussage wird nur unwesentlich dadurch eingeschränkt, daß es während der letzten Jahre in Deutschland vermehrt üblich geworden ist, daß Männer Hals- und Armketten tragen. Die Werbung für Schmuck wendet sich dementsprechend vor allem an Männer, die Frauen beschenken sollen. So war auch mir, einem männlichen Adressaten, (bezeichnenderweise vor Weihnachten) ein „Schmuck-Journal" (Collegium Cadoro) in luxuriöser Aufmachung zugesandt worden, aus dem einige Sätze zitiert und analysiert werden sollen (Pagination fehlt in dem Journal).

Der Ring wird im Sinne des in der vorliegenden Schrift leitenden Beziehungsaspekts als „Symbol von Liebe und Freundschaft", an anderer Stelle als „stärkstes Zeichen der Verbundenheit" beschrieben. Die Eigenart moderner Beziehungen soll der „Spannring, bei dem ein Diamant nur durch die Spannung des offenen Platinrings gehalten wird", symbolisieren. „Ring frei – darin liegt viel Hintergründiges: Offenheit, Unabhängigkeit und eine durch und durch spannende Beziehung zwischen zwei unterschiedlichen Elementen". Der Dank für ein solches Geschenk kommt in einem Photo zum Ausdruck, das ein Paar am Strand liegend zeigt; der Frau, die sich über den Mann beugt, werden die Worte zugeordnet: „Wir zwei. Ich hätte an diesem Tag die Welt umarmen mögen". Unterschwellig klingt hier schon der Aspekt der Machtausübung an. Ganz unverhohlen tritt dieser Gesichtspunkt in dem folgenden Zitat hervor, das sich auf eine Kette bezieht; es ist sowohl als feministische „Munition" wie als Beleg für die an anderer Stelle (s. S. 82f.) dargelegten soziobiologischen Äußerungen geeignet. „Seien wir mal ehrlich, schöner als so kann man Pretty Woman nicht an die Kette legen: halb Fessel, halb Herrschaftszeichen einer Königin".

Mit Edelmetallen ist eine ausgeprägte Symbolik verbunden. Jemand ist etwa „treu wie Gold". Ähnliches gilt für Juwelen als Bestandteil von Schmuck. So heißt es in dem Katalog zum Turmalin: „Ein sehr weiblicher Stein also. Mal blauer Engel mit schwarzer Seele, mal grüne Meerjungfrau ... Als Zeichen ewig weiblicher Koketterie und der Vielfalt femininer Verführungskunst". In dieser Aussage kommen auch die subtilen Möglichkeiten weiblicher Machtausübung zum Tragen. Mit folgendem Shakespeare-Wort dagegen wird wieder der Mann in dieser Hinsicht direkt angesprochen: „Juwelen sprechen oft mit stummer Kunst, gewinnen mehr als Wort des Weibes Gunst". Natürlich kommen in allen bisher präsentierten Zitaten auch die traditionellen Klischees von Mann und Frau zum Ausdruck. Überdeutlich wird das in einer Werbeaussage, mit der Männer aufgefordert werden, teuere Uhren zu kaufen: „Es ist immer schön, wenn starke Männer zeigen, daß auch sie schwach werden".

Zum Schluß noch einige, allerdings weniger aussagekräftige Angaben zum Verschenken von Schmuck, die mir vom Bundesverband der Juweliere, Schmuck und Uhrenfachgeschäfte mitgeteilt wurden. Bei einem Umsatz von 7,4 Milliarden DM, der im Facheinzelhandel erwirtschaftet wurde, entfiel über die Hälfte auf, wie es in der Fachsprache heißt, Edelmetallschmuck mit und ohne Steinbesatz. Dort wird vor allem der Erwerb zu Geschenkzwecken angenommen. Weiter wurde mitgeteilt, „daß ca. 32% bis 35% des Jahresumsatzes eines Facheinzelhandelsgeschäftes Uhren und Schmuck in den Monaten November und Dezember eines Jahres getätigt werden". Darin liegt ein deutlicher Hinweis auf Weihnachten als die Geschenkzeit schlechthin.

Blumen als konventionelles Geschenk

In den meisten Teilen der Welt erregten und erregen Blumen die besondere Aufmerksamkeit der Menschen (zum folgenden Goody). Durch Farbe und Form der Blüten einerseits und ihren Duft andererseits werden der Gesichts- wie der Geruchssinn angesprochen. Blumen wurden spätestens in den frühen Hochkulturen zur Parfumherstellung oder zur Odorisierung von Wasser genutzt, sie dienten weiter als Heilmittel, sie wurden im Rahmen religiöser Zeremonien verwandt (S. 8) sowie – und diese Aspekte werden hier in der Folge am wichtigsten sein – ganz profan zum Schmuck von Menschen sowie zur Dekoration von und in Gebäuden. Letzteres ist schon für Altägypten belegt (S. 39). Das so umrissene Interesse an Blumen führte dazu, daß diese nicht nur in der freien Natur gesammelt, sondern auch in Gärten angebaut wurden, und daß sich schon früh Züchtungsbemühungen auf sie richteten, deren Ziele größere Blüten, leuchtendere Farben und Vielfalt des Aussehens waren. Die Rose etwa und später die Tulpe waren bevorzugte Objekte solcher Bemühungen.

Der Schnittblumenstrauß ist heute die am häufigsten anzutreffende Form des Blumenarrangements. Dabei ist eine kulturspezifische Zahlensymbolik zu beachten. In Deutschland etwa gilt, daß die Zahl der Blumen ungerade sein soll; in Japan etwa darf man nie vier Blumen verschenken, denn das Wort „shi" meint sowohl „vier" als auch „Tod" (Geschenke). In weiten Teilen der Welt wurden Blumen aber vornehmlich zu Girlanden und Kränzen verarbeitet, mit denen Wohnungen, aber auch Personen geschmückt wurden. Letzteres gilt für Indien und Hawaii als typisch. Im Alten Griechenland wurden Blumenkränze zwischen Liebenden ausgetauscht oder Reisenden als Abschiedsgeschenk mitgegeben (S. 68). Und auch die ersten Zeugnisse über Blumengeschenke im Abendland beziehen sich auf diese Form des Arrangements.

Blumen sind in unserer Gesellschaft bei mehreren Gelegenheiten wichtige konventionelle Geschenke. Zunächst ist das bei Einladungen der Fall. Historisch scheint dieser Brauch in das 19. Jahrhundert zurückzugehen. Dabei ist die in Deutschland übliche Form, die Blumen zu Beginn des Besuchs zu überreichen, keineswegs selbstverständlich. In einem französischen Anstandsbuch von 1981 wird postuliert, die Blumen vor oder nach dem Termin der Einladung zu senden, um die Gastgeberin nicht zu stören (S. 313f.).

Während die Blumen anläßlich von Einladungen vor allem in westlichen Gesellschaften erst seit dem Aufstieg des Bürgertums eine Rolle spielen, gilt dies für die Blumen anläßlich einer Beisetzung nicht. Schon in altägyptischen Gräbern fand man Blumen in Form von Kränzen und Girlanden (S. 38f.). Blumen in Form des Grabschmucks sind auch das wichtigste Geschenk an die Verstorbenen selber, wobei die Sitte des Grabschmucks mit Blumen unterschiedlich verbreitet ist. Auf jeden Fall ist sie alt und schon für das Römische Reich belegt (S. 38). Als Faustformel im westlichen Kulturbereich kann dienen, daß in katholischen Gegenden eher Blumenschmuck gebräuchlich und verbreitet ist als in protestantischen (S. 277ff.). Doch dies ist eine sehr grobe Faustregel. So hat der Verfasser im österreichischen Vorarlberg einen katholischen Friedhof gesehen, auf dem die Gräber alle identisch mit reinem Grünbewuchs gestaltet waren. Und es wurde mir 1988 berichtet, daß der Pfarrer den von ihm unerwünschten Blumenschmuck eigenhändig über die Friedhofsmauer warf. Blumen spielen besonders bei den Totenfesten – Allerheiligen und Allerseelen (1. und 2. November) in katholisch und Totensonntag (ein später Novembersonntag) in protestantisch geprägten Gebieten – eine wichtige Rolle, die mit einem Besuch am Grabe begangen werden. Der dabei oft niedergelegte Blumenschmuck kann durchaus als Geschenk an die Toten gedeutet werden. Und es gibt Gegenden, in denen wie beim indianischen potlatch um das am prächtigsten geschmückte Grab gewetteifert wird. Die Friedhofsblume schlechthin ist in vielen Ländern die Chrysantheme, die als Herbstblume vor allem zum Fest Allerseelen in katholischen Gegenden die Gräber schmückt. Auch am Beispiel der Chrysantheme läßt sich die Kulturbezogenheit der mit Blumen verbunden Vorstellungen demonstrieren, denn in China gilt die Chrysantheme als Symbol für Fruchtbarkeit und langes Leben.

Geschenke werden meist zu Anlässen gegeben, mit denen Freude assoziiert ist. Blumen sind das Geschenk, das am ehesten mit unerfreulichen Situationen verbunden ist. Nach einer amerikanischen Untersuchung werden Blumen häufig anläßlich von Beisetzungen gekauft; am häufigsten werden sie jedoch im Zusammenhang mit einem Krankenbesuch erworben (Scammon u.a., S. 532; s. auch S. 168).

Auch bei dem Lebenseinschnitt der Vermählung spielen Blumen eine Rolle. Ob der Bräutigam den Brautstrauß schenkt oder die Braut ihn selbst kauft, ist regional verschieden. Der vor der Neuzeit obligatorische Blumenschmuck bei der Hochzeit war der Kranz von Braut und auch von Bräutigam, sehr oft aus Rosen- oder Orangenblüten geflochten (Goody, S. 158). Wichtig sind traditionell Blumen in der Zeit vor der Ehe. Vor allem Rosen sind Zeichen der Liebe. Und das erste Blumengeschenk, das ich dokumentiert fand, war in dem Carmina Burana (gegen 1300) das einer Rose, die ein Mädchen ihrem Liebsten schenkt (S. 157). Auch heute – im Zeitalter der Gleichberechtigung – wäre ein solches Geschenk ungewöhnlich. Blumen als konventionelles Geschenk „fließen" immer noch viel öfter von Männern zu Frauen als umgekehrt. Das war schon im 19. Jahrhundert so, wo allerdings ein Chronist vermerkt, daß sie meist an „andere als ihre Ehefrauen" (S. 220) adressiert waren. Auch heute sieht die Mehrzahl zumindest der englischen Frauen Blumen als das „am meisten romantische Geschenk" (S. 313) an.

Blumen sind zwar ein konventionelles Geschenk, können aber dennoch viel Gefühl „laden". Das zeigt sich auch an der Sitte, die ebenfalls schon für das 19. Jahrhundert belegt ist, nämlich Blumen den besonders geschätzten Protagonisten nach einer Theateraufführung zuzuwerfen oder zu überreichen. Die Palette der Gefühle kann vom Enthusiasmus über die Leistung bis zur persönlichen Zuneigung reichen.

Die einzelnen Blumenarten können spezielle Wünsche, Eigenschaften und Gefühle zum Ausdruck bringen, die ihnen kulturspezifisch zugeschrieben werden. Will man sie jemandem nahebringen, kann man sich des entsprechenden Blumengeschenks bedienen. Es ist zweifelhaft, ob heute noch jemand jenes breite Spektrum der Bedeutungen von Blumen parat hat, die ein 1584 zum ersten Mal veröffentlichtes englisches Gedicht ausbreitet.

„Lavendel steht für die Treue des Liebenden,
Rosmarin für Erinnerung,
Salbei für das leibliche Wohl (sustenance),
Fenchel für Schmeichelei,
Veilchen für Zuverlässigkeit,
Thymian, um mich zu versuchen,
Rosen, um mich zu beherrschen,
Lilien stehen für Freundlichkeit,
Nelken für Barmherzigkeit,
Ringelblume für Heirat,
Minze, um Deine Liebe festzumachen", ... (nach: Goody, S. 181)

In der bekanntesten deutschen Veröffentlichung, der Broschüre „Neueste Blumensprache" des Autors Richard von Helmhorst vom Anfang des 19. Jahrhunderts, ist folgende Zuordnung zu entnehmen:

„Aster: Wirst Du mir auch ewig treu bleiben, so wie ich Dir?
Butterblume: Ich gab Dir mein Herz, doch Du verschmähst es.
Diestel: Deine spitzen Reden durchschneiden mein Herz.
Fingerhut: Es geht nicht so geschwind!
Gänseblume: Ich sehe Dich gern.
Geranie: Heute Abend warte ich auf dich in der Gartenlaube!
Hortensie: Hast Du mich wirklich vergessen?
Jasmin: Wir wollen ewig Freunde bleiben.
Krokus: Laß mir acht Tage Bedenkzeit.
Lilie: Unschuld und Bescheidenheit wohnen in Deiner Brust.
Mimose: Du bist so empfindlich.
Zwiebel: Du bist mir zuwider." (nach: Fritz, S. 175)

Die Botschaft konkreter Blumen ist jedoch innerhalb einer Kultur nicht stets eindeutig. So soll die rote Rose Liebe signalisieren. Die rote Rose kann aber auch Symbol des Sozialismus sein (Goody, S. 295), in Deutschland haben sie die Jungsozialisten als Emblem gewählt, und weiter ist sie seit Mallarmés „Fleurs du mal" Zeichen der Grausamkeit.

Zuletzt sollen einige Zahlen präsentiert werden, die etwas von dem Ausmaß deutlich werden lassen, in dem dieses Geschenk eine Rolle spielt. Der Wert der Exporte allein von Schnittblumen soll 1987 weltweit über 2 Milliarden DM betragen haben. Hauptexporteure sind die Niederlande, Kolumbien, Israel, Italien, Spanien, Thailand, Frankreich und Kenia. 67,7% der Exporte gingen in das Gebiet der Europäischen Union, und davon über die Hälfte nach Deutschland (S. 228). 1992 soll nach einer Meldung in der Tagespresse jeder Westdeutsche 160 DM für Blumen ausgegeben haben; es wird geschätzt, daß die Hälfte der Blumen verschenkt wurde. Einen wichtigen Sektor des Blumenschenkens, in dem man weniger auf Schätzungen angewiesen ist, bildet die Vermittlung von Blumengrüßen über größere Entfernungen. Der weltweite Verband „Interflora" ist in 130 Ländern vertreten, und ihm sind 56 000 Floristen angeschlossen. 1988 wurden – wieder nach einer Zeitungsmeldung – 39,3 Millionen Blumensträuße vermittelt. Das Auftragsvolumen betrug 1,6 Milliarden Mark. Am bekanntesten in Deutschland ist der Fleurop Dienst. Er versandte über seine rund 10 000 Mitglieder 4,3 Millionen Sträuße, davon 126 000 in das Ausland.

Duftwässer und Körperpflegemittel als persönliches Geschenk

Duftwässer und Körperpflegemittel stehen mit dem zuletzt erörterten Geschenkgegenstand insofern in Beziehung, als sie die längste Zeit, in der sie vorkommen, aus Blumen hergestellt wurden. Noch heute kennt man Rosenöl, andere Blumendüfte, und oft tragen auch Duftwässer und Körperpflegemittel in ihrem Namen Bezeichnungen für Blumen.

Zu Duftwässern und Körperpflegemitteln liegen mir zwei Quellen vor. Die erste sind schriftliche und mündliche Mitteilungen eines sehr engagierten Mitarbeiters in einem Dachverband der Branche. Der Informant ging davon aus, daß „Kosmetikprodukte ... in der Regel an gut bekannte Personen verschenkt" werden. Kosmetikprodukte haben etwas mit der Haut zu tun, einer Körperdimension, die teils direkt intim ist und an den übrigen Stellen als Privatsphäre gilt. Man darf nicht jeden beliebigen anrühren. Wenn ich einem mir Unbekannten auf die Schulter tippe, um ihn auf etwas hinzuweisen, wird er mich zunächst das Erstaunen über dieses Eindringen in eine Tabuzone merken lassen, und erst danach wird das Erstaunen dem Verständnis auf das Hingewiesene weichen. Und ganz dementsprechend kann man nicht jedem beliebigen Duftwasser oder ein Körperpflegemittel schenken. Der Beschenkte muß einem relativ nahestehen; in der Praxis sind damit vor allem Ehepartner, Eltern und Kinder gemeint. Dazu kommt noch, daß oft mit einem solchen Geschenk noch eine weitere generell intime Dimension angesprochen ist: der Körpergeruch, der durch den Kosmetikartikel unterdrückt oder in eine bestimmte Richtung hin korrigiert werden soll. Das ist dann oft auch nicht mehr dem Geschmack des Schenkenden überlassen. „Meistens ist dann auch die Marke bekannt, die der Beschenkte benutzt", heißt es weiter in dem Schreiben. Beim Design etwa von Flacons ist oft daran gedacht, das Interesse von Schenkenden zu erregen. Auch aus der Tatsache, daß nur etwa 10% der Verpackungen in den Geschäften zurückgelassen werden, obwohl dies ohne weiteres möglich ist und entsprechenden Behältnisse gut sichtbar im Laden plaziert sind, wird geschlossen, daß ein hoher Anteil der gekauften Produkte verschenkt wird. Es wird weiter davon ausgegangen, daß der Erfolg einer großen Parfümeriekette durch „die üppigsten Geschenkverpackungen" mitbedingt sei, was auf die Bedeutung der Verpackung verweist (s. S. 149f.). Und dann heißt es noch: „Umsatzhöhepunkte im Parfümerie-Einzelhandel sind ‚Geschenkereignisse' wie Ostern, Muttertag und Weihnachten".

Die zweite Quelle sind Daten aus Untersuchungen zur Konsumforschung. 1993 wurde im Auftrag der STERN Anzeigenabteilung unter dem

Titel „MarkenProfile 5" eine repräsentative Befragung zur Häufigkeit des Verschenkens von Kosmetika und Körperpflegemitteln durchgeführt. Hintergrund dieser Befragung war die Bedeutung dieser Artikelgruppe für die Werbung in den Blättern dieses Verlags; die Untersuchungsergebnisse sind also in erster Linie ein Service für die Firmen, die Anzeigen „schalten" sollen. In den Rohergebnissen (S. 178f.) zeigt sich schon, daß Kosmetika und Körperpflegemittel wichtige Geschenkartikel sind: 59% der 10 079 Befragten schenkten – Grade der Häufigkeit außer acht gelassen – Eau de Cologne und Eau de Toilette, 60% Parfüm und 52% Rasierwasser. Weniger oft werden Sets verschenkt, die meist gerade zu Geschenkzwecken zusammengestellt sind: Nur 38% der Befragten verschenkten Sets mit verschiedenen Kosmetikprodukten, 31% Seifensets und 28% Rasierkosmetik-Sets. Daß man sich die Käufer wieder vor allem weiblich vorstellen muß, zeigen auch wieder diese Umfragedaten. Daß nur 38% der Männer, aber 66% der Frauen Rasierwasser schenken, mag angesichts eines gegengeschlechtlichen Geschenks noch einleuchten. Aber 66% der Frauen schenken Eau de Cologne oder Eau de Toilette und 63% Parfüm; bei den Männern lauten die entsprechenden Quoten 51 bzw. 58%. Gleichsinnig hohe Differenzen zeigen sich auch bei den verschiedenen Sets. Bildungsstand und Alter haben wenig Einfluß auf diese Art des Kaufverhaltens. Eine Ausnahme stellt die jüngste Altersgruppe (14 bis 19 Jahre) dar; ihr Anteil an den Käufern liegt deutlich niedriger als die Prozentsätze in allen anderen Altersgruppen.

Im Trend vergleichbare Ergebnisse zeigen Daten aus der SPIEGEL-Dokumentation „Outfit 3", die 1993/94 gewonnen wurden. 70% aller westdeutschen Befragten haben Duftwässer (ohne Rasierwasser) zu Geschenkzwecken gekauft, davon sind 74% Frauen und 66% Männer (S. 304). Westdeutsche Männer haben die Marke des hauptsächlich verwendeten Duftwassers (wieder ohne Rasierwasser) häufiger (53%) als Frauen (45%) nach einem Geschenk übernommen (S. 302f.). Sind sie lenkbarer oder weniger interessiert als Frauen oder beides?

Kleidung als persönliches Geschenk

Bei den bisher behandelten konventionellen Geschenken ist die Konventionalität durch den Gegenstand als solchen gegeben; Details des Gegenstands werden aber oft Komponenten enthalten, die diese Geschenke zu persönlichen machen. Und so gibt es im Kleidergeschenk, das hier als persönliches qualifiziert werden soll, sicher auch konventionelle Elemente, besonders dann, wenn notwendige Kleideranschaffungen als Geschenke deklariert wurden; das „wurden" soll darauf verweisen, daß dies in „Überflußgesellschaften", wie sie sich nach dem Zweiten Weltkrieg entwickelt haben, seltener der Fall ist als in vorangegangenen Epochen. Die Unterscheidung in konventionelle und persönliche Geschenke ist also immer als eine relative im Auge zu behalten.

Der irische Soziologe Peter Corrigan nimmt an, daß zwischen einem Viertel und einem Drittel aller Kleidung nicht vom Träger selbst erworben wird (S. 513). Dieser Anteil ist allerdings nicht mit dem der Kleidergeschenke identisch. Denn es gibt wenig Gegenstände, bei denen so viele Formen der Zirkulation beobachtet werden können. Neben Kauf und Geschenk sind u.a. eigene Herstellung, das dauernde Überlassen vor allem an nachwachsende Geschwister bis zu „Leihen" und „Stehlen" festzustellen, wobei die beiden letztgenannten Formen das kurzzeitige Überlassen vor allem unter Geschwistern meinen, wobei dieses Überlassen im Falle des Leihens mit Wissen und Einwilligung des Besitzers und im Falle des Stehlens ohne Übereinkunft geschieht (S. 514, 516).

Auch Kleidung zählt in vielen Gegenden der Erde zum Lebensnotwendigen; sie ist im weitesten Sinne ein „Lebens-Mittel". Aber noch mehr als Speisen und Getränke, als Schmuck und Blumen ist sie mit Sinn beladen. Sie wird zur Zierde, zum Ausweis von Status und – etwa im Falle der Trauerkleidung – der persönlichen Situation und dient der geschlechtsspezifischen Differenzierung; Logos für Männern und Frauen benutzen Silhouetten, die von der Kleidung bestimmt sind. Gerade das Geschlechtsspezifische ist ein wesentlicher Gesichtspunkt, betrachtet man Kleidung als Geschenk. Aus Untersuchungen zu den Weihnachtsgeschenken wissen wir, daß Kleidung ein häufig vorkommendes Geschenk ist (Caplow, Christmas, S. 385). Nach Corrigan gibt es deutlich unterscheidbare Richtungen des Kleiderschenkens (S. 516ff.). So „fließen" solche Geschenke oft von der Gattin zum Gatten, von der Mutter zu den Kindern, wobei im Falle der Töchter dieser Fluß mit der Pubertät abbricht und durch das Geldgeschenk ersetzt wird (S. 519ff.). Für Söhne konnte das nicht durchgehend beobachtet werden. Von Vätern und Söhnen kommen sehr viel seltener Kleidergeschenke. Vor allem Töchtern wird nie Kleidung, sondern Geld geschenkt. Töchter schenken Müttern seltener Kleidung, sondern eher Accessoires (z.B. Handschuhe, Tücher), wobei sich Söhne manchmal beteiligen. Schwestern schenken sich bisweilen Kleidung, sie schenken sie auch Brüdern. Brüder schenken so gut wie nie Geschwistern Kleidung, sie beteiligen sich allenfalls finanziell an einem Gemeinschaftsgeschenk. Zusammenfassend kann festgestellt werden, daß Frauen beim Kleiderschenken eher aktiv, Männer eher passiv sind. Ein Erklärungsversuch könnte sein, daß Kleidung als ein Gegenstand gilt, der zum häuslichen Bereich zählt und wie dieser Frauendomäne ist.

Zum Schluß noch ein Apercu zur Kleidung als persönliches Geschenk. Pamela Shurmer – also eine Frau, weswegen ich mir das folgende auch wiederzugeben erlaube – bezieht sich dabei auf Kleidergeschenke von Männer an Frauen. Sie zitiert in diesem Zusammenhang ein eventuell in

England geflügeltes Wort, nach dem Männer Mädchen nicht anziehen sollten, bevor sie sie ausgezogen haben (S. 1244). Also ist Kleidung doch ein sehr persönliches Geschenk.

Geld als besonders persönliches und besonders konventionelles Geschenk

Geld nimmt innerhalb der Einteilung, der wir nun schon über viele Seiten weg folgen, eine eigenartige Stellung ein. Schon 1848 schreibt Jacob Grimm: Es „blieb bei geschenken noch die besonderheit der sachen vorwaltend, und bis heute hat es etwas widerstrebendes geld zu geben oder als gabe zu empfangen, es werde dann gebettelt" (S. 176). Aus heutiger Sicht kann man festellen: Geld darf man nur schenken, wenn man sich entweder sehr gut kennt oder die Beziehung, menschlich gesehen, weitgehend bedeutungslos oder sehr formell ist (Cheal, Gift, S. 25). Nur dann ist man sich sicher, daß die Beziehung unter dieser Gabe nicht leidet.

Praktisch kommt sie – um den ersten Fall zu dokumentieren – häufig zwischen Großeltern und Enkeln vor (Cheal, Dialect, S. 163 sowie Sample), weil erstere sich nicht trauen, ein Geschenk für die Jüngeren auszuwählen. Ferner ist die Großeltern-Enkelbeziehung in sich kaum gefährdet. In einer repräsentativen Befragung des Instituts für Demoskopie Allensbach wurde im November 1992 ermittelt, daß ein Viertel der Befragten die Idee, zu Weihnachten Geld zu verschenken, positiv bewertete, 37% der Befragten sprachen sich dezidiert dagegen aus, während 37% dies von den Umständen abhängig machen wollten. Jüngere Leute sind eher geneigt, Geldgeschenke – um die Frageformulierung aufzunehmen – gut zu finden. Das wird so kommentiert: „In Deutschland gibt es wie kaum in einem anderen Land zwei Welten, in denen Jung und Alt leben. Deren Abstand wird zur Zeit immer größer. In dieser Situation ist Geld neutral, jeder kauft sich am Ende das dafür, was in seiner eigenen Welt wichtig ist" (Institut für Demoskopie Allensbach, Scheine, S. 3f.). Vergleichbares könnte für die Eltern-Kind-Beziehung gelten. Hier hat Peter Corrigan noch eine zusätzliche Funktion des Geldgeschenks ausgemacht. Er stellte in Irland fest, daß Kleidergeschenke der Mütter ab einem gewissen Alter – er nimmt etwa das 13. Lebensjahr, die Zeit nach der Firmung, an – von den Töchtern nicht mehr akzeptiert werden (S. 521ff.). Die Mütter, die sich bemüht hatten, den Geschmack der Töchter zu treffen, gingen dann zu Geldgeschenken über. Diese Geldgeschenke werden von Corrigan als Zeichen der Eigenständigkeit der Töchter und als Entlassung aus elterlicher Machtausübung interpretiert (S. 530). Kleidergeschenke können natürlich auch von sich aus Mündigkeit zusprechen. Paul Tournier führt als Beispiel an: „Ein Ballkleid geben, das bedeutet: du hast das Recht zu tanzen, in Gesellschaft zu gehen ..." (S. 20).

Für den anfangs genannten zweiten Fall – die unpersönliche Beziehung – ist das Geldpräsent des Arbeitgebers zu Weihnachten oder zum Jubiläum eines Firmenmitarbeiters ein wichtiges Beispiel. Das Formelle, das Abstrakte der Beziehungen spiegelt sich im Geschenk wider. Menschlich bedeutungslos ist in der Regel die Beziehung zu Postboten und Müllmännern, denen zum Weihnachtsfest oder zum Jahreswechsel ein kleiner Geldbetrag geschenkt wird.

Geld spielt in Westeuropa als Geschenk eine relativ unbedeutende Rolle. Diese Einschätzung wird plausibel, wenn man die Ausführungen von Colleen Leahy Johnson über die japanischstämmigen Einwohner von Hawaii heranzieht. Johnson demonstriert, wie dort Geldgeschenke das gesamte soziale Leben durchziehen. Solche Geldgeschenke (kosai) sind zu „Beerdigungen, Hochzeiten, Abschlußprüfungen, Geburten, Reisen, speziellen Geburtstagen und Krankheiten" (S. 296) üblich. Ob man anläßlich dieser Situationen jemand mit Geld bedenken muß, hängt von der Nähe der Beziehung ab, sei diese durch Verwandtschaftsgrad oder Freundschaft und Bekanntschaft bestimmt. Bei Krankheit schenkt man lediglich Nahestehenden, im Falle von Beisetzungen auch Personen, die man oft nur indirekt kennt, so zum Beispiel, wenn man mit einem angeheirateten Verwandten des Toten bekannt war. Für einen Mann ist der Tag seiner Abschlußprüfung, etwa an einer Hochschule, der Tag, an dem er in dieses Geschenksystem einbezogen wird. Er erhält zu diesem Anlaß viele Geldgeschenke, die er akribisch in ein Buch einträgt, in das er im Laufe seines Lebens die vielen Geldgeschenke verzeichnen wird, die er erhalten hat und die er in gleicher Höhe erwidern wird. Die Geldscheine selbst müssen geschenkfähig sein: „... frisch gedruckt sollen sie sein und doch ein wenig knittern" (Wassner). Die Reziprozitätsnorm wird sehr genau eingehalten. Bei Geldgeschenken an einen Partner, der in finanziellen Nöten ist, wird eine entsprechend geringe Gabe gegeben, die er auch erstatten kann. In dieser Betonung der Reziprozität ähnelt dieses Geschenksystem den bei Marcel Mauss beschriebenen archaischen Sitten. Dieser Eindruck wird noch verstärkt, wenn man die Überreichung vieler Geldgeschenke durch ein Familienoberhaupt berücksichtigt, so daß die schenkende Einheit nicht ein Individuum ist, sondern der Haushalt (Johnson, S. 301). Beides fanden wir schon im Falle von japanischen Geschenkgewohnheiten, die unter dem Leitbegriff des giri behandelt wurden (s. S. 23). Angesichts der Anzahl von Anlässen für kosai kann man den Stoßseufzer von Japanern verstehen: „Wir geben mehr für kosai als für Essen aus" (S. 297). Andererseits ist die Einbettung in ein solches System nicht nur „soziale Versicherung" (Befu, S. 451), sondern wirkt auch konfliktreduzierend. Trotz Animositäten läuft das System weiter und verhindert den Abbruch von Beziehungen (Johnson, S. 304).

Nach diesem Abstecher in das Japanische wieder Prinzipielles: Mit Geld kann man sich genau das kaufen, was man sich wünscht. Fehlinterpretationen von Wünschen, Mißgriffe in der Wahl entfallen. Aber es entfällt auch die gedanklich zugrunde gelegte Anstrengung, das Passende, das Richtige für den zu Beschenkenden gesucht zu haben.

Zwischen dem Geldgeschenk und dem konkreten materiellen Geschenk liegt der Geschenkgutschein, für den sich der Beschenkte im Rahmen eines Geldbetrags in einem Geschäft oder in einer Branche von Geschäften (z.B. bei einem in einem jeden Buch- oder Blumenladen einlösbaren Gutschein) etwas aussuchen kann. Eine graphisch ansprechende Gestaltung und die „Verpackung" im Kuvert können den Gutschein noch näher an das Geschenk heranrücken. Ferner wird in einem Gutschein auch etwas vom anderen und seinen Interessen berücksichtigt, ohne daß sich der Schenkende die Mühe macht oder traut, die Detailentscheidung zu treffen.

Das Buch: Konventionelles oder persönliches Geschenk?

Die wahrscheinlich umfassendste Untersuchung über das Buch als Geschenk wurde im Jahre 1982 vom Institut für Demoskopie Allensbach durchgeführt. In dieser Untersuchung wird die Dichotomie: konventionell oder persönlich, die unsere Erörterungen einzelner Geschenkgegenstände bisher leitete, direkt angesprochen. 60% der Befragten stimmten der Vorgabe „Buchgeschenke sind eigentlich meistens sehr persönliche Geschenke" zu und nur 7% der Feststellung „Es ist ziemlich phantasielos, Bücher zu verschenken" (Schulz, S. 1686). Zu diesem Befund paßt auch, daß Bücher von 45% der Befragten als Risikogeschenk eingestuft wurden (S. 1685). Auswirkung dieser Einstufung kann auch das Orientieren an Bestsellerlisten, „Büchern der Woche" und ähnlichem sein. Sie sind marktstrategische Vehikel, die angesichts von Unsicherheiten bei der Buchauswahl auf Bedarf stoßen. 9% der Befragten gaben an, durch Bestsellerlisten zum Kauf eines bestimmten Buchgeschenks angeregt worden zu sein (S. 1723). Eine solche Orientierung rückt das Buch in die Nähe des konventionellen Geschenks.

Bücher sind ein beliebtes Geschenk. 58% der Befragten haben „in den den letzten zwei, drei Jahren" – so die Frageformulierung – „ein Buch als Geschenk erhalten oder eines verschenkt" (S. 1668). Ein Befragter verschenkte durchschnittlich 9,8 Bücher (S. 1675). 37% würden sich über ein Buch am meisten freuen. Häufiger genannt wurden bei der Möglichkeit, mehrere Vorgaben zu berücksichtigen: Kunstgewerbliches (43%), Blumenstrauß, Topfpflanzen (40%) und gleich häufig wie Bücher: Schallplatte und Musikkassette. Besonders Männer, junge Leute und gut ausgebildete Personen bevorzugen Buchgeschenke (S. 1664). Frauen wünschen sich häufiger ein Buch, als sie es erhalten. 70% von ihnen stimmten der Vorgabe zu: „Ein Buchgeschenk macht wirklich Freude"; bei den Männern waren dies nur 64% (S. 1666). Als besonders geeignet wird das Buch im Falle von Kindern und Jugendlichen angesehen. Als die Befragten Geschenke für Kinder von sechs bis zehn Jahren nennen sollten, rangierte das Kinderbuch nach: Spielsachen, aber vor: Kleidung, Sportgeräten, Süßigkeiten sowie Schallplatten und Musikkassetten. Bei Geschenken für Jugendliche zwischen zehn und vierzehn Jahren wurde das Buch am häufigsten genannt (S. 1667). Im Zusammenhang mit Geschenken an Jugendliche wurden Gutscheine, die sogenannten Bücherschecks, in der Umfrage thematisiert. Hier ist also ein Geschenk zur Sprache gebracht, das bereits unter „Geldgeschenke" erörtert wurde. Die Resultate hierzu sind in zweierlei Hinsicht interessant. 57% der Interviewten sehen in Bücherschecks eine „nette Geschenkidee für Jugendliche". Hier könnte sich die ebenfalls bereits unter „Geldgeschenke" erörterte Unsicherheit im Schenken gegenüber der jungen Generation manifestieren. 49% finden Bücherschecks generell „eine gute Idee" (S. 1692). Bei einem Geschenk, das oft als Risikogeschenk angesehen wird, kann ein solcher Gutschein hilfreich scheinen.

Es werden viel Bücher geschenkt. Nicht ganz 60% der Bevölkerung kaufen Bücher (S. 1660), wovon die Hälfte zu Geschenkzwecken erworben wird. Ludwig Muth gibt hier die absolute Zahl von einer halben Milliarde Exemplaren an (S. 1099). Es werden vor allem billige Bücher geschenkt. 82% der Befragten haben Bücher im Wert bis zu 20 DM verschenkt, nur 3% solche im Wert von mehr als 100 DM. Unter den billigen Büchern sind viele Taschenbücher (Schulz, S.1681). Um aus heutiger Sicht diese Preisklassen einschätzen zu können, muß die Feststellung Muths angefügt werden, daß Anfang der 80er Jahre noch 40% der Neuerscheinungen weniger als 10 DM kosteten (S. 1100). Der Trend, vor allem Taschenbücher zu verschenken, scheint ungebrochen. Viele Verlage haben – so eine Meldung von 1994 – Taschenbuchreihen begründet, in denen besonders geschmackvoll ausgestattete sogenannte Geschenk-Taschenbücher erscheinen, deren Titel bereits erfolgreich waren und deren Preisniveau etwas über dem der „normalen" Taschenbücher liegt (Geschenk-Taschenbücher). Leider wird in der Untersuchung nicht die Spannweite der Buchinhalte thematisiert, die ebenfalls zur Beliebtheit des Buches als Geschenk beiträgt. Die Polarität zwischen Belletristik und Sachbuch, neudeutsch: fiction und non-fiction, kann diese Spannweite nur andeuten.

Persönliche Geschenke lassen tendenziell stärker als konventionelle etwas von der Identität des Schenkenden oder des Beschenkten oder beider in den konkreten Gegenstand einfließen. Diese Tendenz kommt in der Frage nach der „Idee", welche Bücher zu verschenken seien, indirekt zur Sprache. Die häufigste Nennung – 52% der Befragten wählten diese Vorgabe – entfiel auf „Jemand erzählt mir, daß er sich ein bestimmtes Buch wünscht". Ebenfalls auf den zu Beschenkenden zielen die Vorgaben „Das Buch behandelt ein Thema, mit dem sich der Beschenkte gerade beschäftigt" (34%)

und „Der Beschenkte hat schon etwas von dem Autor des Buches gelesen" (17%). Der Schenkende gibt sich in dem Statement „Ein Buch gefällt mir so gut, daß ich das gleiche Buch jemand anderem schenken möchte" (30%) zu erkennen. Die Bedeutung der bisher aufgeführten Prozentsätze tritt markanter hervor, wenn man ihnen die 24% gegenüberstellt, die auf die Vorgabe entfallen „Ich sage dem Buchhändler, was ich suche, und richte mich dann nach seinen Vorschlägen" (Schulz, S. 1687). Es sei noch angefügt, daß eine schriftliche Widmung, die nur bei wenigen Geschenkgegenständen möglich ist, die Identität des Schenkenden wie des Beschenkten thematisieren kann.

1994 führte der Börsenverein des Deutschen Buchhandels erneut eine Befragung durch, in der das Buchgeschenk thematisiert wurde. Die Resultate dieser Befragung sind geeignet, die Befunde mit denen von 1982 zu vergleichen.[31] Ob vom Methodischen her der Vergleich immer angebracht ist, kann allerdings nicht entschieden werden.

22,6% der Befragten haben 1994 das Buch, das sie zuletzt gelesen haben, als Geschenk erhalten. Die Frauen berichten dies etwas häufiger als Männer (23,3% versus 21,8%). Frauen erweisen sich in dieser Hinsicht nicht als benachteiligt, wie dies nach den Ergebnissen von 1982 erscheinen konnte, als die Frauen weniger Buchgeschenke bekamen, als sie es wünschten. Je älter die Befragten sind und je niedriger ihre letzte Bildungsqualifikation ist, desto häufiger war das Buch, das sie zuletzt gelesen hatten, ein geschenktes. Der Zusammenhang beim Buchkauf ist entsprechend gerade umgekehrt: Jüngere und Befragte mit höheren Bildungsabschlüssen kaufen häufiger Bücher zum Zwecke des Geschenks. Ein Zusammenhang von Buchgeschenk und Einkommen ist nicht festzustellen. In deutlicherem Gegensatz zu 1982 steht, daß Buchkäufer zu Geschenkzwecken vor allem Bücher mit festem Einband kaufen. 57,1% der Befragten entschieden sich eindeutig für diese Alternative; nur 12,5% gaben an, bevorzugt Taschenbücher zum Zwecke des Geschenks zu kaufen. Neu ist die Fragestellung, zu welchem Anlaß ein Buch als geeignetes Geschenk angesehen wird. Am häufigsten wurde der Geburtstag genannt (79,4% der Befragten antworteten so), es folgte Weihnachten (68,2%). Am dritthäufigsten wird mit dem Krankenbesuch (61,6%) ein in der Literatur zum Schenken meist nur am Rande berücksichtigter Geschenkanlaß aufgeführt. Die nächsten beiden Antwortkategorien, nämlich Einladungen und Ostern, sind mit 23,9% und 16,1% in der Höhe der Anteile deutlich von den ersten drei getrennt.

Übrigens: Bücher zu verschenken, ist eine alte Idee. Gebildete Römer schenkten sich anläßlich der Saturnalien Bücher, „teils selbstverfaßte, teils solche anderer Autoren" (Stuiber, Sp. 692).

Geschenke zu wichtigen und weniger wichtigen Anlässen; „Nachlese"

1987 führte Hans-Volker Eichler an den Universitäten Siegen und Münster eine empirische Untersuchung mit Hilfe eines schriftlichen Fragebogens zum Thema „Schenken" durch, auf die im folgenden noch mehrfach Bezug zu nehmen ist. Auf der Basis von 400 auswertbaren Fragebogen hat er die unterschiedlichen Geschenke ermittelt, die nach Meinung der befragten Studenten in wichtigen und in unwichtigen Geschenksituationen gegeben worden waren. Die fünf am häufigsten genannten wichtigen Anlässe (94% der Antworten) sind: Geburtstag, Weihnachten, Hochzeit, Prüfung/Examen, Jubiläum; die entsprechenden fünf unbedeutenden (71% aller Antworten): Einladung/Party, Namenstag, Ostern, Geburtstag, Pfingsten (S. 313). Die ersten vier Rangplätze nehmen in bezug auf wichtige Geschenksituationen ein: Schmuck, Bücher, Kleidung, Glas/Prozellan; das sind 63% aller Nennungen. Bei unbedeutenden Geschenksituationen: Blumen, Bücher, Spirituosen/Wein, Süßigkeiten/Pralinen; das sind drei Viertel aller Nennungen (S. 342). Bücher sind in beiden Kategorien zu finden. Das könnte einmal daran liegen, daß der Probandenkreis aus Studenten bestand, also einer „büchernahen" Population. Andererseits gibt es Bücher auch in unterschiedlichen Preislagen und Präsentationsformen. Man kann einen aufwendigen Bildband zu einem wichtigen Anlaß schenken und ein Taschenbuch als kleines Gastgeschenk. Doch die übrigen von Eichler ermittelten Produkte sind je nach Anlaß verschieden.

Abgesehen von Glas/Porzellan konnten alle Gegenstände, die bei Eichler genannt sind, ausführlich diskutiert werden. Für Glas/Porzellan waren keine Angaben zum Erwerb zwecks Schenken zu finden. Das änderte sich auch nicht, als im Rahmen einer Briefaktion die Bundesverbände verschiedener Branchen angeschrieben wurden; sie wurden gebeten, mitzuteilen, welche Bedeutung der Geschenksektor für ihren Umsatz hat und welche Informationen sie über das Schenken von Artikeln aus dem von ihnen vertretenen Sortiment besitzen.[32] In der Antwort, die im Namen des „Bundesverbandes Glas-Prozellan-Keramik" erteilt wurde, heißt es: „Grundsätzlich sind fast alle Artikel unserer Branche als Geschenkartikel anzusehen. Die Frage, ob sie zum Verschenken gekauft werden oder ob es eine nötige Anschaffung ist, wird nirgendwo gestellt".

Wenig Informationen sind auch über den Spielzeugsektor vorhanden, in dem vor allem für die sehr wichtige Adressatengruppe der Kinder Geschenke enthalten sind. Da z.B. Kleinkinder selbst keine Käufer sein können, muß der Anteil der als Geschenk für sie gekauften Spielzeuge praktisch 100% sein. Zwar gibt es Trendmeldungen, so wurde z.B für das Weihnachtsgeschäft 1994 eine Abnahme des Erwerbs von elektronischen Unterhaltungsspielen bei gleichzeitig zunehmendem Verkauf von sogenanntem klassischem Spielzeug, also hölzernen Gegenständen und Stofftieren, bekanntgegeben. Aber der Anteil, der dabei auf Geschenke entfällt, ist nicht bekannt.

Keine Informationen zu diesen Fragen besitzen nach ihren Angaben auch die Fachverbände der Unterhaltungselektronik. Auch andere technische Geräte sind beliebte Geschenke. So wurde in den 70er Jahren für Frankreich festgestellt, daß 80% der Kameras, die junge Leute besaßen, geschenkt waren (Jolibert und Fernandez-Moreno, S. 191). Nach Angaben des deutschen Fachverbandes gibt es zwar „Einsteigermodelle", die für Jugendliche gedacht sind und die oft in einem sogenannten Geschenkset angeboten werden; Verkaufsziffern waren jedoch nicht bekannt. Hier hätte man die einzelnen Firmen anschreiben müssen. Dagegen konnte mitgeteilt werden, daß sogenannte aktive Photographen zu über 85%, sogenannte Gelegenheitsphotographen zu 70% ihre Kameras selbst kaufen. Wie auch immer diese beiden Typen von Photographen definiert sein mögen, kann doch angenommen werden, daß die verbleibenden 30 bzw. 15% oft das Gerät als Geschenk erhielten. Bei einer Zahl von 4,3 Millionen an Amateure verkauften Photoapparaten und einem Jahresumsatz von 980 Millionen DM im Jahre 1993 ist der Geschenksektor für den entsprechenden Industrie- wie Handelszweig keineswegs von minderer Bedeutung. Ein zweites könnte diesen Angaben entnommen werden: Je mehr ein potentiell zu Beschenkender über einen Gegenstand weiß und je speziellere Ansprüche er an ihn stellt, desto seltener wird er ihm geschenkt. Von einer solchen Annahme geht auch der Gesamtverband Deutscher Musikfachgeschäfte aus, wenn er bei Musikliteratur nur von 10% Geschenkanteil ausgeht; die Begründung: „Das hängt sicher damit zusammen, daß der Schenker nicht ausreichend darüber informiert ist, welchen Schwierigkeitsgrad er dem zu Beschenkenden zutrauen kann". Für Schallplatten wird auf eine ältere Untersuchung verwiesen, nach der jede dritte Schallplatte zu Geschenkzwecken erworben wird. Die ökonomische Bedeutung des Geschenksektors für diese Branche wird ohne weiteres einsichtig, wenn man sich die Summe von 5,7 Milliarden DM vergegenwärtigt, die nach einer Meldung des Bundesverbandes der phonographischen Wirtschaft 1994 für Compactdiscs, Musikkassetten und Musikvideos erlöst wurde. Bei Musikinstrumenten – die Palette reicht von der Blockflöte bis zum Klavier – wird beim Gesamtverband Deutscher Musikfachgeschäfte angenommen, daß 5 bis 8% aller Käufe zum Zwecke eines Geschenks getätigt werden, „was bei den hohen Umsatzwerten teurer Instrumente immerhin schon eine erhebliche Summe darstellt", wie es in der Zuschrift dieses Verbandes heißt.

Auf eine Reihe anderer, bisher nicht aufgeführter Geschenkgegenstände beziehen sich Daten aus der SPIEGEL-Dokumentation „Outfit 3". So sollte eine repräsentative Auswahl von Westdeutschen 1993/94 für mehrere Artikel, die sie zum Zwecke eines Geschenks wählen würden, Warenmarken zuordnen. Das geschah für Füllfederhalter und Kugelschreiber (S. 264 und 266), Feuerzeuge (S. 269) sowie Lederwaren und Reisegepäck (S. 272f.). Es war anscheinend problemlos, das geschilderte Verfahren zu praktizieren. Ferner zeigten sich deutliche Kumulationen auf bestimmte Warenmarken; bei Füllfederhaltern betrug die höchste Quote für eine Marke 34%, bei Kugelschreibern 41%, bei Feuerzeugen 18% und bei Lederwaren 21%. Beide Phänomene deuten klar in Richtung auf eine Geschenkfähigkeit dieser Gegenstände, aber auch auf ein bisher nicht berücksichtigtes Kriterium für die Auswahl von Geschenkgegenständen, nämlich ihre Zuordenbarkeit zu Warenmarken. Man sollte dies nicht nur als Triumph der Werbung sehen, sondern auch als Bemühung, dem Beschenkten die Seriosität des eigenen Vorgehens zu demonstrieren und keine Mißverständnisse über die Qualität des Geschenks aufkommen zu lassen (s. S. 104ff.).

7. Grundelemente des Schenkens (II): Die Übergabe

Davor

Der Marketingwissenschaftler John F. Sherry, jr. hat ein Modell des Schenkvorganges entwickelt; die erste Stufe bezeichnet er als „gestation" (S. 163), was gemeinhin mit „Schwangerschaft" übersetzt wird. Schenken ist in der Regel mit einer Vorgeschichte verbunden. Sie kann allein in der Wertschätzung eines anderen liegen, die mit einem Geschenk zum ersten Mal ausgedrückt werden soll; hier liegt der von Simmel so hervorgehobene Fall der freiwilligen Erstgabe vor (s. S. 29). Sie kann mit einem empfangenen Geschenk beginnen, das nun erwidert werden muß, oder mit dem Denken an einen einmaligen oder sich wiederholenden Anlaß, zu dem Schenken angebracht ist.

Hans-Volker Eichler hat in seiner empirischen Untersuchung Vorgänge erfaßt, die vor dem Geschenkakt liegen. Seine Ergebnisse (S. 320ff.) sollen hier in erster Linie das weite Spektrum der Überlegungen und Verhaltensweisen demonstrieren, das vor der Entscheidung für ein Geschenk möglich ist. Eichler unterschied Geschenke angesichts wichtiger und unbedeutender Situationen (s. S. 133). Im folgenden soll diese Unterscheidung – zwar sprachlich wenig schön, aber der Kürze halber – meist in die Begriffe „wichtiges Geschenk" und „unbedeutendes Geschenk" gefaßt werden.

Die erste Entscheidung, die nach Eichler ein Geber zu fällen hat, ist die zwischen einem Kollektiv- und einem Einzelgeschenk. Bei wichtigen Situationen neigt man zum Einzelgeschenk.

Die Entscheidung für ein Geschenk hat eine zeitliche Komponente. Die Entscheidungszeit ist bei wichtigen Geschenken durchschnittlich länger. Dennoch liegt bei solchen Geschenken der von Eichler sogenannte Problemlösungszeitraum früher; d.h., daß man die Geschenke lange vor dem Geschenktermin und nicht „in letzter Minute" einkauft. In der langen Entscheidungszeit wird das Geschenk genau festgelegt, die Entscheidung für unbedeutende Geschenke wird oft erst im Geschäft gefällt. Vergleicht man die Zeit, die für den Kauf eines identischen Gegenstandes zum Zwecke des Geschenks oder zum eigenen Gebrauch benötigt wird, so ist sie für den Geschenkkauf tendenziell länger (Belk, Effects, S. 408). Die Festlegung erfolgt bei wichtigen Geschenken öfter als bei unbedeutenden auch dadurch, daß man einen Wunsch des zu Beschenkenden berücksichtigt. Dabei ist der Ausdruck eines Wunsches seitens des zu Beschenkenden durchaus willkommen. Schon Kinder ermuntert man zum Verfassen von Wunschzetteln. Daß Erwartungen vorhanden sind, die deutlich mit einem Anlaß verknüpft und durch einen gewissen common sense gesichert sind, zeigen die Ergebnisse einer Untersuchung, in der Frauen nach den Geschenken gefragt wurden, die sie zu einem bestimmten Anlaß bevorzugen würden. Zum Hochzeitstag erwarten sie vor allem Blumen, es folgen Schmuck und Kleidung. Zum Geburtstag ist die Reihenfolge: Kleidung, Schmuck, Blumen (Woods, S. 122).[33] Nach amerikanischen Untersuchungen werden bei Käufen zum Zweck eines Geschenks mehr Informationsquellen benutzt als bei Käufen zum Eigengebrauch (Belk, Effects, S. 408). Neben dem zu Beschenkenden werden bei wichtigen Geschenken häufiger als bei unbedeutenden folgende Informationsquellen genutzt: Freunde, Bekannte, Prospekte und Anzeigen, Schaufenster, Geschenkläden und spezielle Fachgeschäfte. Kaufhäuser werden bei beiden Geschenkarten gleich häufig zur Information herangezogen, Verbrauchermärkte eher bei unwichtigen Geschenken (Eichler, S.328ff.). Mit dieser Aufzählung soll auch die Vielfalt der Informationsquellen demonstriert werden, von denen übrigens oft mehrere einer Art anläßlich eines Geschenkanlasses genutzt werden. Bei wichtigen Geschenken werden in über einem Drittel der Fälle fünf und mehr Geschäfte vor einem Kauf aufgesucht. Die nach einem Geschenk Suchenden haben als oft nicht bewußtes Hintergrundwissen Kriterien der Geschenke entwickelt (S. 335ff.). Bei wichtigen Geschenken sind dies vor allen Dingen: Das Geschenk soll „individuell, persönlich", „phantasievoll, kreativ", „qualitativ hochwertig" und „dauerhaft, bleibend" sein. Gerade bei wichtigen Geschenken kommen die Kriterien zum Tragen, die oben unter dem Stichwort „Identität" herausgefunden wurden. Der Schenkende hat auch Vorstellungen vom Preis, der beim Kauf wichtiger Geschenke oft überschritten wird (auch Belk, Effects, S. 408 und Banks, S. 320). Für eine Art des konventionellen, aber keineswegs billigen Geschenks liegen uns aus der SPIEGEL-Dokumentation „Outfit 3" Daten zur aufgewendeten Summe beim Kauf zum Eigenverbrauch und zum Zwecke eines Geschenks vor. Danach sind die Kosten für eine Flasche Duftwasser (ohne Rasierwasser) in etwa gleich hoch; sie liegen für das als Geschenk Erworbene im Schnitt sogar noch geringfügig niedriger (68 DM zu 69 DM) als beim für den Eigenbedarf Gekauften (S. 304). Bei wichtigen Geschenken wird ferner häufiger als bei unbedeutenden auf Einkaufsquellen mit hohem Image gesetzt und darauf geachtet, daß dies, z.B. durch Aufkleber, dem Beschenkten auch zur Kenntnis kommt. Und schlußendlich versichert man sich gerade bei wichtigen Geschenken relativ häufig eines Umtauschrechts, um ein trotz aller Sorgfalt (z.B. durch Nutzung vieler Informationsquellen) bestehendes Risiko zu vermindern, nicht „das Richtige getroffen zu haben". Geschenkkäufe gelten als Risikokäufe (Belk, Effects, S. 408 und Banks, S. 320).

Das Geschenk muß also gekauft werden; es kann auch hergestellt oder sonstwie besorgt werden. Russell W. Belk nimmt für die USA an, daß 95% aller Geschenke gekauft werden (Effects, S. 408). Ein Muß ist die Entfernung des Preisschildes, eine der ersten Maßnahmen, die aus einer Ware ein Geschenk macht (Frerichs, S. 5). Das Geschenk wird häufig verpackt und geschmückt, was seinen speziellen Charakter als Geschenk unterstreicht. Die Verpackung „transformiert Waren in Geschenke" (Cheal, Dialect, S. 159). Die umfassende Durchsetzung dieser Art der Kennzeichnung eines Geschenks hat dazu geführt, daß es inzwischen zum Service vieler Geschäfte gehört, den gekauften Gegenstand zu verpacken. Mit der Differenzierung der modernen Warenwelt sind auch die Möglichkeiten der Verpackung gewachsen. So gibt es nicht nur Geschenkpapier zu den verschiedenen Anlässen und in unterschiedlichem Stil, also mit modernem strengem Design oder eher verspielt. Auch werden verschiedene „originelle" Verpackungsweisen vorgeschlagen. Klaus Fritz führt nicht weniger als 25 auf (S. 28ff.), so den Einschluß kleiner Geschenke in eine Dose, die verschweißt wird, Verpackung des Gegenstandes in Socken oder Hemden. Es gibt Scherzverpackungen, in denen ein kleiner Gegenstand in einer riesigen Verpackungsmasse versteckt ist. Und mittels der Art der Verpackung kann wieder auf die Identität des zu Beschenkenden Bezug genommen werden: die Verpackung im Netz oder am Angelhaken für den Angler oder den im Sternzeichen des Fisches Geborenen oder die Verpackung in der Landkarte des Landes, in das der Beschenkte fahren will oder das er generell liebt.

Ein neues Kapitel der Verpackung wurde durch Einwürfe aus der ökologischen Bewegung begründet. Schon Anfang der 90er Jahre wurde mit dem Umweltargument gegen die damals in Mode gekommene Sichtfolie für Blumensträuße und Topfpflanzen plädiert. In einer mir vorliegenden Broschüre eines Vereins für Umwelt und Energieberatung wird anläßlich des Weihnachtsfestes 1994 auf Alternativen zum Geschenkpapier verwiesen. Das beginnt beim Vorschlag, gänzlich auf das Einpacken zu verzichten. Es folgen die schon bei Fritz genannten Möglichkeiten des Verpackens in Socken oder ähnlichem. Weiter wird die Verwendung schon vorhandenen Papiers (Zeitungspapier, Wellpappe, Packpapier) empfohlen, das durch Bemalung gestaltet werden könne. Man könne das Geschenk auch lediglich „verzieren", etwa mit Nüssen, Rosetten aus Papier oder Strohsternen. Denen, die sich zu alle dem nicht bekehren lassen, wird Umwelt-Geschenkpapier zugestanden. Natürlich sind auch Geschenkbänder aus Kunststoff zu vermeiden und „durch Bänder aus Naturfaser und durch Streifen aus bunten Stoffresten zu ersetzen".

Cheal erhob, warum Geschenke eingepackt werden. Wichtige Argumente waren, daß durch Verpacken Geschenke attraktiv aussähen und daß dadurch die Überraschung des Beschenkten möglich sei (Dialect, S. 158f.). Weiter ist wichtig, daß Geschenke durch Verpackung verborgen sind, damit das Spannungs- und Überraschungsmoment bis zuletzt erhalten bleibt.

In der Regel wird das Geschenk vor dem zu Beschenkenden verborgen. Die Überraschung wird dadurch erst möglich. Man kann gegenüber dem Beschenkten auch Andeutungen machen; besonders Kinder möchten oft wissen, was sie bekommen werden. Wenn der zu Beschenkende mit einem Geschenk rechnet (z.B. zu Jahresfesten oder Geburtstagen), wird er zumindest Erwartungen aufbauen (Banks, S. 323).

Die Übergabesituation

Im Überschwang seiner Gedanken zur Gabe verbindet der französische Philosoph Jacques Derrida das Geben mit dem Phänomen des Ereignisses schlechthin: „Keine Gabe ohne das Eintreten eines Ereignisses, kein Ereignis ohne die Überraschung einer Gabe" (Gabe, S. 115). Ob man ihm so weit folgen mag oder nicht: Diese Aussage verweist auf jeden Fall darauf, daß das Geben eines Geschenks, besonders eines, das überrascht, zu den eher wichtigen Situationen in unserem Leben zählt. Dabei ist die Wahl des „richtigen" Zeitpunkts zum Überreichen des Geschenks alles andere als belanglos. Dieser Zeitpunkt wird am häufigsten gedanklich mit dem Wort „schenken" verbunden, wobei „die deutsche Sprache von den großen europäischen nebst der griechischen die einzige (ist), welche ein besonderes Zeitwort für Schenken hat" (Bamberger, S. 150).

Das Überreichen ist also der zentrale Akt im Geschenkverhalten schlechthin. In diesem Sinne kann der Soziologe Z. D. Gurevitch verstanden werden: „Das wirkliche Geschenk ist das Geben ... Der Gegenstand dient nur als Konkretisierung und Maß des Gebens" (S. 185). Und wieder Jacques Derrida weist auf die Verwandtschaft des Synonyms für Geschenk, nämlich Präsent, mit der Zeitform des Präsens hin (Falschgeld, S. 17). Ein Gegenstand wird in der Übergabe zum Präsent und damit auch zum Gegenwärtigen. Und er zitiert in diesem Zusammenhang ein Gedicht von Michael Deguy mit dem Titel „Gabe gegen Gabe", das mit den Worten schließt: „Es ist die Geste, die zählt" (S. 219). Auch Jacob Grimm hebt auf diese Situation ab, wenn er schreibt: „Geben ist ein sinnliches darstrecken, darbringen, aus der hand thun oder lassen, legen in des andern hand, einhändigen" (S. 173f.). Er verfolgt diese Gesten weiter und weist darauf hin, daß das griechische Wort für Geschenk „doron" „zugleich breite der hand" (S. 124) bedeutet. In einer Erläuterung zu juristischen Aspekten des Schenkens heißt es: „Der Normalfall der Schenkung ist nämlich die Handschenkung; die geschenkte Sache wird vom Schenker dem Beschenkten übergeben ..." (Jäde, S. 98).

Spezielle Gesten des Überreichens sind in unserer Kultur nicht vorgegeben, obwohl eine gewisse Nachdrücklichkeit im Gebeverhalten normal sein
dürfte. Friedrich Rost umreißt sie so: „... der Akt der Übergabe wird in unserer Gesellschaft mit Worten/Wünschen vorbereitet und von solchen feierlich
begleitet. Entsprechende Körperhaltung, Gestik, Mimik des Gebers sowie
Blickkontakt zwischen Schenkendem und Beschenktem gehören dazu, eventuell auch das Händeschütteln. Dieser Akt vollzieht sich oft unter den Blicken
weiterer anwesender Personen und ist dann ein (halb-)öffentliches Ereignis"
(Theorien, S. 16). In dieser Aneinanderreihung werden letztlich auch Leistungen genannt, die der Schenkende zusätzlich zum Geschenk zu erbringen
hat.

Der Gestaltungsraum der Übergabe ist relativ weit, da eben in unserer
Kultur genau festgelegte Übergabegesten fehlen, die zum Beispiel darin
bestehen, daß in einigen Kulturen das Geschenk in Stirnhöhe gehoben und
dann mit beiden Händen übergeben werden muß (Geschenke). Jean Starobinski präsentiert in dem prachtvollen Bande „Gute Gaben, schlimme Gaben" Übergabeszenen, wie sie auf künstlerischen Darstellungen zu finden
sind. Durch die Positionierung des Übergebenden gegenüber dem Empfangenden, durch ein Hinauf- oder Herabreichen werden Statusunterschiede
deutlich (S. 26, 28f., 34, 82).[34] Sehen wir vom Almosen ab, wo die Gabe
auch heute noch in der Regel buchstäblich von oben nach unten gegeben
wird, dürften so deutliche Gewährens- bzw. Unterwerfungsgesten in unserer Zeit kaum noch vorkommen. Oder sollten wir genauer hinschauen, weil
solche Gesten subtiler gehandhabt werden?

Im Gegensatz zu dem heute Üblichen wurde in früheren Zeiten das Geschenk offen dargereicht. Damit waren oft weiterführende Handlungen verbunden: Man legte dem Beschenkten die Kette um den Hals, wie das heute
noch bei der Verleihung von Orden „am Bande" der Fall ist; man umhüllte
den Empfänger mit dem geschenkten Kleidungsstück, man ließ ihn von der
Speise kosten (Laum, Wirtschaft, S. 120ff.) Daß ein Kleidungsstück gleich
anprobiert wird, kommt auch heute noch vor.

Es ist eine Frage der Sitte, ob man ein verpacktes Geschenk gleich
nach der Übergabe enthüllt. Mit dem Beseitigen der Verpackung identifiziert der Beschenkte den Gegenstand, über den er vorher vielleicht verbal
Spekulationen geäußert hat. Auch die Identifikation des Geschenks kann
verbal zum Ausdruck gebracht werden. Dabei kann auf Anlaß sowie Intention des Schenkenden eingegangen werden. Die Reaktion des Beschenkten
kann das künftige Geschenkverhalten des Gebenden beeinflussen; ein solcher Einfluß geht natürlich auch von der tatsächlichen Bewertung der Gabe
durch den Beschenkten aus (Banks, S. 323). Der Geber wird bestätigen, ergänzen und gegebenenfalls korrigieren (Sherry, jr., S. 164).

Das mit der Identifizierung des Geschenkes verbundene Überraschungsmoment ist äußerst wichtig. Paul Tournier beschreibt, wie dieses Überra schungsmoment hinausgezögert oder in spielerischer Weise vorweg aufgehoben werden kann. „Denn wir kennen die aufregende Freude des Rätselratens, der gesteigerten Neugierde; man wägt das Paket in der Hand, dreht es nach allen Seiten um, betastet und schüttelt es, um festzustellen, ob man ein Geräusch hört" (S. 14). Die Überraschung ist etwas Außergewöhnliches, und das gemeinsame Erleben dieses Außergewöhnlichen durch Beschenkten wie Geber kann ein wichtiges Element in der Bekräftigung oder Verstärkung einer Bindung sein, die durch Geschenke generell erreicht werden soll. Die Überraschung ist auch deutlich auszudrücken, wobei Mimik wie Worte eingesetzt werden; daneben sind natürlich Freude und Dankbarkeit zu zeigen. Hier haben wir ein gutes Beispiel für die Verpflichtung zum Gefühl vor uns, auf die an anderer Stelle bereits eingegangen wurde. (s. S. 59ff.) Natürlich ist es nicht so, daß die Überraschung stets „gespielt" ist. Das Aussehen, die konkrete Gestalt oder Ausstattung der Gabe ist selbst dann nicht vorauszusehen, wenn ein Gegenstand ausdrücklich gewünscht wurde und sicher erwartet werden kann. Man könnte hier an einen Photoapparat oder eine Uhr denken. Wenn Gegenstände vom zu Beschenkenden zur Auswahl gestellt wurden, kann das Ausgewählte eine Überraschung sein. Von einer Geschenkvorgabe kann dann auch ausgegangen werden, wenn typische Gaben eines Schenkenden bekannt sind. Die Überraschung ist größer, wenn keine Geschenkvorgabe existierte. Bei den bisher dargestellten Stufen der Überraschung wird davon ausgegangen, daß ein Geschenkanlaß wie Weihnachten oder Geburtstag vorgelegen hat. Man kann im Zusammenhang mit solchen Geschenkanlässen mit Anthony Heath von „institutionalisierten Geschenken" sprechen (S. 145). Ähnliches meint Gisela Clausen mit sogenannten Pflichtgeschenken (S. 100), die man nicht vermeiden kann, will man nicht wichtige soziale Beziehungen beeinträchtigen oder gar grundsätzlich gefährden. Diesen institutionalisierten und Pflichtgeschenken stellt Friedrich Rost das überraschende Schenken gegenüber, bei dem kein Geschenkanlaß vorliegt (Theorien, S. 13f.). Das Geschenk kommt unerwartet, was eine neue Dimension der Überraschung mit sich bringt. Von diesem überraschenden Schenken ist das spontane Schenken zu unterscheiden, da die Überraschung lange geplant sein kann. Bezieht sich das überraschende Schenken vor allem auf den Empfänger, so das spontane vor allem auf den Schenkenden, wobei letzterer nach dem Schenkakt vielleicht selbst von seinem plötzlichen Entschluß überrascht ist.

In der Übergabe kommt das Wohlwollen für den anderen, das dem Schenken zugrunde liegen soll, am deutlichsten zum Tragen. Viele können vielleicht nachvollziehen, was der amerikanische Psychologe Donald B. Poe, jr. an sich beobachtet hat: „Ich habe festgestellt, daß ich gerne selbst zur Stelle bin, wenn meine Geschenke geöffnet werden. Tatsächlich fühle ich ein vages Bedauern, daß ich nicht Feiertage, an denen Geschenke geöffnet werden, an all den Orten verbringen kann, wo ich Geschenke hingeschickt habe. Wenn eines meiner Geschenke geöffnet wird, unterbreche ich das, was ich gerade tue, und sehe zu". Vorsichtig fragt er weiter: „Kommt diese voyeuristische Neigung von dem Wunsch, das Gesicht des Empfängers beim Blick auf das eben noch verborgene Geschenk meiner Wahl vor schierer Freude aufleuchten zu sehen, oder ist es etwas anderes?" (S. 47).

Häufig ist die Übergabe von einer pro-forma-Zurückweisung des Geschenks begleitet, bei der Floskeln wie „Das ist doch nicht nötig" oder „Das kann ich nicht annehmen" geäußert werden. Solche quasi-rituellen Phrasen – Phrasen ist hier nicht wertend gemeint – dienen dem Austausch von Begründungen. Sie können gleichzeitig der Klarstellung der Beziehungen dienen. Ferner wird die Freiwilligkeit des Geschenks durch solchen Diskurs festgestellt. Doch dann wird die Annahme des Geschenks erwartet. Verläuft der Diskurs aber so, daß die Annahme des Geschenks endgültig verweigert wird, so entsteht eine besonders brisante Situation, ja man kann sogar konstatieren: Die Zurückweisung eines Geschenks gehört mit zu den besonders kritischen sozialen Situationen überhaupt. Denn die Zurückweisung ist ja keineswegs nur die Zurückweisung eines materiellen Gegenstands, sie ist die Zurückweisung des Gebers selbst, seiner Vorstellung von sich und dem Beschenkten. Die Zurückweisung kann vom Schenkenden als Bedrohung seiner Identität erlebt werden. Und die Zurückweisung ist oft mit einem Gefühl verbunden, das zu den besonders belastenden gehört, mit dem der Scham. Man ist gedemütigt, ohne sich wehren zu können. Es ist belegt, daß Menschen umgebracht wurden, weil sie ein Geschenk zurückwiesen. So wurde ein Franzose in Indochina ermordet, weil er den Willkommenstrunk und das Fleisch eines Schweines, das ihm als Geschenk angeboten worden war, zurückgewiesen hatte (Eibl-Eibesfeldt, Liebe, S. 213f.). Der absolute Bruch von sozialen Beziehungen kann sich umgekehrt in der Rückgabe von Geschenken manifestieren, wie dies z.B. bei der Auflösung eines Verlöbnisses üblich ist.

Es gibt legale Gründe, Geschenke zurückzuweisen. Ein solcher Grund liegt z.B. vor, wenn mit einem Geschenk der Verdacht der Bestechung oder eine an das Existenzminimum gehende Schwächung der Ressourcen des Schenkenden verbunden ist. Um eine brüskierende Zurückweisung zu vermeiden, um nicht „allzuviel Porzellan zu zerschlagen", werden oft legale Gründe für die Zurückweisung gewählt, selbst wenn sie nicht zutreffen, aber man ein Geschenk nicht annehmen möchte. Es liegt am Schenkenden, ob er sich damit zufriedenzugibt. Mir steht für diesen Fall ein Beispiel aus meiner eigenen Biographie vor Augen: Ein sehr gutsituierter Student, der mir während der Examenszeit ausnehmend viel Arbeit und zeitweise auch Ärger bereitet hatte, wollte mir nach bestandenen Prüfungen eine Flasche ordinärsten Schaumweins überreichen. Nicht daß ich ein Geschenk erwartet hätte, aber ein solches wollte ich nicht. Es kam mir wie eine Beleidigung vor. Ich brachte das natürlich nicht zum Ausdruck, sondern verschanzte meine Zurückweisung mit einem unbeirrbaren Hinweis auf den Beamten-status, der mit der Annahme von Geschenken unvereinbar sei. Dieses Bei-spiel zeigt zwei der wichtigsten Gründe für die Ablehnung von Geschen-ken. Das Geschenk war unpassend, und es konnte legal zurückgewiesen werden. Vielleicht lag in meiner Zurückweisung auch das Bestreben, eine unerfreuliche Beziehung zu beenden.

Danach

Ist das Geschenk übergeben, so ist es vom Empfänger zu präsentieren. Das kann auf verschiedene Weise geschehen. Es ist möglich, es unter den An-wesenden herumzureichen. Dabei ist wieder der Ausdruck der Bewunde-rung oder wenigstens der Würdigung Pflicht. Das ersetzt vielleicht den großen Lärm, der in vielen Kulturen mit der Geschenkpräsentation verbun-den ist (Laum, Wirtschaft, S. 129f.). Man kann es dann sichtbar aufstellen. So kann bei der Häufung von Geschenken eine Art „Geschenkaltar" entste-hen. Solche Präsentation kommt in vielen Kulturen vor.

Jacob Grimm weist auf den lange und weit verbreiteten Brauch hin, sich Geschenke am Körper zu befestigen, eine Sitte, die viele Spuren in der Sprache hinterlassen hat (S. 189ff.). Heute noch gängig ist der dazu pas-sende Begriff des Angebindes (S. 191). Richard M. Meyer ist der Ansicht, daß solche und verwandte Handlungen, also auch das Anlegen eines Klei-dungsstücks oder das Anlegen eines Schmuckstücks, das Besteigen eines geschenkten Pferdes die „wirkliche Besitzergreifung" (S. 21) darstellen. Er rekurriert dabei auf alte, zum Teil vorchristliche Vorstellungen, nach denen Schenkungen oft widerrufen wurden und das Geschenk zurückzugeben war. Das dürfte heute mit Akten solcher Besitznahme, wie beispielsweise dem Anstecken eines Ringes, nicht gedanklich verbunden werden.

Ein anderes als das bisher beschriebene Muster entsteht, wenn das Ge-schenk durch jemand anderen als den Geber überbracht wird. Das kann der Postbote, der Bote eines Geschäfts (z.B. bei Blumen) oder auch ein Kind sein, das im Namen seiner Eltern das Geschenk übergibt. Boten als Bringer von etwas Gutem erhalten oft wiederum ein Geschenk als Belohnung, etwa ein Trinkgeld. Man kann das Überbringen durch einen Dritten als das Ge-schenk mindernd betrachten, da sich der Schenkende „zu schade ist", es „nicht nötig hat", selbst zu kommen. Doch das dürfte eher die Ausnahme sein. Das Überbringen durch einen Dritten kann positiv in dem Sinne gewertet wer-den, daß man dem Beschenkten die Gefühlsarbeit erspart, die mit dem Ent-gegennehmen eines Geschenks verbunden ist. Das kann das Geschenk so-gar wertvoller machen, und ein so übermitteltes Geschenk kann für die Beziehung von Gebendem und Nehmendem durchaus förderlich sein. Der Dank als Reaktion und Element der sozialen Beziehung wird in der Regel nachgeholt, in einer neuen Begegnung oder auch brieflich oder telefonisch. Sein Ausbleiben würde die Beziehung trüben.

Im Rahmen der Übergabe wird in der Regel vom Schenkenden auch direkt auf das Geschenk als solches eingegangen. Die Mühe der Auswahl und das „Passende" für die Person des Empfängers werden hervorgehoben. Aber in diesem Zusammenhang können auch schon die „Haken" von Geschenken bemerkt und erörtert werden. So können Dubletten festgestellt werden, die im Falle von Blumen und Getränken belanglos, im Falle von Büchern oder praktischen Gegenständen wie Küchengeräten oder Trockenrasierern schon ärgerlich sind. Vielleicht findet man auch heraus, daß das Dessin, eine Farbe oder sonst ein Attribut des geschenkten Gegenstands für den Beschenkten oder dem Beschenkten nicht passen. Man kann vielleicht die Faustregel aufstellen: Je intimer das Verhältnis zwischen Schenkendem und Beschenktem ist, desto eher haben solche „Schenkfehler" Konsequenzen, die vor allem im Angebot des Umtauschs bestehen. Die Tage zwischen den Weihnachten und Silvester etwa gelten als die typischen Umtauschtage. Dabei ist die Rechtslage so, daß der Händler nicht zum Umtausch verpflichtet ist. Eine Ausnahme ist fehlerhafte Ware, die entweder umgetauscht wird, aber auch repariert werden kann. Aber in der Praxis spielen Fälle, in denen der Händler eine Ware nicht umtauscht, eine geringe Rolle, zumal oft beim Kauf schon informell der mögliche Umtausch vereinbart wird. Gerade die Erhaltung der Kundentreue ist dabei für den Händler ein wichtiger Gesichtspunkt. Ein mir bekannter Textilhändler fährt regelmäßig im Februar zum Urlaub weg; zwischen den Jahren sein Geschäft zu schließen, kann er sich nicht vorstellen.

Sharon K. Banks hat ein Vierstufenmodell des Schenkens vorgelegt (S. 322ff.). Die ersten beiden Stufen „purchase stage" und „interactive/exchange stage" entsprechen dem hier sogenannten Davor des Schenkens und der Übergabe. Das Danach unterteilt sie in zwei Phasen, die „Konsumptionsphase" (consumption stage) und die „Kommunikations-/Rückmeldungsphase" (communication/feedback stage). Die erste der beiden Phasen Danach entspricht weitgehend dem, was bisher beschrieben wurde. Dazu kommen noch die Nutzung oder der Verzehr des Geschenks. Die lange Ausstrahlung in die Zeit meint die vierte Phase: Der Beschenkte kann dem Schenkenden nach dem Verzehr oder der Nutzung sein Urteil über das Geschenk übermitteln, was Einfluß auf künftige Geschenke haben kann. Er kann mit Dritten über das Geschenk reden. Der Schenkende kann sich nach geraumer Zeit zum Geschenk erkundigen. Ferner kommt hier – obwohl Banks dies nicht erwähnt – die Erinnerungsfunktion eines Geschenks ins Spiel. Aber Banks kommt noch auf jene Situation zu sprechen, daß ein Geschenk, das dem Beschenkten gar nicht gefallen hat, anläßlich eines Besuchs des Gebers hervorgeholt und präsentiert beziehungsweise genutzt wird, um nach der Beendigung des Besuchs wieder weggeräumt zu werden. Auch dem Autor dieses Buches fällt dazu etwas sehr Konkretes ein.

Am Schenk-akt Beteiligte	Dimension	I. Vor der Übergabe							
Schenkender	Kognition	Anlaß für Geschenk: für alle geltend (Weihnachten) oder individuell (Geburtstag) oder ohne vorgegebenen Anlaß	Informationssuche durch Überlegung	Entscheidung		**(Erst ab hier: Spontanes Geschenk)**			Nimmt Re[ak]tion des [Be]schenkt[en] wahr
	Verbalisierung	Besprechen mit Dritten	Nachfragen bei zu Beschenkendem, dessen Angehörigen usw.	Entscheidung		Gibt Anlaß an und spricht ggf. Glückwünsche aus			
	Verhalten		Aufsuchen von Orten wie Kaufhäusern, Betrachten von Schaufenstern, Lesen von Prospekten usw.	Kauf oder Herstellung bei Kauf: Entfernen des Preisschildes, Verpacken	Verbergen des Geschenks (falls erforderlich)	Präsentiert das Geschenk			
Beschenkter	Kognition	Erwartung angesichts des Anlasses	Überlegungen zu einem potentiellen Geschenk (auch unabhängig von Nachfrage durch potentiell Schenkenden)			**(Erst ab hier: Überraschen des Geschenks)**			
	Verbalisierung	Ausdruck der Erwartung im Gespräch	Kundgeben eines Wunsches				(Formelle) Zurückweisung		Identifizi[ert] das Ge[schenk]
	Verhalten		Wunschzettel schreiben				Bleibt bei der Zurückweisung: Abbruch ↓	Nimmt das Geschenk an, packt es aus	

II.					III.				
...rgabe					Nach der Übergabe				
...t Reak- ...des Be- ...enkten ...ahr		Nimmt Reak- tion des Be- schenkten wahr	Freude, Ge- nugtuung	Enttäuschung				Resümee	Erinnerung
	Erläuterunge n zum Ge- schenk		Freude, Ge- nugtuung		Suche nach Ausweg (z.B. Umtausch)			Resümee in der Interakti- on mit Dritten	Erinnerung
						Evtl. Um- tausch			
	Nimmt Erläu- terungen wahr		**Positive Wertung des Geschenks**	*Oder:* **Nega- tive Wertung des Ge- schenks**				Resümee und evtl. Überlegung zu Gegenge- schenk	Erinnerung
		Würdigt das Geschenk und dankt			Mithilfe bei der Suche nach Ausweg			Resümee mit Dritten	Erinnerung
...t Über- ...ung und ...eude			"Inbesitznah- me" des Ge- schenks (z.B. Anlegen ei- nes Schmuck- stücks, Her- umreichen, Zurschaustel- len)				Nutzung, Ver- zehr		

147

Ein Schema des Übergaberituals

Das von Mauss in den Mittelpunkt seiner Schrift gestellte kollektive Schenken wird in der Ethnologie als zeremonieller Gabentausch bezeichnet (Görlich, S. 190ff.). Etwas von diesem Zeremoniellen ist auch in unserem Schenken erhalten geblieben und wird dann manifest, wenn vorgebene Formen nicht eingehalten werden. Das ist etwa der Fall, wenn der Beschenkte das Geschenk so „selbstverständlich" entgegennimmt wie einen Gegenstand nach der Bezahlung, und es wäre ein Fauxpas, wenn der Empfänger eines Geschenks jegliches Erstaunen und jegliche Freude vermissen ließe. So ist auch die moderne Welt viel förmlicher, als es auf den ersten Blick erscheint. Ja, diese Förmlichkeit macht ein Geschenk erst aus, wenn wir Pierre Bourdieu folgen: „Ein jeder weiß, daß ‚die Art zu geben mehr wert ist als das, was man gibt': was die Gabe, das Geschenk vom einfachen ‚Gibst du mir, geb' ich dir' unterscheidet, ist die notwendige Arbeit, *um Formen zu erstellen ...*" (S. 374, Hervorh. durch B.). Durch die Form wird – um zwei bekannte, von Pierre Bourdieu eingeführte Begriffe zu verwenden – „ökonomisches" zu einem „symbolischen Kapital ... um den Preis der Vergeudung sozialer Energie" (S. 375).

Der Philosoph Arnold Gehlen geht vom Menschen als dem instinktreduzierten, marginal festgelegten Wesen aus, das selbst über sein Verhalten entscheidet. Um sich von dem dauernden Zwang, für ein bestimmtes Verhalten unter vielen möglichen Verhaltensweisen optieren zu müssen, zu befreien sowie um sein Verhalten mit den Zeitgenossen koordinieren zu können, suchten und entwickelten Menschen Verhaltensregelmäßigkeiten; solche entscheidungsentlastenden Verfestigungen nennt Gehlen Institutionen (Gehlen, Mensch). Die Verfestigung kann graduell unterschiedlich sein. Riten sind extreme Festlegungen. Am deutlichsten wird das im Falle von religiösen Riten, bei denen von der Beachtung der Festlegung die Wirksamkeit abhängt und Strafen der Nichtbeachtung folgen. Dem Ritus nahe steht das, was wir als „Ritual" bezeichnen wollen. Rituale sind wie Riten Festlegungen, aber nicht – wie das beim Ritus der Fall ist – offizielle, meist sogar schriftlich fixierte. In solche Rituale ist auch das Schenken gefaßt. „Interaktionsrituale" – so eine Bezeichnung und der Titel eines Buches von Erving Goffman – geben wie alle anderen Institutionen den am Schenken Beteiligten Sicherheit. Man weiß, was man zu tun hat. Das kann auch eine Voraussetzung dafür sein, daß Schenken tatsächlich als eine freudige Situation erlebt werden kann.

Bei Ritualen als Festlegungen lassen sich drei Ebenen unterscheiden. Zunächst sind die Bewußtseinsanteile zu berücksichtigen, also die die das Ritual begleitenden Gedanken und Gesinnungen. Aus der Verhaltensebene soll die verbale ausgegliedert werden, so daß das, was im folgenden „Verhalten" genannt wird, die nonverbalen Elemente einer Handlung sind. Diese drei Dimensionen sowie das Paar: Schenkender – Empfangender bilden die strukturgebenden Kategorien in einem Schema des Verlaufs von Schenkakten. Natürlich gibt die folgende Übersicht nur einen idealtypischen Verlauf wieder. Das bedeutet, daß in der Praxis bestimmte Details wegfallen können und Nuancierungen hinzukommen, die aus der Eigenart der beteiligten Personen, dem Milieu, dem sie entstammen, und der Situation, in der geschenkt wird, herrühren.

Schenken als ein System von Regeln

Die Phänomenologie der Schenkhandlung soll aus einer neuen Perspektive weiter entfaltet werden. Ausgangspunkt ist die Überlegung: Unser Leben ist umstellt von Regeln. Bei diesem Satz fallen einem sofort Gesetze und Verordnungen ein. Aber da ist noch mehr. In jeder Gruppe, in der man sich bewegt, gibt es Sitten und Gebräuche, Regelmäßigkeiten des Handelns, an die man sich „eben hält". Verstöße gegen die Regeln, gegen die staatlich vorgegebenen wie die in den Gruppen geltenden, sind nicht selten. Wer hat nicht schon gegen Bestimmungen des Straßenverkehrsrechts verstoßen, und wer hielte sich immer an die „guten Sitten"? Gerade die in einer Gruppe geltenden Sitten, die ja nicht kodifiziert, sondern stillschweigend eingeführt sind, werden meist durch Verstöße erst bewußt. Und es ist nicht so, daß Verstöße gegen die Gesetze stets härter bestraft würden als die Verletzung von Bräuchen. Das gilt auf keinen Fall, wenn man von den Empfindungen des sanktionierten Subjekts ausgeht. Ein „Geschnittenwerden" in einer Nachbarschaft oder in einer Schulklasse kann belastender sein als eine hohe Geldbuße oder eine drastische Schulstrafe. Neben den mehr oder minder sanktionierten Bräuchen und Sitten gibt es auch viel sogenanntes gewohnheitsmäßiges Verhalten, vieles, das man halt so tut; handelt jemand anders, wird es nicht sanktioniert; man nimmt die Alternative vielleicht lediglich mit etwas Verwunderung zur Kenntnis. Und zuletzt gibt es jene „Tiefenregeln" des Verhaltens, die erst mit viel Aufwand sichtbar gemacht werden können, z.B. mit Hilfe jener famosen Krisenexperimente, die der amerikanische Soziologe Harold Garfinkel durchführen ließ. So befahl er etwa seinen Studenten, sich während der Ferien zu Hause nicht wie die Kinder, sondern wie Gäste der Eltern zu benehmen (Psathas, S. 296). Das wissenschaftliche Ziel war, die Tiefenregeln des Verhaltens eines erwachsenen Kindes zu ergründen; der Effekt auf Seiten der Eltern war Ratlosigkeit ob des seltsamen Benehmens.

Staatliches Recht, Sitten, Bräuche und eingeschliffene Gewohnheiten regeln alle Bereiche des Lebens, so auch das Geschenkverhalten. Schenken als ein primär den Privatbereich betreffendes Verhalten ist nur bezüglich weniger Punkte Gegenstand rechtlicher Regelungen. Rechtlich läßt es sich so definieren: „Schenkung ist, so Paragraph 516 Abs. 1 BGB, eine Zuwendung, durch die jemand aus seinem Vermögen einen anderen bereichert, wenn beide Teile darüber einig sind, daß die Zuwendung *unentgeltlich* erfolgt" (Jäde, S. 98, Hervorh. d. J.). Das Versprechen einer Schenkung verlangt zur Gültigkeit notarielle Beglaubigung (Paragraph 518, Abs. 1, Satz 1 BGB). Die Rückgabe eines Geschenks ist nur in seltenen Fällen möglich (Paragraph 521 BGB), die Rückforderung im Falle einer aufgelösten Verlobung (Paragraphen 1297ff. BGB) ist dagegen unbestritten. Es ist auch möglich, ein Geschenk angesichts „groben Undanks" zurückzufordern (Paragraphen 528, 530, 531 BGB). In Juni 1992 war ein diesbezügliches Verfahren Gegenstand von Pressemeldungen. Wegen ehelicher Untreue des Schwiegersohns forderte eine Schwiegermutter die Rückübertragung eines Anteils an einem Haus, den sie dem Mann überlassen hatte. Der „Clou" dieses Urteils war, daß der Schwiegermutter nicht recht gegeben wurde; lediglich ihrer Tochter stünde im Fall eines Seitensprungs das Recht zu, eine Schenkung wegen „groben Undanks" zu widerrufen. In diesen enggefaßten Bestimmungen zur Rückforderung eines Geschenks spiegelt sich ein vierter Grundzug des Schenkens, den man den drei von Mauss genannten, nämlich Geschenk geben, Geschenk annehmen und Geschenk erwidern, hinzufügen könnte. Er lautet: Das Geschenk kann oder darf nicht zurückgefordert werden. Davon weiß schon der Kinderreim: „Geschenkt ist geschenkt, wiederholen ist gestohlen" (nach: Armbruster, S. 50).

Wem die bisher aufgeführten Bestimmungen als ein Zuviel an staatlicher Regelung erscheinen, mag dies mit dem Vererben von Vermögenswerten vergleichen, wobei hier die Frage außer Betracht bleiben soll, inwieweit das Vererben eine Form des Schenkens darstellt (vgl. S. 39, 17). Dazu Henning Jäde: „ ... von 2385 Paragraphen des BGB sind 463, also fast ein Fünftel, dem Erbrecht gewidmet ..." (S. 106). Im Gegensatz zu der relativ geringen Zahl an staatlichen Regelungen gibt es eine Unmenge von Geschenkbräuchen, -sitten und -gewohnheiten. Theodor Caplow hat in seiner Untersuchung des Weihnachtsfestes in Middletown das Verhalten von Einwohnern erfaßt und eine Reihe von Regeln festgestellt, die sich auf Geschenke beziehen. Diese Regeln lassen sich weit über den speziellen Fall „Weihnachten" hinaus anwenden.

Caplow nennt die Verpackungsregel (Rule, S. 1310f.). Geschenke müssen verpackt werden; ist das Geschenk zu voluminös, z.B. ein Fahrrad, wird es mit Hilfe einer Schleife symbolisch verpackt. Das Verpackungsmaterial soll dem Anlaß entsprechen, also in dem von ihm explizierten Fall hat es weihnachtlich zu sein, z.B. Weihnachtspapier mit aufgedruckten Tannenbäumen, Glocken, Weihnachtsmännern etc. William B. Waits hat für die USA folgende Enwicklung der Verpackungssitte nachgezeichnet: Im 19. Jahrhundert seien Geschenke nur selten verpackt worden; Weihnachtsgeschenke etwa wurden Kindern in die Strümpfe gesteckt, übrigens eine Vorgehensweise, die auch die Vertreter der Umweltbewegung gutheißen, wenn sie sich gegen den Verpackungsmüll wenden. Im 20. Jahrhundert verpackten zunächst die einzelnen ihre Geschenke selbst. In der Folgezeit übernahm mehr und mehr das Bedienungspersonal in den Geschäften, in denen Geschenke gekauft werden, diese Aufgabe als Serviceleistung. Dann wurden die Waren mit dem Festanlaß entsprechenden Verpackungen angeboten (S. 27f.), was allerdings in Deutschland meist nicht das Verpacken ersetzt. Es darf also neben der zeitlichen Dimension nicht der für begrenzte Kulturbereiche spezifische Anteil in solchen Regeln übergangen werden. Ein Beispiel mag dies verdeutlichen: In Deutschland überreicht man anläßlich von Einladungen Blumen, indem man das Papier, in dem sie verpackt sind, zuvor entfernt; in Frankreich überreicht man sie verpackt, und der Beschenkte entfernt sofort die Verpackung; in England werden sie verpackt überreicht und später ohne Beisein des Gebers geöffnet (Goody, S. 314). Besonders wichtig ist die Verpackung in China. Die Verpackung muß rot sein; rot ist unter anderem die Farbe des Glücks. Die rote Verpackung – meist aus Papier – definiert das Gegebene als Geschenk. In Japan dagegen ist schwarz-weißes Papier als Verpackung für Geschenke zu vermeiden, es gilt als unheilbringend (Geschenke). Zur Verpackungsregel liegen Umfrageresultate vor. Im September 1989 sprachen sich 70% aus einem repräsentativen Sample von Bundesbürgern für eine Verpackung von Geschenken aus, 21% waren dagegen, wobei angemerkt werden muß, daß in der Antwortvorgabe gegen die Verpackung eine diese Art der Antwort nahelegende Formulierung verwandt wurde – „... ist Verpackung oft überflüssig" und „soweit wie möglich darauf verzichten" – und daß ferner die Abfallproblematik und damit das Umweltbewußtsein angesprochen wurde – „damit nicht so viel Müll entsteht" – (Noelle-Neumann und Köcher, S. 186.). Die Verpackungsregel läßt sich also nicht so leicht aushebeln.

Weitere Regeln, die Caplow beschreibt, beziehen sich auf das Ambiente und die Situation, in denen geschenkt wird (Rule, S. 1308ff. und 1311ff.). Der Raum des Geschenktausches ist – wieder auf das Weihnachtsfest bezogen – weihnachtlich zu dekorieren, die Geschenke sind unter dem Weihnachtsbaum zu plazieren, sie sollten im Beisein aller ausgetauscht und mit dem Ausdruck der Freude und Überraschung enthüllt werden; im Familienkreis soll das Schenken mit einem Essen verbunden werden. Diese „Regeln" gelten weitgehend auch für Deutschland, folgt man einer Allensbach-Umfrage vom Dezember 1991, zumindest für das Weihnachtsfest, dessen Höhepunkt der Heilige Abend ist. Die Umfrageergebnisse eignen sich deswegen zu einem Vergleich mit den Caplowschen Regeln, weil nicht nach Absichten oder tatsächlichem Verlauf gefragt worden war, sondern „Was ... gehört zu der Art, wie Sie den heiligen Abend verbringen, unbedingt dazu?" (Noelle-Neumann und Köcher, S. 184). In den Alten Bundesländern ist dies für 77% der Befragten „ein festlich geschmücktes Weihnachtszimmer", wozu für 88% ein Weihnachtsbaum zählt. Für 81% ist der Geschenkaustausch ein Muß, 73% wollen „mit der Familie nett zusammensitzen", und 75% verbinden mit dem Heiligen Abend „ein besonderes Festessen". Interessanterweise sind die Anteile der Befragten in den Neuen Bundesländern höher. Die entsprechenden Prozentzahlen lauten: 81, 91, 86, 80, 86.

Auch zum Verhalten in Räumlichkeiten existieren Vorstellungen. Sie werden z.b. dann deutlich, wenn jemand ein Geschenk „zwischen Tür und Angel" überreicht und der Geber dem Beschenkten zusätzlich noch sehr nahesteht. Andererseits kann bei sehr großem sozialen Abstand ein Geschenk nur „abgegeben" werden, um die Behelligung des Höhergestellten durch eine aufwendige Übergabesituation auszuschließen oder den Verdacht zu vermeiden, man wolle dadurch sich mit dem Beschenkten auf gleiche Stufe stellen. Die letztere Intention kann auch für den umgekehrten Fall gelten, wenn der Höhergestellte dem eindeutig Rangniederen schenkt.

Eine ganze Reihe von Regeln, die Theodore Caplow aus seinem Forschungsmaterial über das weihnachtliche Schenken in einer US-amerikanischen Kleinstadt herausgefiltert hat, betrifft soziale Beziehungen zwischen Schenkendem und Beschenktem. Hier sind viele Details festzustellen. Ein erster Komplex von Regeln, den er als „Geschenkauswahlregeln" (The Gift Selection Rules) (Rule, S. 1313) bezeichnet, besagt, daß das Geschenk zwar generell emotionale Qualitäten besitzen soll, also über den Rahmen des rein Praktischen hinausreichen, individuelle Präferenzen des Beschenkten zum Ausdruck bringen und den Bedachten überraschen soll. Aber es dürfen im Geschenk nicht die Sympathien und Abneigungen gegenüber bestimmten Personen deutlich werden, falls sie als legitim geltende Ansprüche anderer tangieren. So ist es etwa nicht zulässig, dem Neffen deutlich mehr zu schenken als dem Sohn oder einem Sohn mehr als dem anderen. Der Wert der Geschenke ist an die Nähe der Verwandtschaft gekoppelt. Innerhalb des damit gesetzten Rahmens kann der Rang der einzelnen Beziehungen im Geschenk Ausdruck finden.

Die folgenden Details überschreibt Caplow mit „Ausgewogenheitsregeln" (scaling rules) (S. 1313f.): Die wertvollsten Geschenke sollten sich Eheleute oder Paare gegenseitig machen, wobei der Mann mehr ausgeben darf als die Frau. David Cheal gibt hierzu eine Begründung, die recht gut in unseren zentralen Argumentationsgang paßt: In dieser Werthöhe des Geschenks spiegele sich, daß die Gattenbeziehung normalerweise die am längsten überdauernde unter den wichtigen sozialen Beziehungen sei (Gift, S. 150, 152). Dann folgen die Kinder, wobei die Eltern mehr schenken, als sie von den Kindern erhalten. Die Ehepartner der Kinder sollten in gleichem Maße bedacht werden wie die eigenen Kinder; das gilt auch für andere Blutsverwandte und deren Partner. Eltern sollten alle ihre Kinder gleichwertig beschenken. Verheiratete Kinder sollten jedem Elternpaar gleichviel schenken, wobei die Mütter etwas mehr bekommen dürfen als die Väter. Geschwister sollten in der Kindheit gleichermaßen bedacht werden, später kann je nach

Kontakt variiert werden. Freunde können soviel wie Verwandte erhalten, aber weniger als Eltern oder Kinder. Hier zeigt sich auch für moderne Gesellschaften eine Konzentration des Geschenkegebens in der engeren Familie (S. 64, auch Uehara, S. 546). David Cheal sieht zu Recht in diesem innerfamilialen Schenken den Indikator einer „Familienideologie", nach der die Familie „ein attraktives Ideal" ist, das darin besteht, „daß, wenn alles schiefgeht, ein unverrückbarer Kern von dauernden persönlichen Beziehungen bleiben wird" (Gift, S. 75). In dieser Einheit werden Traditionen als überdauernde, identitätsstiftende Verhaltensweisen „erfunden" (invented) (S. 79), die auch das Schenken einschließen. Sie beziehen sich etwa im Falle von Weihnachten darauf, an welcher Stelle des Gesamtrituals die „Bescherung" stattfindet, vor oder nach dem Mahl, ob vorher gesungen wird oder nicht. Innerhalb der Bescherung kann es Regeln geben, wer zuerst die Geschenke öffnen darf oder muß, wie die Geschenke zu präsentieren sind und vieles mehr. In solchen Regeln, die ebenfalls oft erst in ihrer Infragestellung durch ein Familienmitglied bewußtwerden, zeigt sich der Hang des Menschen zur Institutionalisierung bzw. Ritualisierung, der unabhängig von von offiziellen Regelungen auch im kleinen Kreis fast „automatisch" wirksam wird.

Man kann die scaling rules ausweiten und auf das Schenken noch umfassendere Regeln anwenden, die an ethnologischem Material entwickelt wurden. Marshall Sahlins hat dazu ein Schema aufgestellt (S. 199). Innerhalb der Familie ist der Geschenkaustausch am intensivsten. Im Rahmen des Hauses (house) herrscht „generalisierte Reziprozität" (generalized reciprocity). Jeder schenkt und unterstützt jeden, ohne dabei die Erwiderung mitzudenken. „Die Erwartung der Erwiderung ist unbestimmt" (indefinite) (S. 194). Hier ergibt sich eine Übereinstimmung mit soziobiologischen Vorstellungen, nach denen innerhalb der Familie der strenge Altruismus vorkommt. Allerdings kann sich dieser auch noch auf die erweiterte Verwandtschaft beziehen. Nach Sahlins dominiert innerhalb der weiteren Verwandtschaft (lineage sector), aber auch innerhalb des Dorfes (village sector) und innerhalb des Stammes (tribal sector) die „ausgeglichene Reziprozität" (balanced reciprocity), das „Wie du mir-so ich dir". Auf den Zusammenhang von Geschenkaustausch und Zugehörigkeit zu einem Dorf verweist noch das lateinische „communis"; „com-munis" ist der Bereich, in dem man „mit Geschenken" (cum muneribus) verbunden ist (auch Laum, Wirtschaft, S. 245, 248). Reziprozität kann im Umgang mit Angehörigen außerhalb des Stammes (intertribal sector) vorkommen. Aber auch „negative Reziprozität" (negative reciprocity) ist nicht ungewöhnlich. Negative Reziprozität ist das, was oben als „induzierter Altruismus" oder einfacher als Betrug bezeichnet wurde. Bei Sahlins umfaßt der Begriff auch etwa Diebstahl und „Schacher" (haggling oder barter) (S. 195), denn auch bei letzterem ist ein Übervorteilen intendiert. Dieses von Sahlins entwickelte Schema kann im großen und ganzen für moderne Gesellschaften angewandt werden; dort ist der intertribal sector durch die Anonymität der Massengesellschaft ersetzt, in der viele Möglichkeiten des Betrugs und des Diebstahls existieren und genutzt werden. Und auch heute noch ist in der engeren Familie generalisierte Reziprozität üblich.

Ein solches Schema wie das von Sahlins ist lediglich als typologisch anzusehen und kann – wie immer angesichts der Vielfalt sozialer Realitäten – nicht alle vorkommenden Fälle abdecken. Das soll exemplarisch mit Material belegt werden, das die Ethnologin Pauline Wiessner bei den Kung-Buschleuten gewonnen hat. Ihre Ausführungen über das hxaro-System (nach: Eibl-Eibesfeldt, Biologie, S. 379ff.) widersprechen gleich zwei Annahmen, von denen im Zuge der vorliegenden Ausführungen bisher implizit ausgegangen wurde, nämlich zunächst der, daß in archaischen Gesellschaften lediglich kollektiv oder von den Spitzen für das Kollektiv Gaben ausgetauscht wurden, und weiter der Vorstellung, primär im familiären Nahraum werde geschenkt. „Hxaro" bedeutet Gabentausch, und damit verbunden Besuch, jedes Mitglieds eines Stammes mit Nichtverwandten, die im Extrem bis zu 200 Kilometer entfernt wohnen.

Die Regeln des Geschenkaustausches, die Caplow herausgefunden hat, sind äußerst komplex und lassen sich nicht auf eine oder wenige Formeln bringen. Sie spiegeln die Komplexität des privaten Lebens wider, denn nahezu alle Geschenke werden in diesem Rahmen gegeben. Caplow nennt die von ihm erarbeiteten Regeln „ungeschriebene und weitgehend nicht wahrgenommene" (Rule, S. 1306). Letzteres ist zu problematisieren. Diese Regeln sind sicherlich keine „Tiefenregeln", die erst mit Hilfe provozierender „Krisenexperimente" ins Bewußtsein gehoben werden müßten. Sie sind dem Individuum sicherlich nicht als säuberlich getrennte Einzelregeln, wie sie Caplow vorgelegt hat, bewußt, aber sie werden vom einzelnen in Ausnahme- oder Entscheidungssituationen wahrgenommen, und in diesem letzten Fall können sie auch die Basis des Einverständnisses zwischen allen Betroffenen, Schenkenden wie Empfängern, sein. Das könnte auch der Sinn der zunächst paradox erscheinenden Aussage des französischen Historikers Paul Veyne sein: „Die Regeln des Schenkens, die objektiv in unserem Verhalten impliziert sind, aus dem sie ein Beobachter logisch folgert, sind uns nicht bewußt. Das bedeutet aber nicht, daß sie uns darum unbewußt wären" (S. 34). Das gilt selbst für die Verpackungsregel. Wird sie nicht eingehalten und das Geschenk etwa mit den Worten überreicht: „Ich hatte keine Zeit zum Einpacken mehr und gebe es Dir so", erkennt man an der Entschuldigung das Bewußtsein, daß es eigentlich anders sein müßte. Nehmen wir weiter eine Mutter an, die ein Geschenk für eines ihrer Kinder entdeckt, das besonders passend für dieses spezielle Kind wäre, aber den Wert der Geschenke für die anderen Kinder übersteigt. In diesem Moment wird wahrscheinlich der Gedanke aufkommen: „Das darfst du nicht". Oder es werden Strategien erhoben, welche Kompensation für die anderen Kinder möglich ist. Vielleicht äußert sich dieser innere Vorwurf in einer ähnlichen Formulierung, wie sie im Lebensraum des Autors üblich ist: „Man hat alle Kinder gleichzuhalten", was eine umgangssprachliche Version der von Caplow sogenannten Ausgewogenheitsregel ist. Und am ehesten kommen die Regeln zum Bewußtsein und zur Sprache, wenn gegen sie verstoßen wird. Kommt jemand beim Geschenkaustausch deutlich zu kurz, wird er für sich selbst und eventuell auch vor anderen sich auf die Reziprozitätsregeln beziehen.

Eklatante Verstöße gegen Geschenkregeln können tiefgreifende und langandauernde Konflikte hervorrufen. Asoziale Gefühle wie Neid und Eifersucht können aufkommen. Helmut Schoeck verweist in seinem Buch „Der Neid" auf eine Novelle von Ernst von Wildenbruch mit demselben Titel. Die Situation, in der im Rahmen der Erzählung der Neid entsteht, ist gerade die Weihnachtsbescherung, während der ein Regierungsrat je ein Paar von Waisenkindern höchst ungleich beschenkt, womit er den Neid ins Bewußtsein heben und bekämpfen will. Schoeck, sonst ein Autor, der auch an entlegenen Stellen den Neid aufspürt, konstatiert hier jedoch: „Eine in der sozialen Situation völlig gerechtfertigte Empörung ist aber nie Neid" (Neid, S. 165). Ist der Hinweis auf die gerechtfertigte Empörung nicht ein glänzendes Indiz für die Ausgewogenheitsregel? Zentrale Beziehungen wie die zwischen Eltern und Kindern können im Falle ihrer Verletzung auf Dauer beeinträchtigt werden.

Generell kommen also besonders in der Reflexion über mißglücktes Schenken und den daraus erwachsenden Folgen Regeln des Schenkens zum Vorschein; sie sind expliziter Bezugspunkt für Überlegungen und Äußerungen. Schenken erweist sich wieder einmal als keineswegs einfache Angelegenheit; vielleicht nennt Friedrich Nietzsche deswegen das Schenken „die letzte listigste Meister-Kunst der Güte" (S. 298).

8. Schenken und soziologische Konzepte (II): Lebenslauf

Niklas Luhmann, eine zentrale Figur in der deutschen Soziologie der Gegenwart, hat an verschiedenen Stellen (z.B. Soziologie, S. 121f.) drei Ebenen für die soziologische Analyse von Phänomenen vorgeschlagen: die zeitliche, die sachliche und die soziale. Die soziale Ebene, die sich in Beziehungen manifestiert, hat unsere bisherigen Überlegungen geleitet; die Aufrechterhaltung oder Bestärkung sozialer Beziehungen sind danach das funktional ausgerichtete Definiens für Schenken. Die sachliche Dimension kam in erster Linie in den Ausführungen über das Geschenk als eines der beiden Grundelemente des Schenkens zur Sprache (6. Kap.). Im folgenden soll die zeitliche Dimension im Mittelpunkt stehen.

Setzt man – so der „rote Faden" in unserer Abhandlung – Schenken in ein enges Verhältnis zur sozialen Beziehung, so ist der Faktor „Zeit" stets mitzudenken. Soziale Beziehungen besitzen Dauer, und Geschenke markieren Zäsuren in dieser Dauer. Man kann nahezu permanent – körperlich oder in Gedanken – mit bestimmten Menschen zusammen sein, aber nicht permanent schenken. Schenken meint ausgezeichnete Momente in einer Beziehung.

Das Schenken selbst weist noch in mehreren Hinsichten Bezüge zum Phänomen „Zeit" auf, die der Klassifikation von Geschenken dienen können. Einer dieser Bezüge ist der zeitliche Abstand von Geschenk und Gegengeschenk. Man kann die Geschenkanlässe nach dem Vorkommen und der Ausprägung dieses zeitlichen Kriteriums einteilen. Bei einer Taufe schenken Eltern wie Kind nicht zurück. Geburtstage sind typische Situationen für Geschenke mit Verzug, zu Weihnachten beschenkt man sich gegenseitig simultan (Eichler, S. 46).

Eine weitere zeitliche Einteilung ist die in einmalige, seltene und wiederkehrende Geschenkanlässe. Das Geschenk zur Reifeerklärung (Erstkommunion, Konfirmation, Jugendweihe) ist einmalig, Geschenke zu nacheinander geschlossenen Ehen oder zum Bezug einer neuen Wohnung sind seltene, Geschenke zu Geburtstag oder Weihnachten sind wiederkehrende (Eichler, S. 45).

Hans-Volker Eichler hatte als Antwort auf seine Frage nach „wichtigen Geschenksituationen" folgende fünf am häufigsten genannte Anlässe ermittelt: Geburtstag, Weihnachten, Hochzeit, Prüfung/Examen, Jubiläum (S. 313). Daß sich „Prüfung/Examen" in diesem Katalog findet, wird auf die befragte Population – sie bestand aus Studenten – zurückzuführen sein. Doch paßt auch diese Antwort in das folgende zeitliche Grobraster: Hochzeit, Prüfung/Examen und Jubiläum sind ausgezeichnete Punkte im *Lebenslauf*, Geburtstag und Weihnachten sind *wiederkehrende Geschenkanlässe*. Das Schenken entsprechend diesen beiden fundamentalen zeitlichen Variablen soll in diesem und dem folgenden Kapitel detailliert erörtert werden.

Der menschliche Lebenslauf ist keine primär biologische Abfolge, sondern ein sozial normierter Prozeß. Auch die einzelnen Phasen sind in erster Linie sozial definiert. Zum Beispiel bestehen zwischen der Erreichung biologischer Reife und der sozialen Reifeerklärung vielfach nur vage Zusammenhänge.

Der Begriff der sozialen Reife weist noch auf einen anderen Sachverhalt hin. Durch die Erklärung der sozialen Reife wird der einzelne ein anderer. Es ist beispielsweise kein Kind mehr, sondern ein Erwachsener, kein unmündiger, sondern ein mündiger, für sich selbst verantwortlicher Mensch. Es hat einen Übergang, eine Passage vollzogen. Mit dem Abschluß der Passage ist das Individuum ein neuer Mensch geworden. Aus dem Heiden wird durch die Taufe ein Christ, aus dem Spielkind durch die Einschulung ein Schulkind, aus dem Junggesellen oder der Junggesellin durch die Heirat ein Ehemann oder eine Ehefrau. Man macht diesem neuen Menschen ein Geschenk und erkennt ihn damit augenfällig als solchen an. Erving Goffman würde diese Geschenke „„Ratifizierungsrituale"" nennen, „die für und gegenüber einem Individuum verrichtet werden, bei dem sich der Status – seine Beziehungen, seine Erscheinung, sein Rang, kurz, seine Zukunftsaussichten und seine Orientierung im Leben – in irgendeiner Weise geändert haben" (Individuum, S. 103). Bestimmte Formen der Reifeerklärung werden im Anschluß an den Titel des 1909 zum ersten Mal aufgelegten Buches von Arnold van Gennep „Rites de passage" Übergangsriten genannt. Innerhalb solcher Übergangsriten spielen Geschenke oft eine Rolle. Neben ihrer Funktion als Ratifizierungsritual unterstreichen sie das im Ritus Gemeinte materiell. Van Gennep unterteilt solche Übergangsriten nochmals in drei Phasen, von denen die Trennungsphase den Abschied vom bisherigen Status meint. Die zweite ist die Schwellen- oder Übergangsphase, das Zentrum des Übergangsritus'. Die Angliederungsphase setzt den Anfang für den Alltag im neuen Status. Am Beispiel der Hochzeit werden die Phasen in bezug auf das Schenken ausführlich konkretisiert werden.

Der Lebenslauf ist in unserer Kultur schon immer eine wichtige Denkkategorie zum Begreifen der menschlichen Existenz gewesen. Darauf weisen etwa mittelalterliche Bilder über die Lebensalter und volkstümliche

Sprüche hin. In der modernen „Biographie" ist das Individuelle des Lebenslaufs mitgedacht, das zu reflektieren ist und im Begriff der Selbstverwirklichung, der eng mit dem der Biographie verbunden ist, Rechenschaft über den Lebenslauf und den Willen, ihn zu gestalten, verlangt. Das Interesse an Biographie als einer wichtigen Form individualisierten Selbstverständnisses hat auch eine derzeit ständig expandierende soziologische „Biographieforschung" hervorgebracht. Im folgenden ist jedoch das traditionelle Lebenslaufschema mit zentralen Ereignissen einer „Normalbiographie" gedanklicher Bezugspunkt.

Geburt

Der Lebenslauf als sozialer Prozeß ist von Schenkakten begleitet, die an den Zäsuren praktisch Regelfälle sind. Die Biographie setzt mit der Geburt ein; das belegt jeder geschriebene Lebenslauf, dessen Abfassung und Fortschreibung vom Zeitgenossen immer wieder gefordert wird. Anläßlich einer Geburt können Geschenke an verschiedene Adressaten gegeben werden.

Bei der Geburt eines Kindes, die die Entstehung oder Erweiterung einer Familie bedeutet, wird in westlichen Gesellschaften heute meist in erster Linie das Neugeborene beschenkt. Oft sind es praktische Dinge wie Textilien, aber auch Spielzeug. Soll das Geschenk anläßlich der Geburt generell die Bande zu den Eltern bekräftigen und zu dem neuen Familienmitglied anknüpfen, so ist im Falle der praktischen Geschenke auch die Funktion der Unterstützung (Fallbeispiel bei Cheal, Gift, S. 89) zu erkennen, im Falle der Spielzeuge die der emotionalen Zuwendung. Auch Geldgeschenke an das Neugeborene sind üblich; hier kommt wieder die Funktion der Unterstützung in der speziellen Form der Sorge um die Zukunft zum Tragen.

Oft wird mit der Taufe oder einem vergleichbaren Ritual der Namensgebung eine Art öffentlicher Aufnahme in die Gesellschaft vollzogen. Um es in der dem Begriff der rites de passage angemessenen Terminologie zu sagen: Aus einem biologischen wird ein soziales Wesen. Bei der Taufe ist ein Pate unabdingbar. Theologisch gesehen bekennt er sich stellvertretend für das unmündige Kind zum Glauben. Bei der Auswahl des Paten standen und stehen allerdings für die Eltern meist sehr irdische Fragen im Vordergrund, z.B. die Versorgung des Kindes im Falle des frühen Todes der Eltern, aber auch die Findung einer Person, die für die Aufnahme in den engeren Familienkreis geeignet erscheint. Die Familiensoziologie spricht im Falle der Patenschaft von einer künstlichen Erweiterung der Verwandtschaft (Neidhardt, S. 25). In vielen Kulturen beinhaltet die Übernahme einer Patenschaft die Begründung einer lebenslangen exklusiven Beziehung zwischen Pate und Patenkind. Die Übernahme der Patenschaft ist so gut wie immer mit einem Geschenk an das Patenkind verbunden, oft ist es ein Geldgeschenk. Der sog. Patentaler als Taufgeschenk ist für das Mittelalter verbürgt und so eines der ältesten dokumentierten Geschenke. Ein weiteres beliebtes Geschenk ist der Löffel – er hilft angeblich dem Kind beim Gedeihen (Sartori, Sp. 718) – sowie Eier. Auch später werden vom Paten Geschenke erwartet. Für Thüringer Verhältnisse galt: „Z.B kauft der Taufpate das Taufkleid, überreicht den Patenbrief und bindet den Patentaler ins Taufkissen, schenkt zu jedem Weihnachtsfest ein Kleidungsstück, zu Neujahr eine Brezel, zu Ostern eine bestimmte Anzahl Eier (für deren Empfang in der Sonneberger Gegend eigene ‚Gründonnerstagskörbchen' angeschafft wurden), bei Schulbeginn den Ranzen, zur Konfirmation oder Firmung eine Uhr oder eine Kette, zur Hochzeit ein größeres Geldgeschenk" (Weber-Kellermann, Brauch, S. 5).

In der Pfalz war es üblich, daß die männlichen Patenkinder am Neujahrstag beschenkt wurden; das mancherorts „Bubenschenkel" genannte Hefegebäck enthält geschlechtliche Symbolik. Eine solche Symbolik tritt auch deutlich bei einem der seltenen Fälle des Geschenks der Eltern anläßlich der Geburt eines Kindes deutlich zutage: In den USA werden anläßlich der Geburt eines Jungen Zigarren verschenkt. Dieses Geschenk ist insofern noch von Bedeutung, als es ein Beispiel eines Geschenks der Eltern und nicht an die Eltern oder an das Kind ist. Solche Geschenke der Eltern sind in vielen Kulturen feststellbar (Gennep, S. 55, 61f.). Sie sind ein Zeichen, daß ein neues Mitglied zu der bestehenden Gesellschaft gekommen ist, und das Akzeptieren des Geschenks könnte gleichzeitig das Akzeptieren des neuen Mitglieds signalisieren. Hier paßt der Begriff des Angliederungsritus, den van Gennep als letzten Teil eines Übergangsritus' ansieht (S. 21).

Grimms Wörterbuch belegt für 1760 ein „geschenk aufs wochenbett" (Grimm und Grimm, Sp. 3853). Aber der Brauch ist älter (Bange, S. 125ff.). Geschenke an die Wöchnerin waren in vielen Gegenden Deutschlands üblich. Oft waren es Speisen, sie sollten die geschwächte Mutter stärken (Sartori, Sp. 717). Besucher der Wöchnerin waren im Mittelalter ausschließlich Frauen (Bange, S. 126). Sie brachten neben Speisen auch Geldgeschenke mit, deren Wert – wie bei anderen Geschenken, z.B. den Paten- wie den Hochzeitsgeschenken – oft von der Obrigkeit nach oben hin begrenzt wurde (S. 130)

Die Geschwister eines Neugeborenen erhielten bisweilen Zuckerwerk, das angeblich das neue Familienmitglied mitgebracht hatte. Wahrscheinlich sollten solche Geschenke den Geschwisterneid dämpfen (Sartori, Sp. 717).

Kindheit und Jugend (1)

Dem Kind wird im Laufe der ersten Lebensjahre viel geschenkt. So gehört es zu den Quasi-Pflichten eines Besuches, den Kindern in einem Haushalt etwas mitzubringen. Im Sinne eines ökonomistischen Ansatzes ist die spontane Freude des Kindes ein Äquivalent für die materielle Gabe. Hier aber setzt ein oft problematisches Lernen ein: Denn Kinder lernen nicht nur, sich wie Erwachsene zu zieren („Das ist doch nicht nötig"), sondern auch – oft nach eingehender Ermahnung der Eltern – Freude zu heucheln.

Schenken seitens der Eltern ist oft auch als erzieherische Maßnahme gedacht. Es sei noch darauf verwiesen, daß Geschenke nicht nur Belohnungen für vergangenes Wohlverhalten sein, sondern auch zukünftiges Wohlverhalten anzielen können, indem Schuld und Scham bewirkt werden sollen. „Ich schenke Dir dies, obwohl Du so ein böser Junge bist", so kann offen oder eher unterschwellig die Botschaft des Geschenks lauten (Schwartz, S. 8). Kinder können auch Geschenke erhalten, wenn sie in ein ihnen fremdes Haus kommen. In manchen Gegenden mußte dem Kind in diesem Fall sogar etwas geschenkt werden, damit es nicht Unglück ins Haus bringe (Sartori, Sp. 718).

Seit ca. 200 Jahren geben sich die Eltern zu bestimmten Geschenkgelegenheiten gar nicht mehr als Schenkende zu erkennen, sondern schieben den Nikolaus, das Christkind oder den Osthasen vor. Besonders im Falle des Christkindes ergibt sich eine Situation, in der der Wunsch, das Wunderbare zu erleben, in einer kaum zu übertreffenden Form erfüllt wird. Das Kind macht im Glauben an das Christkind als den Gabenspender eine zutiefst das Transzendente betreffende Erfahrung. Gerade unter religiös gestimmten Zeitgenossen wird jedoch die Frage, ob das Christkind in die Kinderwelt eingeführt werden dürfe, kontrovers diskutiert. Die einen meinen, eine solche Vorstellung sei eine Vermittlung der Idee des Jenseitigen, die anderen sind der Ansicht, mit der Aufklärung über den tatsächlichen Ursprung der Geschenke werde der Glaube an alles Jenseitige unterminiert oder wenigstens erschüttert.

Exkurs: Zur Entwicklung des Schenkverhaltens bei Klein- und Schulkindern

Das Kind erhält nicht nur Geschenke, es schenkt auch. Und so lernt es nicht nur, wie man Geschenke empfängt, sondern auch, wie man sie gibt. Ohne weitere Diskussion soll darauf verwiesen werden, daß – folgt man psychoanalytischen Vorstellungen – eine wenig strenge Sauberkeitserziehung in der sogenannten analen Phase und die weitgehende Befriedigung oraler Bedürfnisse tendenziell Großzügigkeit beim Schenken erzeugen soll (Stanjek, S. 26f.). Ansonsten scheint Imitation eine große Rolle beim Erlernen des Schenkverhaltens zu spielen (S. 28f.). Geschenkähnliche Züge hat das Überreichen von Gegenständen und vor allem das Füttern von Erwachsenen, das interkulturell bei Kindern ab etwa dem 11. Monat des ersten Lebensjahres beobachtet wird (S. 201). Solche Handlungen sind auch Beziehungshandlungen: „Das Kind zeigt in diesem Alter bereits Interesse am äußeren Ergebnis seiner Handlungen und stellt fest, daß seine Mutter ein angebotenes Objekt annimmt, vielleicht lächelt oder verbal reagiert" (S. 200). Faßt man solche Akte als Geschenkakte auf, was besonders beim spontanen Überreichen von Nahrung naheliegt, so kann man aufgrund der in vielen Kulturen vorgefundenen identischen Phänomene von einem Humanum ausgehen, das als Disposition genetisch gesichert ist. Auf diese Weise ließe sich das Überreichen von Geschenken nicht nur als eine archaische Art der Kontaktaufnahme, sondern auch als eine der ontogenetisch frühesten charakterisieren. Dazu noch einmal Stanjek: „Kleinkinder können, bevor sie sprechen können, durch Überreichen ... die Aufmerksamkeit ihrer Bezugspersonen kontrollieren sowie Kontakte herstellen zu bekannten oder fremden Erwachsenen wie auch zu Gleichaltrigen ..." (S. 204).

Details zur Entwicklung der Vorstellungen zum Schenken bei Kindern hat auch der Ökonom Bernhard Laum, Verfasser des Standardwerks „Schenkende Wirtschaft", 1966 in seiner Schrift „Kinder teilen/tauschen/schenken" vorgelegt. Basis seiner Ausführungen, die er im Untertitel als „Ein kindersoziologischer Versuch" bezeichnet, sind schriftliche Interviews mit mehr als 1000 Schulkindern im Alter von sechs bis vierzehn Jahren. Ferner hat er einige Experimente mit seinen Enkeln durchgeführt. Und hier sind seine Ausführungen zu dem, was er „Mitgeben" nennt, mindestens ebenso interessant wie das, was explizit unter „Schenken" dargelegt wird. Er versuchte, seinen eineinhalbjährigen Enkel Markus dazu zu bringen, Dinge mit ihm zu teilen. Auf die Aufforderung des Großvaters gab dieser ihm Süßigkeiten in die Hand und fütterte ihn auch mit Nachtisch, den der „Proband" selbst sehr mochte. Lediglich den ersten Becher Milch am Morgen wollte er nicht teilen. Doch die beiden ersten Abgabehandlungen wurden mit viel Freude durchgeführt. So kann Laum resümierend bemerken: „Pflegeinstinkt und Nachahmungstrieb, Spiellust und Selbsttätigkeitsstreben, jedes dieser vier Motive kommt als Wirkkraft in Frage; alle sind so miteinander verwoben, daß sich der gradmäßige Unterschied nicht feststellen läßt" (S. 73). Dieses Abgeben gegenüber einem konkreten anderen ist sicherlich mindestens eine Vorform des Schenkens. Es sind nicht zufällig Lebensmittel, die so gegeben wurden (s. S. 117). Das spontane Mitmachen des Kindes wie der Laumsche Hinweis auf „Pflegeinstinkt" läßt als eine partielle Verwurzelung des Schenkens im menschlichen Verhalten generell deuten. Es steht so „einer natürlichen Neigung des Menschen, zu handeln und Dinge gegeneinander auszutauschen" nahe, von der Adam Smith in seinem 1775 zum ersten Mal aufgelegten Werk „Der Wohlstand der Nationen" spricht (S. 16; auch Laum, Kinder, S. 157). In welcher Weise bei der geschilderten Weise des „Schenkens" biologische Mechanismen wirksam wurden, dürfte derzeit nicht nachweisbar sein; es geht bei der „natürlichen Neigung" bestenfalls um einen „Indizienbeweis". Die Ethologie zieht zur Demonstration angeborener Mechanismen bisweilen Ergebnisse der Säuglingsforschung heran. Dabei wird davon ausgegangen, daß der Säugling noch kaum von Kultur geprägt sei und daß das biologische Mitgegebene noch deutlicher zu Tage trete (Schmied, Religion, S. 18). Der eineinhalbjährige Markus steht diesem Stadium nahe, aber schon daß das Füttern des Großvaters mit dem Löffel geschieht, zeigt deutlich die kulturelle Überformung des Verhaltens.

Im Laufe des Heranwachsens wird dem Kind viel über Weggeben und Schenken vermittelt. Folgt man den Äußerungen von Schulkindern, so sind Eltern oft bemüht, die oben sogenannte natürliche Neigung zum Weggeben zurückzudrängen. Als Laum nach dem Weggeben von Spielzeug und Süßigkeiten fragte, zeigte sich, daß Eltern regulierend und verbietend eingreifen. Ein Zwölfjähriger schreibt: „Denn die Sachen, die 4 bis 5 DM haben, darf ich nicht verschenken. Sonst werde ich Schläge bekommen" (S. 78). Und ein zehnjähriges Mädchen: „Ich gebe nichts ab. Weil ich nicht darf. Höchstens einmal ein Bonbon. Wenn es meine Mutter nicht sieht" (S. 78). Allerdings darf die Neigung zum Abgeben nicht als grenzenlos gesehen werden. Kinder wollen „etwas" abgeben (S. 77, zu Details S. 82ff.), und schon Markus wollte das Glas Milch nicht teilen und trank es auf ein Mal aus.

Interessant sind Äußerungen, die zeigen, daß Verwandte einen höheren Stellenwert einnehmen als Freunde. So heißt es: „Meinem Bruder schenke ich schon ein Auto, aber meinem Freunde gebe ich ein oder zwei Bonbons" (S. 81). Und von direkten elterlichen Anweisungen dürfte die folgende rechenhafte Aussage unabhängig sein: „Meinen Geschwistern gebe ich die Hälfte und meinem Freund ein Drittel der Süßigkeiten" (S. 81). Hier bilden sich interkulturell weitverbreitete Muster ab (vgl. S. 151ff.).

Bei den Gründen für das Abgeben spielt das Neidmotiv, das Helmut Schoeck als ebenfalls kulturübergreifend höchst wirksam herausgearbeitet hat, eine wichtige Rolle. Ein dreizehnjähriges Mädchen argumentiert: „Ich kann es nicht sehen, wenn sie zugucken, dann kann ich selber nichts essen" (Laum, Kinder, S. 85). Und Neidvermeidung – Laum spricht gar von archaischer Angst vor dem bösen Blick – ist sicher im Spiel, wenn ein Mädchen zugibt: „... wenn ich etwas habe, dann eß ich es, daß es keiner sieht" (S. 85).

In Kinderaussagen zum Mitgeben sind weitere allgemeine Vorstellungen, die das Schenken leiten, zu finden: die Verurteilung des Geizes (S. 87), das Aufsteigen der Scham beim „Versagen" im Bereich des Schenkens (S. 102), und das Reziprozitätsprinzip (S. 88), das in den eigentlichen Ausführungen Laums zum Schenken verstärkt hervortritt (S. 103 f.). Ausnahmen vom Reziprozitätsprinzip gegenüber Bedürftigen werden thematisiert (S. 90ff.). An anderer Stelle wurden pauschale Argumente aufgeführt, um das Geben eines Gegengeschenks zu umgehen: „Man braucht nichts zurückzugeben. Denn ich habe demjenigen ja nicht gesagt, er soll mir das schenken" (S. 105). In dieser Überlegung kommt allerdings auch das Freiwillige des Schenkens zum Tragen. Es wird weiter ins Spiel gebracht, ob nicht die Geburtstagseinladung und der mit ihr verbundene Aufwand nicht schon ein Gegengeschenk für das dem Geburtstagskind Mitgebrachte seien? Und erst bei den ältesten der Schulkinder findet man die Vorstellung, man schulde demjenigen, der einen beschenkt hat, ein Gegengeschenk (S. 104).

In dem Abschnitt über Schenken reflektiert Laum anhand von Kinderaussagen über: Geld als Geschenk (S. 97), gekaufte und selbstverfertigte Geschenke (S. 98f.), Dienstleistungen wie Helfen im Haushalt als Geschenk; sogar das Artigsein als Geschenk wird genannt (S. 100). Die Kinder haben ihre Lektion gelernt, die weit weg ist vom spontanen Abgeben des kleinen Markus, das hier hoffentlich nicht zu rousseauistisch gedeutet wurde.

Ein spezielles Thema, das in dem hier berücksichtigten Buch seinen Platz hat, ist die Frage, ob und wie Kinder Erwachsenen zurückschenken sollen. Diese Frage ist ein Reflex auf eine kulturspezifische Situation, in der z.B. die Eltern sich den kleineren Kindern gar nicht als Schenkende zu erkennen geben und etwa Weihnachtsmann oder Osterhase vorschieben. Das kommt wahrscheinlich in Äußerungen wie der folgenden zum Ausdruck, die von einem Zehnjährigen stammt: „Kleine Kinder brauchen nichts zu verschenken. Aber größere müßten es tun" (S. 105). Und ein Stück Eigennutz kann aus der Feststellung herausgelesen werden: „Die Kinder denken, die Mutter und der Vater sind ja keine Kinder mehr, und wir brauchen ihnen nichts zu schenken" (S. 105). Laum kommentiert: „Der kleine Kerl hat also das Empfangen von Geschenken gewissermaßen zum Monopol für Kinder gemacht" (S. 105). Dennoch: Diese Aussage eines Neunjährigen liegt in unserer „kulturellen Logik". Damit soll die Darstellung von Laums Aussagen abgeschlossen sein.

Zum Lehrplan von Kindergärten und Grundschulen gehört ein moralisches Programm, das die Erziehung zum Schenken oder besser: zum „richtigen", das heißt normativ-pädagogischen Vorstellungen entsprechenden Schenken einschließt. International verbreitet scheint zu sein, daß man Kinder, etwa zum Weihnachtsfest, einen Zettel mit dem Namen eines anderen Kindes ziehen läßt, das dann zu beschenken ist (Wuthnow, S. 293f). Meist wird ein Wert der Geschenke vereinbart, so daß hier auch die Regel einer ungefähren Reziprozität eingeübt wird. Im Rahmen dieses Lehrplans wird dem Kind unter anderem beigebracht, daß es auch immaterielle Geschenke gibt, wie zum Beispiel aufgesagte Gedichte. Das Programm hat oft eine praktische Seite. Es werden Geschenke gebastelt, über die sich Eltern trotz oft manifester Spuren der Ungeschicklichkeit zu freuen haben. Solche Praktiken basieren auf einem „Hochprogramm", denn im weiteren Leben der Kinder werden selbsthergestellte Geschenke trotz der ihnen in den Erziehungsgrundsätzen der Institutionen zugeschriebenen besonderen Wertschätzung keine derart große Rolle mehr spielen. Dieses Hochprogramm könnte durchaus mit der didaktischen Absicht verbunden sein, das Phänomen des Schenkens dadurch schärfer zu umreißen, daß es vom allenthalben üblichen Austausch von Gütern durch Kauf und Verkauf weit entfernt wird.

Kindheit und Jugend (2)

Geschenke markieren weitere Zäsuren. Wichtig ist der Schuleintritt. Aus dem „Spielkind", das mehr oder weniger nach Lust und Laune seine Zeit verbringen konnte, wird ein Schulkind, das innerhalb des festen Rasters „Stundenplan" Verpflichtungen zu übernehmen hat. Die Aufnahme in die Schule ist ein profaner Übergangsritus, den Eltern wie Kinder gespannt erwarten und durchleben. Dieser Ritus ist meist mit Geschenken verbunden; die im Rahmen der Studie „Jugend '92" Befragten gaben zu 78% an, sie hätten – so der Wortlaut der Frage – „zur Einschulung etwas geschenkt bekommen" (Jugendwerk, S. 158). So ist die Schultüte, die die Angst vor der ersten sekundären Institution „versüßen" soll, ein typisches Geschenk anläßlich des Eintritts in das Bildungswesen, dessen erfolgreiches Durchlaufen ein wesentlicher Faktor für die Wahrnehmbarkeit von Berufschancen ist. Ursprünglich „Reiferiten" sind Erstkommunion und Firmung auf katholischer Seite und die Konfirmation auf protestantischer Seite. Ein typisches Geschenk zu diesen Anlässen ist teilweise heute noch und war vor allem in früheren Zeiten, als sie noch ein relativ teurer Gegenstand war, eine Uhr. Dieses Geschenk kann insofern den angenommenen Status der Reife, des Erwachsengewordenseins anzeigen, als zu dieser Reife auch die eigenverantwortliche Anwendung der Vorstellungen über Zeiteinteilung gehört. Es wirft natürlich ein Licht auf unsere Gesellschaft, daß gerade dieser Gegenstand zum Anzeichen der Reife wurde. Das unsichtbare und doch unübergehbare Phänomen der Zeit scheint wesentlich unsere Gesellschaft zu bestimmen; Vorstellungen über Zeitverwendung und Zeitverschwendung sind omnipräsent, Dringlichkeit und Pünktlichkeit bestimmen unser Alltagshandeln (Schmied, Zeit, S. 13).

Die Reifestufen „Beendigung eines Ausbildungsverhältnisses" (Abschluß einer Lehre, Abitur, Abschlußexamina) und „Berufseintritt" sind nicht von eingespielten Geschenkformen begleitet, jedoch dürfte die erstere häufig Anlaß für Geschenke sein. Aber sie sind für das Geschenkverhalten insofern von Belang, als mit der Erreichung solcher Stufen das Individuum immer mehr als eigenständiges hervortritt, das außerhalb der Herkunftsfamilie Geschenke macht, während es zuvor in elterliche Geschenke einbezogen gedacht wurde. Auch gegenüber den Eltern und Großeltern wird die Asymmetrie im Geschenkwert wenigstens teilweise abgebaut (Moschetti, S. 3). Mit anderen Worten: Es entwächst Rollen, in denen kein oder kein adäquates Geschenk oder Gegengeschenk erwartet wird. Eine solche Rolle ist übrigens auch noch die des Studenten; dieser ist oft ebenso vom Schenken absolviert wie der Kranke oder der Mönch (Sherry, jr., S. 160).

Hochzeit

Verlobung und Hochzeit sind sehr wichtige Geschenkanlässe. Aber auch die Zeit vor diesen Einschnitten im Leben des Paares und seiner Eltern ist von Geschenken begleitet.

Auch vor der Verlobung und Hochzeit werden heutzutage sicher unter den Brautleuten Geschenke ausgetauscht. Aber ihre zentrale Position in der Entwicklung der Beziehung, die zur Ehe führen soll, ist eindeutig zurückgegangen. Und zwar besaßen in früheren Zeiten solche Geschenke besondere Bedeutung. Solche Geschenke waren „Liebespfänder", die die Ernsthaftigkeit und Dauerhaftigkeit des Eheversprechens, also das Versprechen einer lebenslangen Verbindung, bezeugen sollten, dessen Einlösung vielleicht angesichts der noch ausstehenden elterlichen Zustimmung oder einer gefahrvollen Reise oder eines Kriegszugs unsicher war. Die jungen Männer schenkten kunstvoll geschnitzte oder bemalte „Minnekästchen", aber auch verzierte Gebrauchsgegenstände wie Spinnrocken und Waschhölzer (Tobler, S. 736). Vor allem aber der weibliche Part schenkte. Häufig wurden Ring, Kette oder ein Blumenkranz gegeben. Beliebt war auch der Löffel, so daß „löffeln" eine Zeitlang ein bildlicher Ausdruck für „umwerben" war (Beitl, Text zu Tafel 5 a-d). „Der wirksamste und wertvollste Talisman und das nach mittelalterlich-höfischer Ausdeutung vollkommenste ‚Kleinod' waren das Hemd oder der Ärmel ‚vom bloßen Leib' oder ‚bloßen Arm'". Dies schreibt Klaus Beitl (S. 16), der Geschenke zwischen Liebenden vom 16. bis 19. Jahrhundert präsentiert. Wichtig waren ferner Faden und Bänder, die direkt die Verbundenheit zwischen Schenkender und Beschenktem ausdrücken. Walter Tobler weist in diesem Zusammenhang auf Goethes frühes Gedicht mit dem Titel „Mit einem gemalten Band" hin (S. 738). Und besondere Wirksamkeit in bezug auf eine Bindung sprach man dem Brautgürtel zu (ebd., S. 741).

In vielen Kulturen sind aber auch Geschenke üblich, die vielleicht nominell einer Umworbenen (seltener einem Umworbenen) gelten, aber letztlich der Familie gegeben werden (Gennep, S. 130), was auch direkt geschehen kann, wie beispielsweise bei den Pygmäen, wo der junge Mann den künftigen Schwiegereltern Jagdbeute und dem Schwiegervater in spe Bogen und Pfeile gibt (Stanjek, S. 48). Werden sie angenommen und auch erwidert, ist das – wie bei Geschenken oft vorauszusetzen – ein wichtiges Zeichen der Bindung zwischen den künftigen Eheleuten wie ihrer Familien (Laum, Wirtschaft, S. 87f). Hier wie beim Schenken zwischen den voraussichtlichen Ehepartnern gilt das französische Sprichwort „Qui prend s'engage"; wer nimmt, verpflichtet sich (Tobler, S. 736).

Mit Geschenken an die künftige Partnerin oder deren Familie trennt sich der einzelne nach van Gennep vom bisherigen Status. Dieser Trennungsphase, innerhalb derer die Geschenke zum „Trennungsritus" (S. 21) gehören, folgt dann mit der Verheiratung die Umwandlungsphase, in der Umwandlungsriten – wiederum mit Geschenken – stattfinden. In dem völkerkundlichen Material, das van Gennep gesammelt hat, ist auch von Geschenken der Brautleute an Dritte die Rede (S. 126). Sie sind vergleichbar mit den kleinen Geldgeschenken, die in manchen Gegenden Deutschlands den Kindern gegeben werden, die nach der Trauung den Weg mit Seilen versperren, an denen Körbchen hängen. Mit dem Geldgeschenk kaufen sich die Brautleute frei; man kann diesen Brauch auch als Anerkennung der neuen Verbindung interpretieren.

Verlobung und vor allem Hochzeit sind für viele Paare auch in modernen Gesellschaften mit einem Geschenkumfang verbunden, wie er niemals im Leben mehr erreicht wird. Diese Regel gilt übrigens für viele Gesellschaften, wie z.B. Raymond Firth für die polynesische Gesellschaft auf Tikopia gezeigt hat, wo anläßlich einer Hochzeit ein für den Europäer nur auf komplizierten Schaubildern (S. 323) entwirrbarer Mechanismus von zahlreichen Geschenken und Gegengeschenken in Gang gesetzt wird. Dieser Geschenkumfang steht überall im Zusammenhang mit einem mehrdimensionalen Beziehungsnetz. Mit der Heirat wird eine intensive Beziehung zwischen zwei Menschen institutionalisiert. Die Geber der Geschenke bekräftigen oft nicht nur die Beziehungen zu einem der Brauteltternpaare, vielleicht auch zu Geschwistern der Brautleute, sondern begründen auch Beziehungen zu dem jungen Ehepaar, der neuen Konfiguration. Ferner sind Beziehungen zu berücksichtigen, die die Brautleute unabhängig von der Herkunftsfamilie jeder für sich allein oder gemeinsam aufgebaut haben. Insgesamt ist festzustellen, daß anläßlich einer Hochzeit der Kreis der Geber sehr weit gezogen ist; er enthält oft Personen, mit denen zu anderen Anlässen keine Geschenke ausgetauscht werden.

Ganz im Einklang mit den bisherigen Ausführungen über die weibliche Dominanz beim Schenken, zeigt sich diese auch anläßlich der Hochzeit zumindest im angelsächsischen Raum. Sie zeigt sich in Geschenken, die an die Braut zu richten sind, selbst wenn sie von Freunden des Bräutigams kommen; und die Braut hat auch die Danksagungen zu schreiben. Hyde, der dies berichtet (S.102), merkt an: „... Geschenkaustausch ist ein ‚weiblicher' Handel und Geschenke sind ein ‚weiblicher' Besitz" (S. 103). Solche Bevorzugungen der Braut beim Geschenkgeben lassen sich schon in der Antike, vor allem in Griechenland, nachweisen. So brachten dort Freunde und Verwandte am Tag nach der Hochzeit allerlei Nützliches für den Haushalt (Stuiber, Sp. 696). David Cheal weist darauf hin, daß Frauen mit der Heirat eine eigene private Welt des Haushalts begründen, an der zumindest traditionell der Gatte nur marginal partizipierte (Gift, S. 100). Das scheint eine zutreffende Interpretation der zuletzt aufgeführten Befunde zu sein. Für Kanada beschreibt David Cheal „bridal showers", vor der Hochzeit nur unter Frauen meist in Hotels veranstaltete Empfänge. Durch sie werde die Braut in das Netzwerk der Frauen und deren eigene frauliche Welt einbezogen, wobei letztere auch durch häufigen Geschenkaustausch gekennzeichnet sei (S. 181). Obwohl sie schon vor der Hochzeit stattfinden, könnten die bridal showers der von van Gennep sogenannten Angliederungsphase zuzuordnen sein. Eindeutig gilt das für Besuche nach der Hochzeit, bei denen Gegenstände als Geschenke überreicht werden, für die noch Bedarf im neuen Haushalt festgestellt wurde.

Unter den nicht jährlich wiederkehrenden Geschenksituationen nehmen Hochzeitsgeschenke auch im Rahmen der Erfassung aller Geschenke durch Cheal einen herausragenden Platz ein. Zwar waren nur 2,5% aller erfaßten Geschenke Hochzeitsgeschenke, doch 11,5% aller Kosten entfielen auf sie. Das war der dritthöchste Anteil an allen Geschenken (nach Weihnachten und Geburtstag). In den Kosten zeigt sich auch die Bedeutung der Hochzeitsgeschenke, wenn man sie in Vergleich zum Schenken anläßlich anderer Lebenszäsuren setzt: 2,8% aller Geschenke wurden anläßlich einer Geburt gegeben, aber auf sie entfielen nur 2,2% der Ausgaben (Gift, S. 82). In der sogenannten Bradford-Studie von 1966/67 wurde festgestellt, daß bei anstehenden Hochzeiten sehr häufig gegeben wurde; 92% der erfaßten Personen handelten so. Einige Vergleichsdaten: Nur 70% gaben zu Vater- oder Muttertag, obwohl Vater oder Mutter noch lebten, 67% zu Taufen, 50% zu Verlobungen und 28% zu Konfirmationen (Lowes u.a., S. 224). Russell W. Belk fand ebenfalls, daß – im Vergleich zum Geburtstag – viel Geld für Hochzeitsgeschenke ausgegeben wurde; zusätzlich wurde nach den von ihr vorgelegten Resultaten für die Wahl der Hochzeitsgeschenke besonders viel Zeit und Sorgfalt aufgewandt (Effects, S. 410).

Zu einer Hochzeitsfeier werden in vielen Fällen mehr Gäste eingeladen als zur Begehung anderer Anlässe. Es entsteht eine Art „Öffentlichkeit", die über den Kreis der Vertrauten hinausgeht. Überdies kommen Angehörige zweier Abstammungsgruppen zusammen, die oft vorher einander nicht kannten. Hier kann durch großzügiges Schenken der Status bestimmt oder bekräftigt werden (auch Lowes u.a., S. 228). Nach David Cheal gehören Hochzeiten zu den wenigen Gelegenheiten, wo es heute noch zu einem „augenfälligen Geschenkgeben" (conspicuous giving) (Gift, S. 118) kommt.[35] Das

Motiv der Statuserhöhung dürfte dann wichtig werden, wenn die Geschenke den Hochzeitsgästen zur Schau gestellt werden oder – das ist bei türkischen Hochzeiten üblich – von einem Ansager allen bekanntgegeben werden.

Das Schenken zur Hochzeit ist multifunktional: Neben den Beziehungs- und Statusfunktionen ist deutlich die Funktion der Unterstützung zu erkennen. Colin Camerer berichtet, daß in der Neuen Welt das Hochzeitsgeschenk der Eltern oft aus Geld besteht. Er sieht in diesem „durchschlagend kalten Geschenk" (strikingly cold gift) (S. 198) ein Symbol der Abnabelung, aber auch des Vertrauens in die praktischen Fähigkeiten der neu gegründeten Familie. Ferner kann das Geschenk von Gästen auch als Gegengabe für das Hochzeitsmahl gesehen werden.

Hochzeitsgeschenke waren vielfach durch Bräuche konkret bestimmt. Vor allem um die Geschenke der Brautleute untereinander rankten sich in vorindustriellen Gesellschaften zahlreiche Vorstellungen. Das galt vor allem für Brautschuhe und Hemden. Trug der Bräutigam das von der Braut geschenkte Hemd, war man meist der Meinung, damit werde ein glückliche und treue Ehe begründet. Anders in der Mark Brandenburg: Dort sollte der Bräutigam das von der Braut gegebene Hemd nicht einmal annehmen, denn die Braut konnte sich „durch gewisse Maßnahmen mit diesem die Herrschaft im Hause sichern" (Sartori, Sp. 719).

Abschließend ist noch auf Geschenke zwischen Verehelichten am sogenannten Hochzeitstag, der jährlichen Wiederkehr der Trauung, hinzuweisen. Nach der Bradford-Studie von 1966/67 beschenken 60% der Eheleute den Partner anläßlich des Jahrestages der Hochzeit (Lowes u.a., S. 224)

Jubiläen und „runde" Geburtstage

Wenn keine Geschenksitten zum Berufseintritt feststellbar sind, so existieren sie doch für sogenannte Dienstjubiläen, durch die an den 25., 40. oder 50. Jahrestag des Betriebseintritts erinnert wird. Geldgeschenke, Urlaubstage oder eine goldene Uhr sind das Übliche. Mir liegen keine Angaben über das Alter dieses Geschenkbrauches vor. Aber er muß nicht unbedingt jüngeren Datums sein. Denn er ist in einer Zeit, in der „Treue zum Betrieb" und „langjährige Erfahrung" eher dysfunktionale Elemente in einer sich stets wandelnden Berufswelt sind, fast ein Anachronismus. Zum Ausscheiden aus dem Beruf wird meist von den Kollegen geschenkt. Allerdings ist es eine besondere Art von Geschenk, es ist ein Abschiedsgeschenk; vergangene gute Beziehungen werden gewürdigt, ihre Aufrechterhaltung zwar beschworen, in der Praxis jedoch kaum realisiert. Barry Schwartz sieht auch einen Aspekt der Unfreundlichkeit in diesen Geschenken (S. 6). Sie stünden mehr für ein Gefühl der Erleichterung als für die Anerkennung einer Leistung.

Im Zusammenhang mit dem Schenken im Lebenslauf muß auch der Geburtstag genannt werden. Er ist ein weithin durchgesetzter Termin und hat den Namenstag im großen und ganzen verdrängt. Der Geburtstag ist zwar ein jährlich wiederkehrendes Ereignis, aber er wird – anders als der Namenstag – mit der Zahl der Lebensjahre verbunden, deren Ablauf die Lebensgeschichte quantitativ markiert. So ist er wie der Lebenslauf ein Phänomen der linearen Zeit. Spätestens ab dem 50. Geburtstag, einem weithin anerkannten Symbol der Lebensmitte (und als solches zumindest aus quantitativer Perspektive ein Selbstbetrug des Menschen, der die Grenzen seiner Existenz möglichst weit hinausschieben möchte) werden die sogenannten runden Geburtstage speziell gefeiert, wobei außerordentliche Geschenke oft die Bedeutung dieser Gliederungen des Lebens zusätzlich unterstreichen sollen.

Krankenbesuche und Einladungen

Was für den Geburtstag gilt, betrifft auch andere wichtige Geschenkanlässe. Sie sind nicht eindeutig als den Lebenslauf prägende der Linearität oder als regelmäßig wiederkehrende der Zyklizität zuzuordnen. So kann der Besuch bei einem Patienten nach einer Operation dem linearen Verständnis entsprechen, das häufige Aufsuchen eines chronisch Kranken eher dem zyklischen. In gleicher Weise läßt sich das an Einladungen und Reisen exemplifizieren. Bei letzteren wäre das von der „Reise des Lebens" Mitgebrachte eindeutig linear bestimmt, während das beim jährlich an demselben Ort verbrachten Aufenthalt erworbene, vielleicht Jahr für Jahr gleichartige Geschenk zyklisch aufzufassen ist.

Wenig Material war zum Krankenbesuch zu finden. Dennoch ist der Krankenbesuch eine weltweit verbreitete Institution. Der Kranke ist gefährdet und damit die soziale Beziehung zu ihm. In dieser Situation wird er besucht, die soziale Beziehung zu ihm aktualisiert, und das Geschenk materialisiert sie. Wichtige Geschenke sind Bücher (s. S. 132) und Lebensmittel, Säfte oder Obst etwa. Sie haben etwas mit dem Zustand des Kranken zu tun, er soll damit gestärkt werden. Ein weiteres wichtiges Geschenk sind Blumen (s. auch S. 123); das gilt für den Westen wie für Japan. In der Nähe größerer Krankenhäuser sind zumindest in Deutschland oft Blumenläden zu finden. Blumen sollen den Kranken erfreuen, sind ein „Gruß von außen" in das Krankenzimmer. Obwohl der Einfluß von Blumenduft auf den Kranken medizinisch oft als bedenklich gilt, sind Blumen ein Standardgeschenk beim Krankenbesuch. Topfpflanzen sind in vielen Kliniken verboten, da die Gefahr des Einschleppens von Krankheitskeimen über die Blumenerde angenommen wird. Ein grauenhafter fauxpas ist das Geschenk einer Topfpflanze in Ostasien, denn man „deutet damit an, daß die Krankheit Wurzeln schlagen möge..." (Geschenke).

Von Verhaltenswissenschaftlern werden Geschenke anläßlich einer Einladung im Zusammenhang mit dem Sachverhalt gesehen, daß man dabei in ein fremdes, von einer anderen Familie gehaltenes Territorium eindringt. Das Geschenk soll ein Indiz dafür sein, daß man in friedlicher Absicht kommt. Das mag zunächst abwegig erscheinen, und man könnte die „Blumen für die Dame des Hauses" auch als Gegengabe für das Mahl betrachten. Aber – so meine Alltagsbeobachtung – werden nicht anläßlich einer Einladung in ein Restaurant viel seltener Blumen oder vergleichbare Aufmerksamkeiten mitgenommen als zu einer Einladung in das Haus des Gastgebers?

1982 sollten im Auftrag des Instituts für Demoskopie Allensbach die Geschenkwünsche von Gastgebern eruiert werden. Rund 2.000 Personen wurden gefragt: „Hier haben wir Verschiedenes aufgeschrieben, was man alles verschenken, zu einer Einladung mitbringen kann: Worüber würden auch Sie sich ganz besonders freuen?" Die Befragten durften so viele Vorgaben ankreuzen, wie sie wollten. Die Hälfte nannte ein Buch, 48% eine Schallplatte; je 40% entschieden sich für einen Strauß Wiesenblumen und eine Flasche Sekt. Ein hübscher Kaktus (32%) wurde noch häufiger genannt als eine Schachtel Pralinen (30%), die damit als Standardgeschenk „out" sein dürfte. Am Ende der Liste mit 16 Vorgaben rangierten Taschentücher und Topflappen (je 11%) sowie ein Goldfisch im Glas (6%) (Institut, Kaktus).

Eine ganz spezielle und eindeutig linear bestimmte Einladung ist die in ein neues Haus oder in eine neue Wohnung. Hier wird die Beziehung zwischen Einladendem und Eingeladenen an einem neuen Ort fortgesetzt, so daß Geschenke die Verbindung zu diesem neuen Ort dokumentieren können, wie z.B. Zimmerpflanzen oder Türschilder. In diesem Zusammenhang soll auch das Richtfest genannt werden, ein Fest, das traditionell gefeiert wird, wenn der Dachstuhl fertiggestellt ist. In manchen Gegenden buken die Nachbarn ein Brot, das den Wunsch ausdrücken sollte, daß niemals im Haus Hunger herrschen möge (Fritz, S. 18). Daß neben den Handwerkern auch Nachbarn eingeladen und bewirtet werden und daß diese oft Geschenke mitbringen, zeigt wieder den Aspekt der Aufnahme neuer Beziehungen, die gleich „materialisiert" werden.

Rückkehr von einer Reise

So modern der Massentourismus sein mag, so wenig neu ist die Sitte des Geschenks derer, die von einer Reise zurückkehren. Reisemitbringsel erfüllen verschiedene Funktionen. Sie erleichtern, besonders nach langen Reisen, die Wiedereingliederung in das alte Milieu. Sie zeigen, daß man den dort lebenden Menschen während der Reise gedanklich verbunden blieb. Sie können sowohl der Vermeidung von Neid auf das Besondere eines

Ortswechsels als auch der Information über die Fremde dienen. Traditioneller Grund des Reisens ist der Handel, später kam die Bildungsreise hinzu, die schon für die Römer belegt ist (Scheuch, S. 118). Massenhafter Ortswechsel war vor der Neuzeit durch berufsbedingte Wanderjahre und in erster Linie durch Wallfahrten gegeben. Traditionelle Wallfahrten konnten wenige Tage, aber auch viele Monate dauern. Letztere waren vor allem die Wallfahrten zu den großen sogenannten Gnadenstätten, wie Rom, Santiago de Campostella oder Jerusalem. Diese waren oft als wichtige Zeiträume in einer Biographie die „Reisen eines Lebens" schlechthin, wie das für moderne Zeiten noch Franz Werfel in seinem Roman „Der veruntreute Himmel" meisterhaft geschildert hat.

Wallfahrtsorte waren und sind die Vertriebsorte von Massenwaren. Welches Ausmaß der Verkauf von Andenken, die zum großen Teil wieder verschenkt wurden, schon im Mittelalter annahm, mag das Beispiel der Wallfahrt zur „Schönen Maria" in Regensburg zeigen. 1520 sollen 12.000 Andenken verkauft worden sein, was angesichts der damaligen Bevölkerungszahl wie Kaufkraft außerordentlich hoch ist (Collinson, S. 266). Die traditionelle Aufschrift auf Abbildungen, Figuren, Tassen u.ä. „In ... hab' ich an Dich gedacht und Dir dieses mitgebracht" benennt wieder die zentrale soziale Funktion des Geschenks, soziale Beziehungen aufrechtzuerhalten und zu bestärken, und kann so ohne Änderung für die modernen Urlaubsmitbringsel übernommen werden, die an allen Touristenorten rings um den Erdball angeboten werden. Jedoch fehlt diesen profanen Erinnerungsstücken ein Attribut, das den Wallfahrtsgeschenken traditionell zukam. Sie sollten den damit Bedachten etwas von der religiösen Kraft, näherhin: etwas von der Gnade, vermitteln, das dem am Wallfahrtsort Erworbenen zugeschrieben wurde und wird. Deshalb waren viele der mitgebrachten Gegenstände geweiht oder – um den theologisch korrekten Ausdruck zu gebrauchen – gesegnet und damit entprofaniert worden. Josef Benzinger hat in einem kleinen Büchlein nicht ohne Ironie „Raritäten aus Baiern" bildlich und sprachlich vorgestellt. Ein großer Teil des Vorgestellten besteht aus solchen Wallfahrtsmitbringseln: Münzen, Kreuzanhängern, Anhängern mit Heiligenbildnissen, Briefen und Zetteln. Exemplarisch soll der Benediktuspfennig vorgestellt werden. So

„sieht man auf der Vorderseite den heiligen Vater Benedikt, der ein großer Geisterbeschwörer und Teufelsaustreiber war. Das wahrhaft Geheimnisvolle und Wirksame aber ist die Rückseite, die auch ‚Benediktusschild' geheißen wird und etliche Buchstaben trägt, die den wahren Segen des nützlichen Pfennigs ausmachen ... Im senkrechten Kreuzbalken heißt es da: CRUX SACRA SIT MIHI LUX – Das heilige Kreuz sei mein Licht – und im waagrechten: NON DRACO SIT MIHI DUX – und nicht der Teufel mein Führer ..." (S. 12).

In einem Gebetbuch wird die „Kraft" des Pfennigs, die weniger religiös denn magisch und damit auch aus moderner kirchlicher Sicht als abergläubisch zu bezeichnen ist, so umrissen:

„Die Benediktuspfennige, wann sie von einem Priester geweihet sind und mit Andacht bei sich getragen werden, haben folgende Kraft:
1. Sie vertreiben von den menschlichen Leibern alle Bezauberung und vom Teufel zugefügte Schäden.
2. Sie verhindern, daß keine Hex oder Zauberer könne eingehen, wo dieser Pfennig ober der Tür angenagelt oder unter der Türschwell vergraben ist.
3. Denjenigen, so vom Teufel angefochten werden, bringen sie Beschirmung.
4. Wenn das Vieh bezaubert ist, und man den Pfennig ins Wasser legt, und das Vieh damit wäschet, so muß die Bezauberung weichen.
5. Wann in der Milch oder Butter ein unnatürlicher Schaden verspüret wird, so soll man den Pfennig ins Wasser legen und das Vieh darüber trinken lassen" (S. 14f.).

Nicht nur Angehörige niederer oder mittlerer Schichten waren an Geschenken interessiert, die Segen mit sich führten. So schreibt Norbert Ohler über Karl den Großen: „Gesandte, die 800 aus Jerusalem zu Karl kamen, brachten Reliquien mit, d.h. Garanten für die Nähe eines schutzmächtigen Heiligen, wenn nicht Christi selber; die Boten wären auch dann willkommen gewesen, wenn sie nur den Segen des Patriarchen übermittelt hätten" (S. 103). Die ins Transzendente weisende Dimension war also keinesfalls zweitrangig.

Wichtige Formen profanen Reisens waren die Wanderjahre der Handwerksgesellen sowie die Bildungsreisen in den Oberschichten. Es war üblich, auch von diesen Reisen Erinnerungsstücke mitzubringen, die den Reisenden an die Fremde erinnern und den Daheimgebliebenen etwas von dem Anders- und Eigenartigen des Fernen vermitteln sollten. Meist blieben diese Andenken im Besitz des Reisenden. Der Bildungsreisende brachte oft Kunstgegenstände und „Kurioses" mit (Knebel, S. 142), die in nur wenigen Auserwählten zugänglichen Raritätenkammern aufbewahrt wurden (Korff, S. 312), welche nicht selten Vorläufer der öffentlichen Museen waren (S. 312f.). Daneben war es auch möglich, von dem Mitgebrachten denen zu geben, die einem nahestanden (S. 313).

Einer der Vorläufer des modernen Tourismus ist die Badereise, die ab der 2. Hälfte des 18. Jahrhundert zum gängigen Vergnügen der begüterten Oberschichten gehörte. Die englischen und französischen Seebäder – exemplarisch: Brighton und Nizza – wurden vorgeblich der Gesundheit wegen aufgesucht, hauptsächlich diente der Aufenthalt aber der Teilnahme am gesellschaftlichen Leben der dort Versammelten (Knoll, S. 336ff.). Die ebenfalls viel frequentierten böhmischen Bäder, allen voran Karlsbad, sind vielen durch den Gast Johann Wolfgang von Goethe bekannt. Christina Florack-Kröll schildert das Alltagsleben in diesen Bädern und erwähnt dabei auch den Souvenirkauf. „Das Spazierengehen am Brunnen und auf den Promenaden nahm einen großen Teil des Tages in Anspruch. Man führte die neuesten Moden aus und konnte seinen Bedarf an Reisesouvenirs decken. Beliebte Mitbringsel waren böhmische Glaswaren und Schmuckstücke wie die berühmten Sprudelsteinketten, Andenkengläser und Andenkenporzellane, Spitzen, Stoffe und Seidentücher" (S. 205).

Die Badereise ist mit den modernen Aufenthalten am Strand oder in den Bergen zu vergleichen. Doch auch eine zweite Säule des heutigen Tourismus, die Besichtigungs- und Erlebnisreise, ist mindestens schon für das 19. Jahrhundert verbürgt. Der Rhein etwa war ein wichtiges Besichtigungsziel (Knoll, S. 338ff.). Neben solchen auf Dauer attraktiven Gegenden konnte die Besichtigungsfahrt auch zu Orten führen, an denen wichtige Ereignisse stattfanden. Die Palette solcher Ereignisse reicht vom Pferderennen bis zur Weltausstellung. Auch hier wurden schon früh für die Besucher Reisemitbringsel angeboten. So schreibt ein Zeitgenosse über die Londoner Weltausstellung von 1851, deren Hauptattraktion der Kristall-Palast im Hyde-Park war: „Auf den Straßen wurden Schnupftücher verkauft, bedruckt mit der Ansicht des Krystall-Palastes und einem Plane seines Inneren; derselben Abbildung begegnet man auf Dosen, Geldbörsen, Kästen und Schachteln der verschiedensten Gattung, Briefvignetten usw. ..." (nach: Gold, S. 322)

Die Nachfrage nach solchen Mitbringseln führte zur Produktion von „typischen" Gegenständen, die bewußt in den Kontext einer Region oder eines Ereignisses gestellt sind. Und wird dieser Kontext nicht auf den ersten Blick deutlich, so kann man den Gegenstand auch mit dem Namen des Ortes oder der Bezeichnung des Ereignisses versehen.

Nicht als Geschenk werden die nach Hause gesandten Ansichtskarten angesehen (Knebel, S. 146), obwohl sie Züge des Geschenks aufweisen: Sie verbinden den Reisenden mit den Daheimgebliebenen, sie kosten etwas (vor allem in ihrer Summe) und charakterisieren den Absender, auch durch das, was Knebel „conspicuous experience" (S. 146) nennt, auffällige Erfahrung, die vieles einschließen kann: Demonstration von Weltläufigkeit wie von wirtschaftlichem Erfolg oder Besitz. Die Ansichtskarte ist relativ früh eine Begleiterscheinung zunehmenden Tourismus'. Postkarten vom Rhein, die den Drachenfels zeigen, wurden ab 1880 auf dem Gipfel dieses Berges verkauft (Knoll, S. 339).

Neben dem Erwerb der massenhaft zum Kauf angebotenen Reiseandenken, den Gläsern, Vasen und Wandbildern, gibt es immer die Suche nach dem Wertvollen, dem Originellen und Originalen. Die eine Seite ist die, daß man den Landesbewohnern, besonders in exotischen Gebieten mit vorindustriellen Gesellschaften, ihre Alltagsgegenstände abkaufen will. Wie problematisch das sein kann, zeigt das Beispiel des Interesses an Schrumpfköpfen, das befriedete Stämme dazu bringen kann, wieder auf Kopfjagd zu gehen und sich damit Sanktionen durch die Nachbarstämme wie durch die Regierung auszusetzen (Adler, S. 54). Die andere Seite der Suche nach dem Originalen ist die, daß die Verkäufer zu Imitationen und Fälschungen veranlaßt werden. Dabei ist das angeblich Originale, das gekauft und verschenkt wird, meist sogar alles andere als typisch für den besuchten Kulturraum. Nicht nur, daß bisweilen Dinge erstanden werden, die aus der Vergangenheit des Reiselandes herrühren und ein „Gegenbild der Alltagswelt" (Thurner, S. 3) darstellen. Oft sind gerade Gegenstände, die als Souvenirs verkauft werden, in dem Kulturraum gar nicht gebräuchlich gewesen, für den sie stehen. So werden in Kenia Massai-Masken verkauft, obwohl die Massai keine Masken kennen (S. 7); die Pueblo-Indianer, deren Silberschmuck berühmt ist, erlernten das Silberschmieden von den Najavo, und die verwandten Muster sind oft mexikanischen und damit letztlich spanischen oder gar arabisch-islamischen Ursprungs (S. 13). So sind also exotische Souvenirs nicht mitgenommene und im Geschenk vermittelte fremde Kultur, sondern als „Dokument persönlicher Geschichte" (S. 4) Bestätigung der Vorstellungen des Reisenden über sein Reiseziel, an denen andere über das Geschenk partizipieren.

Konkrete Angaben über Urlaubsmitbringsel sind in der britischen sogenannten Bradford-Studie von 1966/67 enthalten, die allerdings nicht auf einer repräsentativen Stichprobe basiert. Von den 77 Probanden, die verreist waren, brachten 67 etwas mit. Häufigste Empfänger waren Mutter (27%), Kinder (19%) und Vater (15%) (Lowes u.a., S. 224f.). Als wichtige Gründe für das Mitbringen von Geschenken aus dem Urlaub wurden genannt: Tradition (32% der Befragten antworteten so), Andenken sind Zeichen, daß der Urlaub schön war (22%), Angeberei (16%) (S. 228). Letzteres zeigt, daß nicht alle, die diese Sitte praktizieren, sie positiv beurteilen oder ernstnehmen.

Die Souvenirindustrie kann nicht nur auf abendländische Käufer zählen. Wie bereits an anderer Stelle (s. S. 22f. und 129) betont, ist die japanische Kultur durch eine ungewöhnliche Schenkfreudigkeit gekennzeichnet. Das schlägt sich auch im Souvenirkauf nieder. Im Japan der 80er Jahre wird für die heimische Andenkenwirtschaft ein Umsatz von 20 Milliarden Mark angegeben, wobei die Käufer in ihrer großen Mehrzahl aus dem Inland stammen. In Reportagen zu diesem Phänomen wird davon ausgegangen, daß es unter Japanern üblich sei, schon von Sonntagsausflügen und Kurzreisen einem relativ großen Kreis von Verwandten und Freunden eine Aufmerksamkeit mitzubringen. Das entspricht unseren Vorstellungen von der Gruppenkohäsion in Japan. Dem Japaner geht auch auf Reisen seine alltägliche Mitwelt nicht aus dem Sinn, wenn er sein Soll an Mitbringseln erfüllt. Um es dem Touristen leichtzumachen, befinden sich in Hotels meist eine Reihe von Andenkenläden. Und es wird geschätzt, daß jeder Gast für umgerechnet durchschnittlich 70 DM in diesen Shops kauft, deren Umsatz mehr als zehn Prozent des Gesamtumsatzes eines Hotels beträgt. Vor diesem Hintergrund sind auch die auf japanische Kunden spezialisierten Geschenkläden in Deutschland (etwa in Heidelberg und Berlin) zu verstehen, die nicht für deutsche Kunden gedacht sind. Denn viele Verwandte, Bekannte und Freunde haben den Reisenden zum Flughafen gebracht, noch mehr ihm zuvor Geld gegeben, und sie alle sind zu bedenken.

Geschenke stehen auch am Ende eines Lebens. Zunächst ist der Tote Schenkender durch seine Hinterlassenschaft. Und die Erbschaft, die sicherlich zu den Grenzphänomenen im Bereich des Schenkens gehört, stellt nicht selten das, materiell gesehen, wertvollste Geschenk dar, das jemand in seinem ganzen Leben erhält. 1992 betrug in Deutschland der durchschnittliche Wert einer Erbschaft rund 200.000 DM (Moch, S. 24, Anm. 25). Allerdings wird der Verstorbene vor allem dann als Schenkender erfahren, wenn er das Prinzip der Gleichbehandlung durchbricht und über gesetzliche Vorschriften hinaus in seinem Testament Differenzierungen hinsichtlich der einzelnen Erben vornimmt (S. 7f.). Dann können die Erbenden im Vermächtnis zum letzten Mal ihre soziale Einschätzung durch den Erblasser erfahren. Die Beziehungen zum Verstorbenen, die in einer solchen Einschätzung tangiert werden, bleiben gedanklich und damit imaginär. Das heißt allerdings keineswegs, daß sie belanglos sind. Die Trauerarbeit, die für Hinterbliebene oft eine extreme Belastung darstellt, kann als Prozeß der Lösung dieser Beziehungen betrachtet werden (Schmied, Sterben, S. 136). Es kann weiter das Prinzip der Reziprozität zum Tragen kommen, wenn die bevorzugt werden, die zu Lebzeiten dem Erblasser mehr Leistungen als andere erbracht haben.[36] Ist die Verteilung der hinterlassenen Güter genau nach den gesetzlichen Vorschriften geregelt, fehlt der Erbschaft weitgehend das Geschenkhafte.

Geschenke anläßlich eines Todesfalls können Menschen erhalten, die Anteil nehmen oder durch das Geschenk zur Anteilnahme bewegt werden. So wurden in manchen Gegenden Europas den Armen am Sarg Lebensmittel und Geld gegeben, wie dies Lewis Hyde für Wales berichtet (S. 40).

Geschenke gelten weiter dem Verstorbenen wie dessen Angehörigen. Traditionelles Geschenk an einen Verstorbenen sind in katholischen Gegenden Meßstipendien, also die Kosten für Messen zugunsten des Seelenheils. Heute noch übliche Geschenke sind Blumen in Form von großen Kränzen, aber auch von Schnittblumensträußen und Topfpflanzen, die dem Grabschmuck dienen sollen. Hier ist sicher die Komponente des Geschenks an den Toten noch spürbar. Wenn in manchen Gegenden etwa kleine Weihnachtsbäume auf die Gräber gestellt werden, dann tritt der Charakter eines Geschenks an den Toten noch deutlicher hervor. Beisetzungen sind Gelegenheiten für Menschen, zusammenzukommen und angesichts eines Verlusts Beziehungen zu demonstrieren und aufzufrischen. Hier spielen die Blumengeschenke sicherlich eine Rolle als materielle Dimension der Demonstration von Beziehungen zum Verstorbenen, aber auch zu dessen nächsten Angehörigen.

Bisweilen werden statt Blumen oder Kränzen Spenden für eine mildtätige Organisation erbeten. Der Charakter des Geschenks an den Verstorbenen ist dann am deutlichsten, wenn dieser selbst diese Regelung vor seinem

Ableben getroffen hat. Hier streifen wir nochmals die Konvertibilität von Geschenken und Spenden (s. S. 50). Allerdings geraten wir hier auch in den Bereich des Spendens. Aber mögen die Organisationen, denen die Spenden zugute kommen, noch so aktuelle Anliegen vertreten – zum Beispiel die Bekämpfung einer neu entdeckten Krankheit –, die Sitte ist sehr alt und trägt viele Züge der mittelalterlichen Schenkungen.

Im Wörterbuch der Brüder Grimm ist für 1760 ein „geschenk auf den todesfall, donatio mortis causa" (Grimm und Grimm, Sp. 3853) belegt. Geschenke an die Familie eines Verstorbenen waren in Zeiten, in denen z.B. der Tod des Ernährers die Hinterbliebenen in tiefe Not stürzen konnte, eine wichtige Form der Unterstützung. Und oft sind Geschenke, die nominell dem Verstorbenen gelten, solche, die den Verwandten übergeben werden. In diesem Zusammenhang soll auf die Geldgeschenke eingegangen werden, die heute den nächsten Angehörigen gegeben werden. Über diesen modernen Brauch ist anscheinend bisher wenig reflektiert worden. Belegbar ist er über sogenannte Danksagungen in Tageszeitungen, die ungefähr eine Woche nach der Beisetzung veröffentlicht werden. Dort kann sich die Formel „Kranz-, Blumen- und Geldspenden", für die gedankt wird, finden. Meine Durchsicht von Tageszeitungen ergab, daß zumindest in den Räumen Saarbrücken, Mainz, Frankfurt, Mannheim sowie Essen diese Formel vorkam. Es ist zu vermuten, daß die Geldspenden die in katholischen Gebieten früher üblichen Meßstipendien abgelöst haben. Dafür spricht, daß alle genannten Gebiete starke Anteile beziehungsweise Mehrheiten von Katholiken aufweisen. Für eine protestantische Stadt wie Stuttgart konnte ich die Formel nicht finden, und in traditionell katholischen Gebieten Süddeutschlands ebenfalls nicht. Doch kam dort, z.B. in ländlichen Gebieten Oberbayerns, mit der Formel „Angaben von Heiligen Ämtern und Messen" noch die Nennung von Meßstipendien vor, die wiederum in den anderen Gebieten, in denen Geld genannt wurde, nicht festgestellt werden konnte[37]. So könnte das Geldgeschenk, was ja für diese Art von Geschenk typisch ist, beliebig eingesetzt werden: als Meßstipendium oder etwa zum Kauf von Grabschmuck. So wären Geldgeschenke auch ein Ausweis eines säkularisierten Milieus, in dem die Religion zur Privatsache geworden ist und in dem es nicht mehr sicher ist, ob man den Hinterbliebenen Messen „zumuten" kann.

Gaben an den Toten, wie z.B. Speisen, sind in vielen Kulturen üblich. Wenn der Tote als in einem anderen Lande Lebender gedacht wird, kann er der Bereitstellung des Lebensnotwendigen durch seine Angehörigen bedürfen. In unserem Kulturkreis sind solche Bräuche kaum feststellbar. Walter Heim berichtet über Relikte, wenn er darlegt, daß „noch an einigen Orten in der Christnacht Speisen für die ,armen Seelen' auf dem Tisch gelassen oder vor das Haus gestellt werden ..." (Weihnachtsbrauchtum, S. 12).

Was Geschenke anläßlich eines Todesfalls generell von denen im übrigen Lebenslauf deutlich abhebt, ist die Atmosphäre, in der sie gegeben werden. Normalerweise ist das Schenken mit freudigen Anlässen verbunden; hier ist es Trauer. Aber eine wichtige Funktion ist die des Trostes, die allerdings auch in banalen Alltagssituationen vorkommen kann; man kann dabei vom Geschenk als „Trostpflaster" (Eichler, S. 46) sprechen. Trostgeschenke, so Paul Tournier, „mit denen wir uns über einen Kummer oder eine Unannehmlichkeit hinweghelfen" (S. 8), zeigen wieder einmal den Grundzug, der Schenken innewohnt, nämlich die freundliche Seite des Lebens zu repräsentieren. Selbst bei Kummer kann ein Geschenk Momente der Erleichterung bringen; es wird zu einer Art materialisierten Mitgefühls, das uns vom Schmerzlichen abziehen kann.

9. Schenken und soziologische Konzepte (III): Zyklik

Der Lebenslauf als eine soziologische Kategorie, die an der Dimension der Zeitlichkeit orientiert ist, stellt eines der wenigen Beispiele für lineare Zeit dar, die sich außerhalb des Rahmens weltanschaulicher Konstruktionen des Geschichtsverlaufs finden lassen (Schmied, Zeit, S. 160f.). Ansonsten bestimmt zyklische Zeit das soziale Leben, die Wiederkehr des Immergleichen prägt den Alltag.

Der stets präsente Grundgedanke dieser Abhandlung ist, daß die zentrale Funktion des Schenkens in der Bestätigung und Bekräftigung sozialer Beziehungen durch materielle Güter besteht. Damit diese wichtige Funktion über dem alltäglich Notwendigen, das uns gefangennimmt, tatsächlich erfüllt wird, sind uns Anlässe vorgegeben. Erving Goffman spricht in diesem Zusammenhang von „„Aufrechterhaltungsriten‘‘‘ und stellt fest: „Es ist, als ob die Stärke einer Verbindung nachließe, wenn nicht für ihre Zelebrierung gesorgt würde" (Individuum, S. 110), wobei das Geben oder Austauschen von Geschenken wichtige oder gar zentrale Elemente solchen Feierns sind. Émile Durkheim, der große französische Soziologe, würde vielleicht so argumentieren: Das übermächtige Subjekt „Gesellschaft" hat uns Anlässe vorgegeben, im Rahmen derer wir soziale Beziehungen in Form von Geschenken im engsten Sinne der Wörter „erfassen" und „begreifen". Es sind dies die Feste des Jahres und persönliche Gedenktage wie etwa der Namenstag. Geschenkgeben gehört zu diesen Tagen, an denen oft vernachlässigte soziale Beziehungen wieder erneuert werden. Geschenke sind eine Visualisierung für diesen Tatbestand.

Weihnachten

Weihnachten ist das Fest des Jahres schlechthin. Seine heutige Form und Bedeutung erlangte es mit dem Aufstieg des Bürgertums. Dabei war die religiöse Dimension bestenfalls zweitrangig (Waits, S. 3); große Teile des Bürgertums waren religiös gleichgültig. Die Feier von Weihnachten, wie sie sich nach und nach entwickelte, paßte zu neuen Sozialformen wie der scharfe Trennung von privatem und öffentlichem Raum, wobei der erstere von einem intensiven Gefühlsleben geprägt wurde, das von der Hausfrau und Mutter getragen werden sollte (s.S. 20f.).

Weihnachten hat etwas von dem Goldenen Zeitalter an sich, das im antiken Mythos wie in der biblischen Paradieserzählung beschrieben wird und das die Menschen für eine kurze Zeit realisieren wollen. Durch Spenden, die traditionell anläßlich des Festes gegeben werden, soll Not beseitigt werden (S. 164). Die Beziehungen werden bewußt und friedvoll gestaltet. Dazu kommt noch, daß auf der nördlichen Halbkugel Winter ist, der Kälte und Dunkelheit mit sich bringt, die das Gemüt belasten und die Menschen zwingen, in den Häusern zu verbleiben. Diese Vereinzelung wird in einem Fest durchbrochen, die einzelnen wenden sich einander zu, kommen zusammen, schreiben sich oder haben einen plausiblen Grund zum Telefonieren. Zu diesem sich formierenden Beziehungsnetz gehören wie selbstverständlich Geschenke. Weihnachten – das ist bis nach Japan gedrungen, wo der religiöse Kern des Festes in der Regel nicht nur belanglos, sondern sogar weithin unbekannt ist[38] – stellt daher auch *das* Fest des Schenkens schlechthin dar. Hier sind gleichlautende Slogans in der Werbung durchaus Tatsachenaussagen.

Weihnachten ist aus der Perspektive der empirischen Sozialforschung bestens „vermessen". Wenn im folgenden so viele Daten wie in keinem anderen Abschnitt vorgelegt werden, so ist das doch nur eine kleine Auswahl aus einem viel umfangreicheren Fundus. Dabei sind auch Resultate aus Ländern verfügbar, aus denen sonst nur selten Daten vorliegen.

„Stellt euch vor, es ist Weihnachten, und keiner kauft ein", so lautete ein Graffito am Eingang der Universität, an der ich lehre. Man kann sich in der Tat schlecht vorstellen, daß die Geschenkflut an Weihnachten ausbleibt, und es träte eine völlig neue Umsatzsituation für viele Branchen ein, wenn nicht die Mehrzahl der Zeitgenossen Weihnachten mit dem Austausch von Geschenken verbinden würde. Ingeborg Weber-Kellermann hat unter anderen für das Jahr 1967 den besonders hohen Umsatz bestimmter Güter im Weihnachtsgeschäft herausgestellt. Geht man vom Dezemberumsatz aus, der auf 100% festgelegt ist, so werden im Durchschnitt der Monate Januar bis Oktober – der November gilt anscheinend schon als vom Weihnachtsgeschäft „infiziert" – folgende Prozentsätze des Dezemberumsatzes erreicht: bei Photo- und Kinoapparaten 64,5%, bei Weinen und Spirituosen 57%, bei Rundfunk-, Fernseh- und Phonogeräten sowie bei Süßwaren 54%, bei Haushaltskeramik und Glaswaren 37%, bei Lederwaren 33% und bei Uhren, Edelmetall- und Schmuckwaren gar nur 29% (Weihnachten, S. 84). 1989 ermittelte das bekannte Umfrageinstitut von George Gallup, daß 13% der US-Amerikaner, die Weihnachten feiern, für 0-5 Personen Geschenke einkaufen, 32% für 6-10 Personen, 25% für 11-15 Personen und 15% für

16-20 Personen. Nur 2% der Befragten gaben nach ihren Angaben weniger als 50 Dollar aus, aber 41% mehr als 500 (Holiday, S. 104). Nach einer sample-Umfrage von 1992 wollten die Deutschen im Schnitt 655 DM für Weihnachtsgeschenke ausgeben, das ist eine Steigerung um 85 DM (entspricht 15%) gegenüber 1981. 1993 wurde das „Weihnachtsgeschäft" im vereinigten Deutschland auf 25 Milliarden Mark Umsatz geschätzt.

Einen neuen Gesichtspunkt bietet ein Ergebnis aus Kanada, nach dem verfügbares Einkommen und das von einer Person gegebene teuerste Weihnachtsgeschenk nicht in einem deutlichen Zusammenhang standen, das heißt, daß auch Personen mit relativ niedrigem Einkommen teure Geschenke machen (Cheal, Dimension, S. 431).

Vom EMNID-Institut wurde 1980 eine repräsentative Auswahl aus der westdeutschen Bevölkerung gefragt, welches das teuerste Weihnachtsgeschenk gewesen sei, das die Befragten erhalten beziehungsweise verschenkt haben. Am häufigsten wurden Gebrauchsgegenstände genannt, darunter TV-, Radio- und Phonogeräte sowie Möbel und sonstige Einrichtungsgegenstände. Es folgten teuere Kleidungsstücke sowie Schmuck und Armbanduhren. Diese Ergebnisse liegen für verschiedene Kategorien der Bevölkerung vor. So erfährt man nicht nur Naheliegendes wie etwa, daß Männer doppelt so häufig wie Frauen Schmuck verschenken oder Befragte mit Abitur zehnmal häufiger Bücher als Interviewte mit Volksschule als höchstem Bildungsabschluß, sondern auch daß selbständige Landwirte auffällig viel Schmuck und Kleidung schenken; auch Gewerkschaftsmitglieder verschenken doppelt so häufig Schmuck als Personen, die keiner Gewerkschaft angehören. CDU/-CSU-Wähler liegen bei Kleidung vorne. Auf häufige Geschenke geht eine sample-Umfrage ein. Hier werden am häufigsten Kosmetikartikel und Süßigkeiten genannt, es folgen Spielzeug, Bücher und Tonträger. Bevorzugtes Geschenk der Männer an Frauen sind Kosmetika; Frauen schenken den Männern am häufigsten Kleidung. Natürlich sind solche Daten nur Momentaufnahmen, und die Rangplätze der Geschenkgegenstände werden sich von Jahr zu Jahr ändern. So nahm in England zwischen 1964 und 1967 das Schenken von Süßigkeiten und Tabakwaren deutlich ab (Lowes u.a., S. 224f.).

In einer britischen Befragung von 1991 wurden die Geschenke, die man besonders gern hat, und solche, die man ablehnt, erfragt. 52% der Befragten zählten zur ersten Kategorie Überraschungsgeschenke, 50% Kleidung, 36% Platten und Musikkassetten, 33% Bücher und 32% Geld. Taschentücher führen die Liste der nicht gemochten Geschenke an; 37% der Befragten antworteten so, es folgten Schaumbad (35%), Socken (25%) und Süßigkeiten (22%) (Hastings und Hastings, 1991-1992, S. 403).

Weitere, in das alltägliche Detail gehende Angaben zum Schenken anläßlich des Weihnachtsfestes können der zweiten Middletown-Studie entnommen werden. In dieser Untersuchung einer US-amerikanischen Kleinstadt wurden 110 Einwohner über das Weihnachtsfest des Jahres 1978 befragt. Die 110 Einwohner gaben im Schnitt etwas weniger als 300 Dollar und damit 3,1% ihres Einkommens für Weihnachtsgeschenke aus. Nach Angaben der Befragten wurden insgesamt 4 347 Geschenke ausgetauscht; auf jeden Befragten entfielen also im Durchschnitt fast 40 Geschenke. Insgesamt verschenkten die 110 Personen 2.969 Geschenke und erhielten 1.378. Die Befragten, die alle über 18 Jahre alt waren, gaben 801 Geschenke mehr an Personen unter 18 Jahren, als sie im Gegenzug zurückerhielten. Ebenso schenkten Eltern und Großeltern ihren Kindern und Enkelkindern 1 101 Geschenke mehr, als sie von diesen erhielten (Caplow, Christmas, S. 384f.). Trotz solcher Ungleichgewichte kann man durchaus daran festhalten, was in der kanadischen Winnipeg-Studie ermittelt wurde, nämlich daß Weihnachten keine Gelegenheit sei, den Jüngeren finanziell entscheidend zu helfen beziehungsweise eine Vermögensverteilung vorzunehmen (Cheal, Dimension, S. 431).

Caplow klassifizierte in der Middletown-Studie die Geschenke auch nach ihrem Wert. Sein Schema sah folgendermaßen aus:

Kategorie 1: Geschenk als Andenken – unter 5 Dollar,
Kategorie 2: „Bescheidenes" Geschenk – zwischen 5 und 25 Dollar,
Kategorie 3: „Wesentliches" Geschenk – zwischen 25 und 500 Dollar,
Kategorie 4: Teures, wertvolles Geschenk – über 500 Dollar.

Der größte Teil der Geschenke (44,5%) entfiel auf die Kategorie 2. Machten Frauen häufig auch Geschenke der Kategorie 1, so ist bei Männern eine gewisse Präferenz für Geschenke der Kategorie 3 zu finden. Geschenke der Kategorie 3 wurden oft an die Partnerin gegeben, Kinder erhielten selten Geschenke in dieser Kategorie. Sie bekamen viele, aber weniger wertvolle Geschenke (Caplow, Christmas, S. 386f.). Insgesamt gilt aber, was für Winnipeg in Kanada festgestellt wurde, daß die teuersten Geschenke innerhalb eines Haushaltes und nicht zwischen Haushalten ausgetauscht werden (Cheal, Dimension, S. 432). Weihnachten ist in bezug auf das Schenken primär ein Fest der Familie.

Diese Familienzentriertheit geht auch aus einer Studie hervor, in der das Schenken anläßlich des Weihnachtsfestes in Frankreich und Mexiko verglichen wird. Eine solche vergleichende Arbeit, wie sie für andere Geschenkanlässe nicht vorliegt, ist noch einmal ein Beleg dafür, wie gut untersucht weihnachtliches Schenken ist. Ein auffallendes Ergebnis ist, daß sich in Mexiko die Ehemänner in gleicher Weise an der Auswahl der Geschenke beteiligen wie ihre Frauen (Jolibert und Fernandez-Moreno, S. 195). Das Ehepaar kauft sehr häufig gemeinsam ein, während in Frankreich meist die Frauen allein die Mehrzahl der Geschenke erwarben, was auch eine Faustregel für andere westliche Gesellschaften wie Deutschland oder die USA sein dürfte. Und kauft in Mexiko ein Partner allein, so ist es häufiger der Mann als die Frau (S. 194). Dieser Befund ist auch deswegen so interessant, weil damit nahegelegt wird, daß die in unseren Gesellschaften übliche Dominanz der Frauen bei der Auswahl der Geschenke kulturspezifisch ist und nicht etwa biologistisch aus der weiblichen Natur abgeleitet werden kann. Mit dem auch familiensoziologisch relevanten Befund des gemeinsamen Einkaufs von Mann und Frau in Mexiko dürften die folgenden Ergebnisse im Zusammenhang stehen. Über die Ausgaben für Geschenke wird sehr häufig gemeinsam entschieden (S. 195), der Anteil am Einkommen, der für Geschenke ausgegeben wird, ist höher als in Frankreich, es werden mehr hochwertige Geschenke gegeben, die Familie des Mannes wird eher bedacht (S. 193). Unter den Geschenken an Kinder dominieren sowohl in Mexiko als auch in Frankreich Kleidungsstücke, allerdings in Mexiko viel stärker als in Frankreich. Die Autoren stellen zwei Erklärungsansätze vor, ohne sich definitiv zu entscheiden: Mexikaner haben mehr Kinder, die angezogen werden müssen, und Kleidung nimmt in Mexiko generell einen höheren Stellenwert als in Frankreich ein (S. 194). Etwas von dem mexikanischen Selbstbewußtsein wird in dem Ergebnis deutlich, daß der Schenkende selbst das konkrete Geschenk bestimmt, während in Frankreich der zu Beschenkende wie auch die Angebote der Geschäfte zu konkreten Geschenken inspirieren (S. 194).

Diese statistischen Daten sind nicht nur ein überwältigender Beleg für die Pflege sozialer Beziehungen; gerade der weihnachtliche Geschenkerwerb ruft zusammen mit den übrigen Festvorbereitungen Stress hervor, so daß hier auch die von uns an anderer Stelle im Detail aufgegriffenen dunklen Seiten des Schenkens mitzudenken sind. Das könnte Konsumkritikern einen guten Ansatzpunkt bieten, wenn sie auf den „Geschenkterror" verweisen wollen. So soll auch nicht die Kritik am Weihnachtsfest verschwiegen werden, die sich in Ergebnissen empirischer Sozialforschung niederschlägt. In einer britischen Umfrage nannten 59% der Interviewten die Kommerzialisierung und 32% die Geldausgaben als die Aspekte des Weihnachtsfestes, die sie nicht mögen (Hastings und Hastings 1991-1992, S. 403). Nach einer US-amerikanischen Untersuchung mochten schon 1963 15% der Befragten das Einkaufen anläßlich des Weihnachtsfestes „nicht oder überhaupt nicht" (dislike it and dislike it very much); 42% mochten es allerdings und 15% sogar sehr (Lowes u.a., S. 227). Weiter bezieht sich Stress nicht nur auf Geschenke generell, sondern auch – so der Text in einem Geschenk-Katalog – auf die „nervenaufreibende Suche nach der originellen Idee und dem passenden Präsent". Das ist die negative Seite des so prosozialen „Für dich", der Berücksichtigung der Identität des anderen. Bei Angaben aus Großbritannien ist interessant, daß 58% der Befragten das Gefühl hatten, zuviel für Weihnachtsgeschenke auszugeben (Hastings und Hastings 1991-1992, S. 69). Trotzdem stimmten nach der ebenfalls britischen Bradfordstudie von 1966/67 nur 6% der Befragten einer Vorgabe zu, die besagte, daß man mit dem Schenken aufhören solle (Lowes u.a., S. 226). In einem Illustriertenbeitrag wurden Menschen vorgestellt, die das Schenken an Weihnachten konsequent aufgegeben haben. Das dürfte für die meisten Zeitgenossen nachvollziehbar sein, selbst wenn sie eine solche Vorstellung für sich selbst ablehnen. Und wenn ein Teil dieser „Geschenkverweigerer" angibt, sie würden von dem ersparten Geld sich selbst ein Geschenk machen, so deutet sich die Richtung an, in die eine solche Handlungsweise führt, nämlich in die Vereinzelung, vielleicht sogar in den Egoismus. Und wenn der Stress noch so schlimm war, bleiben bei den meisten Schenkenden wie den Beschenkten letztlich doch positive Gefühle zurück. Als im Januar 1988 ein repräsentativer Querschnitt der Bevölkerung nach Erlebnissen der letzten Weihnachten gefragt wurde, „an die Sie sich besonders gern erinnern" (Noelle-Neumann und Köcher, S. 186), wählten 51% die Vorgabe „Wie sich jemand über ein Geschenk von mir gefreut hat". Und nach „Daß alle fröhlich, guter Stimmung waren" (44%) kam „Ein Geschenk, das ich bekommen habe" (42%). Auch in einer britischen Befragung von 1991 steht das Schenken mit „Fröhliche Stimmung", „Die Freude der Kinder an Weihnachten sehen" und „Mit Familienmitgliedern zusammenkommen, die man nicht oft sieht" an der Spitze der Nennungen auf die Frage, was man an Weihnachten mag. 60% der Befragten nannten jeweils diese vier Vorgaben. Und wie in der deutschen Untersuchung wird das Öffnen von eigenen Geschenken mit 46% seltener genannt (Hastings und Hastings 1991-1992, S. 403). Ist Geben – um das biblische Wort aus Apg 20,35 aufzunehmen – doch seliger als Nehmen? In einer EMNID-Umfrage von 1980 waren „Erhaltene Geschenke" noch die „größte Freude beim letzten Weihnachtsfest" gewesen. 29% entfielen auf diese Antwort, aber nur 5% auf „Freude durch Schenken". Ist seit 1980 eine derartige Sättigung materieller Bedürfnisse eingetreten, daß das Beschenktwerden inzwischen so wenig Freude macht? Oder sind die unterschiedlichen Präferenzen auf die Frageformulierung zurückzuführen, so daß die konkrete Freude eines Menschen viel stärker bejaht wird als eine abstrakte Freude durch Schenken?

Weihnachten ist ein Fest der Kinder. Laum stellt in diesem Sinne fest: „Im Mittelpunkt aber stehen die Kinder, ohne deren Freude und Begeisterung über die empfangenen Geschenke einer Weihnachtsbescherung der volle Glanz fehlen würde" (Kinder, S. 94). Wie sehen Kinder Weihnachten? Hierzu liegen neben belletristischen Zeugnissen englische Befragungsergebnisse vor. Und zwar handelt es sich um den seltenen Fall einer Repräsentativbefragung von 1.000 Kindern im Alter von acht bis vierzehn Jahren. Fast alle (94%) freuen sich sehr auf Weihnachten, für 78% ist es die liebste (favorite) Zeit im Jahr. Und als danach gefragt wurde, welchem Aspekt (bit) von Weihnachten sie am meisten entgegensehen, antworteten 77%: Geschenke erhalten oder öffnen. Die nächsthäufigen Antworten sind: das Mittagessen zu Weihnachten (12%), Geschenke geben (6%), Zusammenkommen oder Spielen in meiner Familie (6%). Die Bedeutung der Geschenke zeigt sich auch in den Reaktionen auf Antwortvorgaben zu: „Welche, wenn irgendetwas, von diesen Dingen sind wesentlich, um Weihnachten für dich erfreulich zu machen?" Die häufigste Antwort ist „Geschenke" (78%), gefolgt von „Schnee" (57%) und „Zusammensein der Familie" (56%). 37% der befragten Kinder haben einen Brief an „Father Christmas" geschrieben, 33% glauben an ihn. 73% der Kinder kaufen nach ihren Angaben Geschenke für Geschwister, 88% für die Mutter, 85% für den Vater und 60% für einen nahen Freund oder für eine nahe Freundin. 22% der Kinder haben schon einmal Geschenke gebastelt (Hastings und Hastings 1990-1991, S. 440ff).

Im Rahmen einer Anfang der 70er Jahre in Montréal/Kanada durchgeführten Studie wurde für jüngere Schulkinder ermittelt, woher sie ihre Ideen für die konkreten Geschenke bezogen, die sie sich in Briefen an den Weihnachtsmann oder in mündlicher Kommunikation mit der Mutter wünschten. Am häufigsten wurde das Fernsehen genannt (27% der befragten Kinder antworteten so), gefolgt von „Freunden" (26%), „Geschäften" (22%) und Katalogen (19%). Die Bedeutung der Kataloge nahm bei älteren Kindern zu (Caron und Ward, S. 16f.). Am häufigsten wünschten sich Kinder Spielzeug zum Alleinspielen (non-interactive toys) wie z.B. Puppen; das machte 23% aller Wünsche aus. 18% der Wünsche bezogen sich auf Sportgeräte, 14% auf Wettkampf-Spielzeug wie z.B. Autorennspiele und 13% auf Kleidung (S. 16). Die Kinder erhielten rund 30% der Gegenstände, die sie sich gewünscht hatten, und die Hälfte der Geschenke, die die Kinder erhielten, waren solche, die sie sich nicht ausdrücklich gewünscht hatten (S. 18).

Exkurs: Die Weihnachtskarte

Im Zusammenhang mit dem Weihnachtsfest soll nun auf einen Gegenstand eingegangen werden, der auch zu anderen Anlässen eine Rolle spielt, aber wohl zu Weihnachten besonders häufig ausgetauscht wird, nämlich die Glückwunschkarte. Sie nimmt in unserem Forschungsfeld einen eigenartigen Platz ein: Sie wird meist nicht als „richtiges" Geschenk angesehen, im Zusammenhang mit anderen Geschenken als eine Art Beigabe. Ihre Botschaft wird auch verbal ausgedrückt, nicht allein durch den Gegenstand selbst.

Von der Weihnachtskarte, der „Mutter" der Grußkarte, kennt man sogar den Ursprung. 1843 wurden zum ersten Mal Weihnachtskarten gedruckt. Der Engländer Henry Cole hatte diesen Auftrag gegeben, nachdem er nicht die Zeit gefunden hatte, allen Bekannten zum Weihnachtsfest zu schreiben. Bereits 1880 wurden in England 11,5 Millionen Karten in der Weihnachtswoche versandt, und 1992 sollen es nach einem AP-Bericht vom Dezember 1993 1,55 Milliarden gewesen sein. Durchschnittlich versendet in England jede Familie 50 Karten, und die erhaltenen Karten werden als Zimmerschmuck an Bändern aufgehängt (Prangemeier). Und in der oben berücksichtigten Kinderbefragung gaben nur 4% der Kinder an, sie selbst hätten keine Weihnachtskarten versandt, aber 72% versandten 20 und mehr (Hastings und Hastings 1990-1991, S. 442).

John Davis hat für Großbritannien ermittelt, daß im Zeitraum zwischen 1979 und 1989 der Anteil der Ausgaben für „greeting cards" überdurchschnittlich gestiegen ist (Exchange, S. 50f.). Davis sieht in diesen Daten Indizien sowohl für die zunehmende Mobilität als auch für die Schrumpfung der durchschnittlichen Haushaltsgröße. Besonders der Anteil der Einpersonenhaushalte ist deutlich angewachsen. So ist es immer mehr notwendig, mit vielen Personen auch über Glückwunschkarten Kontakt zu halten. Denn zentrale Funktion von Glückwunschkarten ist ebenso wie die von Geschenken die Aufrechterhaltung sozialer Beziehungen. Dazu läßt sich spezifizieren: Das Netz der durch Glückwunschkarten Erreichten ist fast immer weiter gespannt als das des durch Geschenkaustauschs geknüpften. Die mit Glückwunschkarten Bedachten leben in einer Distanz, in der die alltägliche face-to-face-Begegnung unwahrscheinlich ist. Nachdem der telefonische Kontakt in hohem Maße den schriftlichen Kontakt ersetzt hat, wäre zu untersuchen, ob dadurch auch das Schreiben von Weihnachtskarten reduziert wird oder ob die Visualität der Karte, die letztlich auch die Beziehung sichtbar macht, so attraktiv ist, daß vom bequemeren Telefonieren abgesehen wird, durch das auch mehr Informationen transportiert werden können als auf einer Postkarte. Wie dem auch sei: Mit Claude Lévi-Strauss, der in seiner kulturkritischen Manier die Weihnachtsbräuche stets mit Details aus den verschwenderischen potlatch-Festen vergleicht, läßt sich zusammenfassend feststellen:

> „Die üppig kolorierten ‚Christmas cards' erreichen sicher nicht den Wert von ‚Kupferplatten'; doch die Kunst ihrer Auswahl, ihre Originalität, ihr Preis (der zwar bescheiden ist, sich aber nichtsdestoweniger mit der Anzahl vervielfacht), die verschickte oder erhaltene Menge sind der auf dem Kamin des Empfängers während der Schicksalswoche rituell zur Schau gestellte Beweis für die Vielfältigkeit seiner sozialen Beziehungen und das Ausmaß seines Prestiges" (S. 112).

Mit seiner Bemerkung über „das Ausmaß seines Prestiges" bezeichnet Lévi-Strauss eine weitere Funktion, auf die auch Davis zumindest indirekt eingeht, indem er darauf verweist, daß in dem von ihm erfaßten Zeitraum der Preis für die Karten überdurchschnittlich anstieg. Das kommt zum Teil daher, daß aufwendige Druckverfahren und hochwertige Materialien benutzt werden, so daß mit Glückwunschkarten „Eindrucksarbeit" in bezug auf den eigenen Status betrieben werden kann. Und man kann über solche Karten etwas über die eigene oder fremde Identität vermitteln: Man kann seinen Geschmack und seine Bildung demonstrieren, indem man Kunstkarten schreibt und dabei auch Vorlieben des Empfängers berücksichtigt; man kann Distanz zum Anlaß demonstrieren, indem man Scherzkarten verschick wie die von Gray Jolliffe, die Josef und Maria auf dem Weg nach Bethlehem zeigt und auf der Maria folgende Sätze in den Mund gelegt werden: „Es ist Weihnachten, und ich bin schwanger, ohne daß ich genau weiß wie, und jetzt hast Du auch noch vergessen, ein Zimmer zu bestellen. Wirklich toll!!" (nach: Prangemeier), und man gibt nolens volens seine Generosität preis, wenn man Karten caritativer Organisationen benutzt. Im ganzen zeigt sich also, daß Glückwunschkarten sich auf ähnliche Weise wie Geschenke analysieren lassen und diesen in ihrer Funktion sehr nahestehen.

Neujahr und Ostern

Geschenke zum Neujahrsfest gehen meistens über den Familienkreis hinaus. Müllmänner und Zeitungsboten werden mit einem Geldgeschenk bedacht. Besonders in Frankreich war das Schenken zum Neujahrstag wie das Versenden von Grußkarten zu diesem Termin weit verbreitet (Rost, Theorien, S. 98, Anm. 189). Neujahrsgeschenke sind übrigens schon für das antike Rom belegt. Und in China ist Neujahr das Fest des Schenkens schlechthin, bei dem auch von oben nach unten – etwa vom Arbeitgeber an den Arbeitnehmer – Geld geschenkt wird.

Nicht sehr viel Forschungsmaterial liegt für Ostern vor. Das österliche Hauptgeschenk, das Ei, scheint sich aus österlichen Eierabgaben zur Zeit des Feudalismus herzuleiten (Weber-Kellermann, Brauch, S. 6). Bereits im Altertum wurde jedoch das Ei als Symbol des im Frühling keimenden Lebens angesehen, im Christentum wurde es Zeichen der Auferstehung (Heim, Osterbrauchtum, S. 27), wobei die erste Bedeutung sicher nicht aus dem alltäglichen Vorstellungshorizont verschwunden ist, sondern dominieren dürfte. Das Osterei kam ab dem 17. Jahrhundert zunächst nur in Klöstern vor und wurde bis vor 200 Jahren auch unter „Erwachsenen ganz selbstverständlich" (S. 27) ausgetauscht. Es hatte Funktionen im Rahmen des Aberglaubens: Eier „wurden gegen Blitz und Seuchen über das Hausdach geworfen, unter den Dachfirst oder die Türschwelle gelegt oder in die erste Erntegarbe (gegen Mäusefraß)". Dies ist für Bayern und Tirol belegt (S. 26). Vielerorts dienen sie auch zu Spielen (S. 38f.); aus vielen Gegenden des deutschen Sprachraums ist etwa das Rollen von Eiern gegeneinander bekannt, wobei der Gewinner derjenige ist, dessen Ei heilbleibt.

Unsicherheit bezüglich seiner Bedeutung gilt für den bei näherem Hinsehen skurrilen eierlegenden und eierverteilenden Hasen. Hier reichen die Überlegungen vom Hasen als einem weiteren Symbol der Fruchtbarkeit bis zu der Idee, die Gestalt des Hasen sei auf Gebäckstücke zurückzuführen, die eigentlich Lämmer – das Lamm ist ein biblisches Ostersymbol – darstellen sollten, aber in der Undeutlichkeit ihrer Umrisse als Hasen gesehen wurden (Weber-Kellermann, Brauch, S. 3f.). Nach Weber-Kellermann ist

„eine allgemeinere Verbreitung des Kinderglaubens an dieses Wundertier nicht vor der 2. Hälfte des 18. Jahrhunderts anzusetzen" (S. 4). Die Forschungslage ist hier unklar. Einerseits hatte der Hase mit anderen Geschenkbringern zu konkurrieren: in der Schweiz etwa mit dem Storch und dem Kuckuck (Heim, Osterbrauchtum, S. 30). Andererseits ist der Hase ein sehr altes Ostersymbol: „In der byzantinischen Tiersymbolik des 6. Jahrhunderts wurde der Hase in eine etwas seltsame und gezwungene Beziehung zum Auferstandenen gebracht: Da der Hase mit offenen Augen schlafe (in Wirklichkeit hat er gar keine Augenlider), versinnbilde er Christus, der im Grabe nicht entschlafen sei" (S. 30).

Interessante Ausführungen zum Osterhasen (easter bunny) legte Theodore Caplow, der im Rahmen der Middletown-Studien auch Verhalten im Rahmen des Weihnachtsfestes erfaßte, zusammen mit der Ethnologin Margaret Holmes Williamson vor. Im Rahmen einer Dekodierung (d.h. der Anwendung eines sogenannten strukturalistischen Verfahrens, das u.a. auf den Ethnologen Claude Lévi-Strauss zurückgeht) vergleichen sie Easter bunny mit Santa Claus. Beide gehören zur profanen Ikonographie des jeweiligen Festes. Im Gegensatz zur religiösen Ikonographie, in deren Zentrum der auferstandene Christus bzw. das Kind in der Krippe stehen, dürfen die Repräsentanten der säkularen Seite des Festes für kommerzielle Zwecke dargestellt und, soweit sie aus eßbarem Material verfertigt sind, verzehrt werden. Neben solchen Gemeinsamkeiten sind Nikolaus und Osterhase vor allem aber Antipoden, wie schon die beiden Feste, für die sie stehen, Gegensätze darstellen. Der Hase bringt weniger gewichtige Geschenke als der Weihnachtsmann. Allerdings werden die Geschenke auch viel seltener zur Disziplinierung genutzt als die Weihnachtsgeschenke. Die Ostereier werden draußen, vor allem im Garten versteckt, was einem Fest im Frühling entspricht, während Weihnachtsgeschenke im Haus präsentiert werden. Das Ausschicken der Kinder zur Eiersuche kann der Konzentration der Familie am Gabentische gegenübergestellt werden. Damit ist aber noch nicht geklärt, warum gerade der Hase der Geschenkbote ist. Hier greifen die Autoren auf den religiösen Gehalt des Festes zurück. Ostern ist ein Fest der Kontraste oder – prozeßhaft gesehen – der Umkehrung. Ein Toter wird lebendig, seine Anhänger schwanken zwischen Zweifel und Glauben, aus Heiden werden durch die Taufe Christen, denn Ostern ist auch das traditionelle Tauffest. Alles ist im Umbruch, die Konturen sind noch unscharf. Das alles paßt auf den Hasen, der, kaum gesehen oder erahnt, wieder verschwindet, der geschlechtlich nicht differenziert erscheint, der sowohl ein Schoßtier als auch ein Schlachttier ist und dem dann ohne weiteres die wundersame Gabe zugeschrieben wird, die einem Säugetier unangemessen ist, nämlich Eier zu legen. Das ist eine scheinbar gut aufgehende Gleichung. Aber – wie so oft bei strukturalistischen Analysen, etwa von Mythen durch Lévi-Strauss – trägt das Ganze den Charakter des Künstlichen, allzu Konstruierten.

Neue Geschenkanlässe

Regelmäßig wiederkehrende Geschenkfeste lassen sich anscheinend relativ einfach neu installieren. Seit einigen Jahren versucht vor allem der Blumenhandel, für Deutschland den in angelsächsischen Ländern verbreiteten St. Valentinstag zu propagieren. Der Bischof Valentin starb 269 als Märtyrer, und er gilt als traditionell als Patron der Verlobten oder der Liebenden generell. Ab dem 14. Jahrhundert setzte sich in England und Frankreich der Brauch durch, daß sich Liebende am 14. Februar, dem Todestag des Heiligen, ihre Liebe gestanden. Vor allem in den USA ist der 14. Februar zu einem „Beziehungstag" schlechthin geworden, an dem denen, die einem nahestehen, mit einem Blumen- oder Kartengruß der Bestand der Beziehung signalisiert wird. Nach einem dpa-Bericht vom Februar 1994 sollen dort anläßlich des St. Valentinstages über eine Milliarde Grußkarten versandt worden sein. Nach der gleichen Quelle wird in Deutschland am 14. Februar mit Blumen für 80 Millionen DM ein Fünftel des Monatsumsatzes erreicht.

Es ist noch nicht ausgemacht, ob solche Bemühungen seitens des Handels eindeutigen und dauerhaften Erfolg haben. Ein erfolgreich installiertes Geschenkfest war auf jeden Fall der Muttertag, der jeweils am zweiten Maisonntag begangen wird. Auch er hat ältere historische Wurzeln. In England des 17. Jahrhunderts wurde am Fastensonntag Laetare ein Ehrentag für die Mutter begangen, im Rahmen dessen der „Mothering Cake" verzehrt wurde. Auch in Thüringen und Wallonien gab es Muttertage (Fegeler). Vielleicht war schon das römische Fest „Matronalia" (1. März) eine Art Muttertag (Stuiber, Sp. 695). Der moderne Muttertag geht auf die US-Amerikanerin Anne Jarvis zurück. 1906 entwickelte die Tochter eines Methodistenpfarrers aus Philadelphia die Idee eines Ehrentages für die Mütter im Mai; Anlaß war der erste Todestag ihrer eigenen Mutter. Sie setzte sich in den folgenden Jahren so erfolgreich für diese Idee ein, daß dieser Tag 1914 durch Kongreßbeschluß offizieller Feiertag wurde. In Deutschland wurde er dies im Dritten Reich, wo er eindeutig in den Dienst der Ideologie gestellt wurde. Er überstand diesen Mißbrauch und wurde nach dem Zweiten Weltkrieg auch in Deutschland zu einem Tag, an dem Mütter von Hausarbeit entlastet und beschenkt werden. Kritisch reagierten zu Beginn der 70er Jahre Frauen aus der 68er Generation, die an diesem Tage öffentlich „Recht statt Rosen" forderten. Trotz dieses immer noch präsenten kritischen Untertons wird der Muttertag weithin gefeiert; die Schulen haben ihn ebenso in ihr Curriculum, das konkret aus passenden Gedichten, Bildern und Basteleien besteht, aufgenommen wie weite Teile des Handels in die Zahl der Tage mit überdurchschnittlichem Umsatz.

In Deutschland beginnt sich der Vatertag an Christi Himmelfahrt in Verbindung mit feucht-fröhlichen Männerfeiern auch als Geschenktermin zu etablieren.

Natürlich gelingt die Neueinführung solcher mit Geschenken verbundenen Feste nicht immer. Davis berichtet von den mißglückten Versuch, einen Großmuttertag zu lancieren (Davis, Exchange, S. 52). Für ihn sind solche Bemühungen vor dem Hintergrund zu sehen, daß die Wirtschaftszweige, in denen Güter vornehmlich zum Verschenken produziert werden, darauf bedacht sind, das ganze Jahr relativ gleichmäßig mit Geschenkterminen zu durchsetzen, um ständig ausgelastet zu sein. Ob aber eine Idee für einen neuen Geschenkanlaß erfolgreich ist, hängt wohl davon ab, ob bestimmte nicht immer ausformulierte, aber latent vorhandene plausible Gründe, um nicht zu sagen: Bedürfnisse, für solche neuen Feste vorhanden sind. So könnte man wieder mit Bezug auf den Muttertag fragen: Ist hier endlich eine Inthronisation der seit Entstehung der bürgerlichen Gesellschaft immer wichtiger werdenden Mutterrolle gelungen? Oder liegt hier der Versuch vor, der Mutter, die sich immer weniger mit dieser Rolle allein zufriedengeben will, diese Aufgabe wieder „schmackhaft" zu machen? Letzteres ist wörtlich zu nehmen; denn neben Blumen und Kosmetika sind Süßigkeiten häufige Muttertagsgeschenke.

Namenstag und Geburtstag

Fritz Böhm berichtet 1938: „Als ich vor mehreren Jahren vor einer größtenteils aus Berliner Kindern bestehenden Zuhörerschaft über den Geburtstag sprach und mit der Frage begann: ‚Welches ist der schönste Tag im Jahr?', klang es einstimmig zurück: ‚Weihnachten'! – ‚Und der zweitschönste?' – gleichfalls einstimmig ‚Geburtstag!'"(S. 7). Ist Weihnachten das typische Fest des Kollektivs „Familie", so sind Namenstag und Geburtstag die Feier des Individuums. Besonders deutlich ist dies beim Geburtstag. Im Namenstag wird ja die Symbiose des Namensträgers und des Namenspatrons gefeiert, beim Geburtstag das Geburtstagskind allein; in der poetischen Beschreibung „Wiegenfest" wird sein Erscheinen in der Welt im Festanlaß anschaulich gemacht. Die Tatsache, daß der Geburtstag eng mit dem Individuum verbunden ist und bleibt, zeigt sich in der Sitte, auch des Geburtstags von Toten zu gedenken (S. 10), sei es öffentlich bei bekannten Personen oder im Falle weniger Prominenter im Familienkreis, wo er vielleicht mit einem Besuch am Grab „begangen" werden kann.

Generell gilt, daß der Namenstag eher von Katholiken, der Geburtstag eher von Protestanten gefeiert wird, obwohl es eine beträchtliche Zahl von Ausnahmen zu dieser Regel gibt (Hopf-Droste, S. 231). Schon die naheliegende, wenn auch keineswegs notwendige Verbindung zwischen Namenstag und dem im Protestantismus verpönten Heiligenkult macht diese Tendenz plausibel. Spätestens seit Max Webers Puritanismus-Kapitalismus-These (Weber, Ethik) ist der Affinität von Protestantismus und moderner

Welt viel Aufmerksamkeit geschenkt worden. Und so kann – abgesehen von dogmatischen Gründen – auch in der protestantischen Präferenz des Geburtstags ein spezifisch moderner Zug in diesem Fest angenommen werden. Die Volkskundlerin Marie-Luise Droste-Hopf sieht diesen Zug im Zählen. „Dieses Zählen ... ist auch verknüpft mit einer ‚moderneren' Zeitvorstellung" (S. 233) und „Auch das Zählen der Lebensjahre ist ein Aspekt des modernen Quantifizierungsprozesses" (S. 236).

Die Feier des Geburtstages schreitet voran; auch in katholischen Gebieten ist es inzwischen üblich, ihn zu feiern. Bei Eichler nannten von 400 Studierenden 311 den Geburtstag als wichtige Geschenksituation, aber nur 6 den Namenstag (S. 313). Dabei ist der Namenstag ein Datum, das durchaus mit Schenken verbunden werden kann. Ein originelles Geschenk Ludwig von Beethovens an den österreichischen Kaiser Franz I. war opus 115 „Zur Namensfeier" (Böhm, S. 13).

Das Geburtstagskind steht an seinem Ehrentag allein im Mittelpunkt; der Schutzpatron hat es verlassen. Und so ist der Geburtstag ein Indiz für die zunehmende Säkularisierung, aber auch für die zunehmende Individualisierung. Der einzelne findet – wie schon Johann Gottfried Herder feststellte – im Geburtstag einen „Ruheort für Wanderer" (nach: S. 10), wo gerade der moderne – um nicht zu sagen: postmoderne – Mensch die Möglichkeit finden kann, seinen Lebensweg und seine Identität zu reflektieren. Zur Feier des Individuums gehört seine Umwelt, die zu einem Fest zusammengeholt wird. Oft sind neben Verwandten und Bekannten auch die Kollegen im Beruf beteiligt. Und unabdingbar gehören zu dieser Feier Geschenke, die dem zu feiernden Individuum und seiner Identität gerecht werden sollen. Dieses Schenken ist ein Brauch, der schon für die antiken Griechen und Römer belegt ist. Analog zum Christkind und zum Osterhasen wird mancherorts der Geburtstagsmann bemüht, wenn Kinder zu beschenken sind (S. 15). Wichtiger realer Geschenkgeber für Kinder sind traditionell die Paten (S. 36f.). Zu Zeiten, als der einzelne stark in die lokale Gemeinschaft eingebunden war, konnte es vorkommen, daß „ein Maibaum vor dem Haus des Geburtstagskindes errichtet oder gar am Schornstein ein großer Blumenstrauß angebunden" (S. 36) wurde.

Es gibt viele Klagen über das Schenken anläßlich des Weihnachtsfestes; solche Klagen sind mir bezüglich der Geburtstage nicht bekannt. Natürlich ist zu einem Geburtstag in der Regel nur jeweils eine Person zu bedenken, zu Weihnachten mehrere oder gar unübersehbar und damit unerträglich viele. Aber könnte dieses klaglose Hinnehmen vom Schenkmühen anläßlich von Geburtstagen und oft zusätzlich das Ausrichten von oft mehreren Geburtstagsfeiern (z.B. je eine für die Familie, die Berufskollegen, eine Freizeitgruppe) nicht etwas mit der Favorisierung des Individuums im modernen Bewußtsein zu tun haben? Cheal hat wahrscheinlich recht, wenn er im Zusammenhang mit dem Geburtstag von einem „Kult des Individuums"

(Gift, S. 83) spricht. Dieser säkulare Kult macht den Geburtstag zu einem wichtigen Termin, obwohl er weder durch Religion noch durch Werbung gestützt wird. Abgeschlossen werden sollen diese Überlegungen mit dem Zitat aus einem Werk des Soziologen Erving Goffman: „Viele Götter sind abgeschafft worden, aber der Mensch selbst (the individual himself) bleibt hartnäckig als eine wichtige Gottheit bestehen. Er schreitet mit Würde einher und ist Empfänger vieler kleiner Opfer" (Interaktionsrituale, S. 104f.).

Schenken ohne Anlaß

In einer Lehrveranstaltung[39] ließ ich die Teilnehmer eine Liste erstellen, in der ihre eigenen Geschenke an andere, die Anlässe dafür, die Beziehung zu den Beschenkten u.ä. aufzuführen waren. Der Zeitraum, für den diese Daten zu sammeln waren, war auf die Spanne zwischen dem 19. April und dem 30. Juni begrenzt; das „Geschenkfest" Weihnachten war also ausgeklammert. Insgesamt schenkten die 14 Personen, die eine solche Liste abgaben, 126 Geschenke, also im Schnitt neun Geschenke pro Person. Die Reihenfolge in der Häufigkeit der genannten Geschenkanlässe ergibt folgendes Bild:

Geburtstag (28% aller Geschenkanlässe)
Ohne besonderen Anlaß (25%)
Ostern (15%)
Einladung ohne Geburtstagseinladungen (7%)
Muttertag (6%)
Urlaub (4%)

Geburtstag, Ostern und Muttertag sind dem Zyklischen zuzuordnende Anlässe für Schenken, die bereits erörtert wurden. Dasselbe gilt für Einladung und Urlaub, die – obwohl nicht eindeutig bestimmbar – als linear aufgefaßt wurden. Interessant ist aber der hohe Prozentsatz, der auf „Ohne besonderen Anlaß" oder – so mehrfach die konkrete Antwort – „einfach so" entfiel. Der genauere Hintergrund war, da Anonymität zugesagt worden war, nicht zu ermitteln. In zwei Fällen war der Schenkende um das selbsthergestellte Geschenk gebeten worden, in einem anderen Fall war für Photos kein Geld genommen worden. Hier haben wir einen Beleg für das, was an anderer Stelle das überraschende Geschenk genannt wurde. Vielleicht waren auch spontane Geschenke unter denen „ohne besonderen Anlaß". So könnte sich der Geber der Photos erst im Moment der Übergabe entschlossen haben, kein Geld zu nehmen. Generell kann festgestellt werden, daß das Schenken weniger an Termine gebunden ist, als man glauben sollte. Man kann ohne besonderen Anlaß eine Beziehung durch Geschenke „untermauern". Ist das ein Indiz für Traditionsverlust und zunehmende Individualisierung, die durch eigenständige Wahl bestimmt ist?

10. Zusammenfassung: Schenken in Sprichwörtern, Sinnsprüchen und Redewendungen

„Öffentliche Meinung" ist ein viel gebrauchter, aber keineswegs eindeutiger Begriff (Noelle-Neumann, Schweigespirale, S. 84ff.). So kann man darunter die veröffentlichte Meinung, den Medientenor verstehen oder die in demoskopischen Umfragen ermittelte häufigste Meinung zu einem Gegenstand oder Sachverhalt, wobei die beiden Formen öffentlicher Meinung keineswegs übereinstimmen müssen, was die Meinungsmacher veranlassen kann, ihren Ärger an unschuldigen Stammtischen auszulassen. Wie dem auch sei: Der Begriff der öffentlichen Meinung enthält die Vorstellung, es gäbe nicht nur individuelle Meinungen, sondern auch die kollektive Meinung, die eine Art Eigengewicht erhält, der eine gewisse Vorrangstellung eingeräumt, ja der sogar so etwas wie Eigenleben zugeschrieben wird. Öffentliche Meinung kommt dann dem nahe, was der Soziologe Émile Durkheim um die Jahrhundertwende als „conscience collective", als Kollektivbewußtsein bezeichnet hat. Für ihn war die Gesellschaft eine Realität sui generis und das Kollektivbewußtsein ein zentraler Inhalt, der das Vermögen des Individualbewußtseins bei weitem übertrifft (Durkheim, Formen, S. 567). Man muß nicht den extremen Gedankengängen eines Durkheim zustimmen, nach denen Gesellschaft als Subjekt und eine Art Übervater anzusehen ist, der den Menschen klare Begriffe und die Denkweisen bringt. Für unsere Zwecke genügt es, dieses Kollektivbewußtsein in die Nähe der öffentlichen Meinung zu rücken. Für Durkheim stellte sich auch die Frage, wie denn dieses Kollektivbewußtsein zum Ausdruck komme. Eine der Antworten, die er gab, lautete, das „soziale Leben" kristallisiere sich „in ... Sprichwörtern" (Durkheim, Regeln, S. 139).

Sprichwörter und Redensarten sind tatsächlich wichtige Indizien von öffentlicher Meinung als in Kollektiven allgemein geteilten Bewußtseins. In diesem Sinne spricht man auch von Volksweisheiten. Dazu kommt noch die zeitliche Komponente, nämlich eine lange Tradition, deren Beginn normalerweise nicht feststellbar ist und die im Kontrast zur öffentlichen Meinung steht, die sich auf Tagesprobleme bezieht. Weiter ist noch die räumliche Verbreitung von Sprichwörtern zu beachten, die oft über Länder- und Sprachgrenzen hinaus verbreitet sind. Allerdings soll man diesen Volksweisheiten auch nicht zu viel zutrauen. Der Vorspruch, den Karl Rauch seiner Sammlung voranstellt, ist daher nur mit Vorbehalten akzeptabel: „Es mag wahr sein, was manche Leute sagen: es muß wahr sein, was alle Leute sagen". Sprichwörter dienen oft lediglich als Verständnishilfen für Situationen, charakterisieren sie als „typisch". Und da Situationen oft eben unterschiedlich und gar nicht typisch sind, sondern einmal so und das nächste Mal ganz und gar verschieden, daher gibt es Sprichwörter mit einander widersprechenden Aussagen. Paßt „Gleich und gleich gesellt sich gern" nicht, so sagt man halt „Gegensätze ziehen sich an". Auf diese Weise läßt sich jede Situation „erklären".

Vor dem Hintergrund dieses Für und Wider soll eine Auswahl von Sprichwörtern zum Thema „Geschenk" bzw. „Schenken" aufgeführt und erörtert werden. Ihnen zur Seite werden sogenannte Sinnsprüche gestellt. Ein Sinnspruch ist – so die Definition in einem literaturwissenschaftlichen Lexikon – „allgemein jede allgemeinverbindliche knappe Lebensregel oder Lebensweisheit" (Wilpert, S. 857). Die in dem Stichwort weiter aufgeführten Beispiele von Unterarten des Sinnspruchs, etwa „Epigramm" und „Sentenz", zeigen, daß Sinnsprüche auf konkrete Autoren rückführbar sind, während dies bei Sprichwörtern nicht der Fall sein soll. Viele Sinnsprüche wurden im Mittelalter und im Zeitalter des Barock verfaßt, aber auch noch im 19. und 20. Jahrhundert finden sich genügend Beispiele für die Literaturgattung. Bisweilen werden Sinnsprüche als Sprichwörter gehandelt, obwohl der Philologe den Autor weiß. Als Quellen für Sprichwörter wie Sinnsprüche wurden genutzt: Grimm und Grimm, Lipperheide, Rauch, Seiler, Wander. In diesen Rahmen gehören auch oft verwandte Bibelzitate, die in der für unsere Zwecke vorgenommenen Auswahl fast ausschließlich als Sinnsprüche zu bezeichnen sind oder ihnen nahestehen.

Schon vorweg soll auf zwei Grundzüge hingewiesen werden, die in der nun folgenden Zitatensammlung hervortreten. Zunächst werden erstaunlich viele Aspekte des Schenkens thematisiert. Auch gegenüber den bisher erörterten werden neue Aspekte deutlich werden. Und weiter gibt es viele Sprichwörter und Sinnsprüche, in denen die dunklen Seiten des Schenkens thematisiert werden; wahrscheinlich ist das in der Mehrzahl der hier vorgestellten Zitate der Fall.

Gedanklicher Ausgangspunkt in der vorliegenden Schrift war eine positive Wertung des Schenkens als einer der angenehmen Seiten des Lebens. Dem korrespondieren gleichgerichtete Vorstellungen in Sprichwörtern. Geschenke sind begehrt, denn: „Geschenke sind der angenehmste Erwerb" (auch französisch). Christoph Lehmann, einem Autor des 17. Jahrhunderts, verdanken wir viele Spruchweisheiten, so auch die folgende: „Niemand thut Geschenk verachten, sondern alle thun darnach trachten".

Daher darf man Geschenke nicht verfehlen. „Nach Geschenken muß man greifen", denn sie sind „Pferde im Galopp". Allerdings soll man auch nicht unersättlich sein: „Der geschenk will haben über'd mass, zu dem hat jedermann ein hass". Sehr gefällig klingt die lateinische Version: „Illum nullus amat, qui semper da mihi clamat".

Den für das Schenken angenommenen Gefühlshintergrund thematisiert ein Wort von Christoph Lehmann aus dem Jahre 1662 „Schenck und Gaben sind Zeugen der Lieb". Von dem Gefühl der Dankbarkeit, das im Zusammenhang mit Schenken besonders wichtig ist, wird in Sprichwörtern und Sinnsprüchen die Rede sein, die in den Kontext, in dem der Dank steht, eingeordnet werden.

Die grundsätzlich positive Wertung von Geschenken führt auch zu Mahnungen, bezüglich solcher Gaben nicht zu anspruchsvoll und zu kritisch zu sein. So ist auch die Aufforderung aus dem hochmittelalterlichen „Vridankes Bescheidenheit" zu verstehen: „Man sol vergebene gâbe niht schelten daz doch vil geschiht" – Geschenkte Gabe soll man nicht schelten, was doch viel geschieht. Hier hat natürlich auch das schon an anderer Stelle interpretierte Sprichwort „Geschenktem Gaul schaut man nicht ins Maul" seinen Platz. Es stammt übrigens von Christoph Lehmann aus dem Jahre 1662, ist aber zu einem der wichtigsten Sprichwörter zum Schenken geworden und damit zu einem Beleg für den fließenden Übergang vom Dichterzitat zum Sprichwort mit anonymem Urheber. Die englische Version lautet: „Don't (oder auch: Never) look a gift horse in the mouth". Einen ähnlichen Sinn hat die Redensart: „Geschenke nimmt man, wie sie gegeben werden". Der Rede vom geschenkten Gaul ähnelt das lettische Sprichwort „Der geschenkte sauere Apfel gilt für süß". Zusätzlich schwingt hier noch etwas anderes mit, nämlich die Freude über das Einseitige, das Geschenke so attraktiv macht, aber von vielen Theoretikern geleugnet wurde. Nur für wirkliche Zumutungen gilt: „Das würde ich nicht einmal für geschenkt nehmen", im Englischen: „I wouldn't even have it as a gift".

Leitender Gedanke in den bisherigen Überlegungen war der Beziehungsaspekt, der als hauptsächliches Definiens gewählt worden war. Ein klassischer Beleg für diesen Aspekt ist das Sprichwort „Kleine Geschenke erhalten (manchmal auch: erhöhen) die Freundschaft" oder auch „Geschenke erhalten die Freundschaft warm". Allerdings kann es auch ironisch verwandt werden, indem dem Geschenk der Beigeschmack des Instrumentellen oder gar der Bestechung verliehen wird. Ähnlich doppeldeutig ist folgender Vers aus dem alttestamentlichen Buch der Sprüche: „... und wer Geschenke gibt, hat alle zu Freunden" (19,6). Ein positiver Beziehungsaspekt kommt eindeutig in dem Wort von Leopold Schefer aus dem Jahre 1834 „Nicht was, nein! wem man gibt, das ehrt die Gabe" zum Ausdruck. Geschenke können gestörte Beziehungen wiederherstellen. „Eine heimliche Gabe stillt den Zorn und ein Geschenk im Verborgenen den heftigen Grimm", so lautet Vers 25,14 im biblischen Buch der Sprüche. Das Heimliche und Verborgene könnte allerdings wieder in Richtung einer Bestechung gedeutet werden. Natürlich kann der Beziehungsaspekt auch eine negative Seite haben. Dem entsprechen deutsche Redensarten wie „Die Geschenke des Feindes sind Galläpfel" oder „Geschenke vom Feind sind schlimm". Das Geschenk kann auch als Machtmittel verwendet. Das aus dem Geschenk kommende Dominanzstreben, das im Extremfall aus dem Geschenk ein Instrument dauernder Unterdrückung macht, kommt sehr drastisch in einem Eskimo-Sprichwort zur Sprache: „Geschenke machen Sklaven wie Peitschen Hunde". Nüchterner heißt es im Deutschen wie im Italienischen: „Ein Geschenk, durch das man die Freiheit verliert, ist teuer bezahlt". Im alttestamentliche Buch der Sprüche, das wenigstens teilweise aus Volksweisheiten erwachsen ist, wird hervorgehoben: „Geschenke ... legen ... einen Zaun ins Maul" (20,31).

Ein weiterer wichtiger Anhaltspunkt für Geschenke war deren, wenigstens theoretische, Freiwilligkeit. Auch für diesen Aspekt gibt es ein sehr frühes Zeugnis. Es stammt aus dem „Narrenschiff" von Sebastian Brant. Er schrieb 1494: „Allein uß frien herzen gat, die Schenk, die iedem wol anstat" – Das Geschenk, das gut ansteht, muß aus freiem Herzen gegeben werden.

Reziprozität schließt nicht notwendig Freiwilligkeit aus, wie wir im Anschluß an Alvin W. Gouldner feststellen konnten. Reziprozität ist im Zusammenhang mit Schenken ein wichtiges Thema: Mauss verband die Gabe eng mit der Gegengabe, und die Gegenseitigkeit erwies sich als ein zentrales Element in der Austauschtheorie. Und sie ist natürlich ein nicht auszuschließendes Moment im Geschenkaustausch. Ganz im Sinne von Mauss formuliert Christian Fürchtegott Gellert 1746: „.... wer Geschenke gibt, nimmt sie auch wieder an". Friedrich Seiler hat in seiner „Sprichwörterkunde" 33 Sprichwörter zum Thema „Gegenseitigkeit" aufgelistet, von denen eine Reihe einen mehr oder minder deutlichen Bezug zum Thema „Schenken" aufweist. „Eine Liebe ist der anderen wert", „Wer nicht empfängt, braucht nicht wieder zu geben", „Eins ums andere, nichts umsonst", „Kappe um Kappe, Schlappe um Schlappe" (S. 394).

Aber es lassen sich gegenüber solcher Rechenhaftigkeit auch Differenzierungen finden. „Wo die Geschenke abgezählt werden, da steht die Freundschaft auf schwachen Füßen" ist ein Sprichwort, das auch im Dänischen verwendet wird. In unserer Analyse der Reziprozität waren wir davon ausgegangen, daß das Gegengeschenk häufig großzügiger ausfällt als das vorher Gegebene. Dieses „Aufschaukeln" im Geschenkverkehr hört sich so an: „Geschenke müssen sich gleichbleiben oder wachsen". Deutlicher noch sagt es ein chinesisches Sprichwort: „Wer ein Rind zum Geschenk erhält, muß ein Pferd zurückgeben". Aber auch das bei einem solchen Geschenkaustausch mögliche Vorteilsstreben wird mehrfach hervorgehoben.

In einem französischen Sprichwort heißt es: „Kleines Geschenk ist der Angelhaken des größeren Geschenks". Die deutschen Versionen lauten: „Mit der Wurst nach dem Schinken werfen" oder „Ich bring ein Ei und hätt' gern zwei". In China kennt man folgende Wendung: „Mit dem Ziegelstein nach Jade werfen". Diese Redensart bezieht sich auf Versuche von Einzelpersonen oder Repräsentanten von Nachbarvölkern, chinesischen Amtsinhabern oder gar dem Kaiser Tribut aufzudrängen in der Gewißheit, das das Gegenüber Wertvolleres zurückschenken wird, um seinen Status zu wahren. Hier kommt also zusätzlich zum Ungleichgewicht der Geschenke der Statusaspekt ins Spiel. Von dieser Warte her ist auch die scheinbar paradoxe Formulierung des römischen Schriftstellers Martial im 1. Jahrhundert nach Christus verständlich: „Freigebig ist der Arme, sooft er einem reichen Freunde nichts schenkt" (nach: Stuiber, Sp. 693). Dennoch gibt es auch die Warnung: „Geschenke großer Herrn haben mehr Schale als Kern".

Das Geschenk war als eines der zwei zentralen Elemente des Geschenkvorgangs herausgestellt worden. Hier setzen Sprichwörter oft neue Akzente, etwa wenn geringe und große Geschenke verglichen werden. Hier geht es vor allem um die Wertschätzung des kleinen Geschenks, so zum Beispiel: „Der verdient kein großes Geschenk, der an die kleinen nicht gedenkt". Von dem kleinen Geschenk heißt es, daß es besser sei als eine große Hoffnung oder Versprechung. Eine neue Nuance enthält das folgende Sprichwort, das auch im Böhmischen bekannt ist: „Wer für ein kleines Geschenk nicht dankt, verdient kein größeres". Es geht hier also um den Dank, der auch für weitere Aspekte von Geschenken thematisiert werden kann: „Auf neues Geschenk gehört kein alter Dank". Die überragende Bedeutung der subjektiven Wertung einer Gabe wird so ausgedrückt: „Geschenke gelten so viel, wie hoch man sie schätzt"; diese Meinung wird auch in einer dänischen Redensart vertreten. Auch das Überraschungsmoment, das in Geschenken liegen kann, wird berücksichtigt: „Unverhofftes Geschenk ist doppelt lieb; davon ist auch eine italienische Version bekannt.

Das zweite wichtige Element des Schenkens war die Übergabe gewesen. Probleme der Übergabe thematisiert Christoph Wieland (1733-1813): „geschenck geben musz mit einer geschickligkeit geschehen". Mehrfach wird die Aufmerksamkeit auf die Haltung des Schenkenden gelenkt. Ein Sprichwort sagt: „Eine unwillige Gabe ist eben so vil als wär keine geben". Ähnlich Lehmann: „Der gut Will macht die Gab angenehm". Und schon im alttestamentlichen Buch der Sprüche heißt es: „... eine unfreundliche Gabe ist verdrießlich" (18,18), und im Neuen Testament stellt Paulus in 2 Kor 9,7 fest: „... denn Gott liebt einen fröhlichen Geber".

Kinderreime wie Rechtssprichwörter legen die Unwiderruflichkeit einer Schenkung nahe. Belege sind: „Was geschenkt ist, bleibt geschenkt, kommt nicht mehr ins Haus gerennt" und „Niemand kann geben und behalten" (Meyer, S. 20).

Das Abweisen eines Geschenks wurde oben als äußerst brisante Situation herausgestellt. Dazu paßt die Redensart: „Geschenk verweisen ist grob und bewrisch (bäurisch)". Auf eine lateinische Vorlage geht zurück: „Man soll kein Geschenk ausschlagen". Weiter heißt es: „Wer kein Geschenk nimbt, darff auch nichts wiedergeben". Gewissermaßen dem Schutz einer Person, die ein Geschenk ablehnt, dient ein Rechtssprichwort, von dem auch eine lateinische Version vorliegt: „Wider Willen kann man Niemand etwas geben" (Meyer, S. 25).

In Sprichwörtern wird auch die Frist zwischen Gabe und Gegengabe thematisiert. Auf den Fall des Zögerns angesichts erforderlicher Hilfe oder zu lange währenden „Schuldens" von Gegengeschenken paßt das Sprichwort „Schnelle Gabe, doppelte Labe" und Lehmanns „Langsame Gabe verlernt den Dank". Hier wird also wieder die Dankbarkeit zur Sprache gebracht. Eine andere Reaktion auf das verzögerte Geschenk drückt die auch im Italienischen vorzufindende Redensart aus: „Ein Geschenk, auf das man lange warten muß, ist halb bezahlt". Dieses Sprichwort thematisiert so auch die Gegengabe. Auf eine grundsätzliche Einschätzung zielt „Vorgerücktes Geschenk verliert seinen Wert", das auch im Dänischen bekannt ist. Es könnte sein, daß für all diese Sprichwörter und Sinnsprüche noch folgendes mitbedacht werden muß: Richard M. Meyer hatte darauf hingewiesen, daß erst eine Inbesitznahme eines Geschenks etwa durch Anlegen eines Kleides oder Schmuckstücks die Unwiderruflichkeit des Geschenkten nach sich zog (S. 22). Vielleicht gehörten zu diesen früher stärker ausgedehnten Präliminarien des Schenkens auch Ankündigungen eines Geschenks, die oft lange vor der Übergabe ausgesprochen wurden. Verzögerungen, von denen in den Sprichwörtern und Sinnsprüchen die Rede ist, könnten sich auf solche langen Zeiträume zwischen Versprechung und Einlösung des Versprechens beziehen. Dazu wieder ein Vers aus dem Buch der Sprüche: „Wer Geschenke verspricht und hälts nicht, der ist wie Wolken und Wind ohne Regen" (25,14).

Für modernes Schenken wurden Geschenke überwiegend in einem positiven Bezug zu mitmenschlichen Beziehungen gesehen. Die Funktion des Schenkens sei die Aufrechterhaltung und Bestärkung von Beziehungen um ihrer selbst willen. Sprichwörter, Sinnsprüche und Bibelstellen sind viel skeptischer. Funktion des Geschenks ist die Erreichung eines Vorteils für den Schenkenden; Bestechung ist dabei der Schwerpunkt schlechthin. Der Dichter Christian Fürchtegott Gellert schreibt 1760 noch eher zweideutig: „ehrliche geschenke bringen liebnusz und machen guten willen". Deutlicher werden schon zwei deutsche Sprichwörter: „Geschenke bringen Ränke" und „Geschenke machen dem Wort Gelenke." Vers 20,31 im Buch der Sprüche lautet: „Geschenke ... verblenden die Weisen" und in Vers 18,16 heißt es: „Das Geschenk des Menschen schafft ihm Raum und bringt ihn zu den großen Herren". Im 2. Buch Mose lautet die Übersetzung von Vers 23,8, die die Brüder Grimm geben: „du solt nicht geschencke nemen, denn geschencke machen die sehenden blind". Im folgenden sollen noch zwei sehr treffend formulierte Belege für Geschenke als Mittel der Vorteilsnahme aufgeführt werden. Der erste stammt aus Finnland: „Die Schmiere bringt das Rad zum Rollen". Der zweite greift weiter als die bisherigen: „Geschenke machen Weiber williger, Pfaffen frumm und die Gesetze krumm". Die Reihe ließe sich beliebig fortsetzen. Hier noch ein Wort von Julius Wilhelm Zinkgreff aus dem Jahre 1626: „es ist kein thür so hart, die nicht durch geschenck kündte geöffnet werden." Von 69 Eintragungen zu „Geschenk" bei Wander betreffen 23 den Gefälligkeitsaspekt. Aber dort finden sich auch Warnungen an den, der Geschenke mit eindeutigen Absichten einsetzt: „Es nimpt einer geschenck und tut doch nichts, dass des schenckens werth ist" oder „Es ist manch Geschenk verloren". Von letzterer Redensart existiert auch eine italienische Version. Verwandt ist: „Ein Geschenk ist bald vergessen". Die möglichen Formen negativer Erfassung solcher mit Hintergedanken gegebener Geschenke benennt: „Geschenck macht Schmeichler und Verächter", vielleicht übrigens beides in einer Person vereint.

Es soll noch einmal die Redensart aufgegriffen werden, daß Geschenke „die Gesetze krumm" machen. Die Vielzahl der Belege zum Geschenk als Bestechungsmittel wird vielleicht vor dem Hintergrund besser verständlich, daß auch im Abendland bis zum Spätmittelalter Geschenke an den oder die Richter üblich waren und das Angebot solcher Geschenke „ein durchaus honoriges Unternehmen" (Hannig, S. 161) war. Da mußte ein Urteil immer auch unter der Hinsicht des Geschenks gesehen werden. Auch dieser Aspekt ist im Alten Testament vielfach belegt (Stuiber, Sp. 688); ein Beispiel ist: „Weh' denen, die den Schuldigen für Bestechungsgeld freisprechen und dem Gerechten sein Recht vorenthalten" (Jes 5,23).

Die negative Einstellung zu Geschenken ist wahrscheinlich nie so hart formuliert worden wie in Vers 15,27 des biblischen Buches der Sprüche: „ ... wer aber Geschenke hasset, der wird leben". Hier kommt eine schon ins Transzendente verweisende Dimension zum Tragen. Aber fragen wir uns nun: Woher kommt solche Bewertung, die von der Doppeldeutigkeit in Sprichwörtern über die Nennung negativer Aspekte bis zur absoluten Verurteilung des Schenkens reicht? Die Antwort ist eine zweifache. Was oben am Beispiel des Richters verdeutlicht wurde, geschah in vorindustriellen Gesellschaften auf verschiedenen Feldern des Lebens, besonders dort, wo hoheitliche Macht im Spiele war, sehr häufig, ja regelmäßig. Wir können uns einen derartigen Alltag nicht mehr vorstellen. Wer aber in Ländern der Dritten und Vierten Welt den Alltag genau beobachtet oder in diesen Alltag einbezogen ist, der wird die Allgegenwärtigkeit des Wunsches nach einem Geschenk für jegliche Gefälligkeit erleben und negative Bewertungen solcher Geschenke nachvollziehen können.

Doch das ist nur eine Seite. Greifen wir nun Redewendungen auf und konzentrieren wir uns auf vergleichende Formeln. Da finden wir viel positive, ja man könnte sagen: unüberbietbar positive Wertung des Geschenks. Die Mutter „schenkt" dem Kind das Leben (Kasdorff, S. 24). Diese Redeweise, die selbstverständlich kein Schenken im hier gemeinten Sinne trifft, zeigt aber die Hochschätzung des Schenkens an, denn durch die Geburt wird dem Kind mit dem Leben eines der am höchsten bewerteten Güter zuteil, das nur selten „weggeworfen" wird. Das Lächeln eines Kindes kann als Geschenk empfunden werden (Fasching und Woschnak, S. 70), das eine Beziehung begründet. Das Talent eines Menschen wird als Geschenk gesehen (Hyde, S.XI). Dasselbe gilt für Werke der Bildenden Kunst gelten, die Menschen zutiefst anrühren. Auch positive Erlebnisse assoziieren wir schnell mit dem Schenken. Jean Starobinski schreibt gegen Ende seines Buches „Gute Gaben – schlimme Gaben": „Aber sobald unverhofft ein Augenblick des Glücks auftaucht, ein Sonnenstrahl auf der Wiese, eine Flut auf ausgetrockneter Erde, ein Schwanken des Zweiges, der den reifen Apfel trägt, so wird der Gedanke der Gabe in uns nur um so lebhafter erweckt" (S. 171f.). „Die Sonne schenkt Wärme". Dieses letzte Beispiel ist ein Zitat aus einem Aufsatz von Klaus Zimmermann (S. 136). Für ihn sind solche Sprachfiguren Relikte archaischen Denkens, im Rahmen dessen das Weltgeschehen nicht im Sinne von Ursache und Wirkung, sondern als Gabentausch gesehen wurde. „Das auf Gegenseitigkeit beruhende Geben und Nehmen ist ein Grund der Ordnung der Welt" (S. 139). Wenn geschenkt wird, ist unser Dasein in Ordnung.

Es gibt viele Gründe, sich über ein Geschenk zu freuen. Einer solchen, meist spontanen Regung gegenüber wollen Sprichwörter wie Sinnsprüche vielfach zur Vorsicht mahnen und zur Reflexion aufrufen. Geschenke können viele „Haken" haben, und der Empfänger soll überprüfen, inwieweit diese in dem ihm Gegebenen vorhanden sind. Sprichwörter, Sinnsprüche und Bibelstellen ziehen uns von dem ab, was wir gerne hätten, sie nehmen uns Illusionen und stellen uns in eine Realität, in der wir auf der Hut sein müssen. Sie wollen wohltätig wirken, indem sie uns Enttäuschungen ersparen. Doch daß es da noch etwas anderes gibt, eben das Außergewöhnliche, das Wunderbare, das sagt der Ausdruck vom Geschenk des Himmels; auf die Sehnsucht nach solchen Wundern, als deren Abglanz wir jedes herzerfrischende Geschenk erleben, werden Menschen trotz vieler gegenteiliger Erfahrungen nicht verzichten wollen.

Anmerkungen

1 Paul Tournier ist der einzige mir bekannte Autor, der das Sich-selbst-Beschenken direkt zum Schenken zählt (S. 5f.). Allerdings ist sein Geschenkbegriff extrem weit und umfaßt praktisch alles Positive, das einem Menschen widerfahren kann, also auch Ferien (S. 7), den allabendlichen Gutnachtkuß an ein Kind (S. 21) oder persönliche Geheimnisse (S. 45). Andererseits führt er ein Beispiel an, das belegt, wie sehr das Schenken ein alter verlangt, das einen beschenkt. Eine unverheirate Frau sagt jemandem, der ihre Handtasche bewundert, ihr Mann habe sie ihr geschenkt. Auf die Rückfrage, ob sie nicht unverheiratet sei, antwortet sie: „„Jedes Jahr zu meinem Geburtstag oder zu Weihnachten wähle ich mir etwas aus, das mir gefällt, und ich erfreue mich daran, indem ich mir sage, es sei ein Geschenk von meinem Mann'" (S. 8).

2 Dieser Ansicht, die im Verdacht des Romantisierens steht, sind auch noch moderne Autoren. So schreibt der bekannte Soziologe George Caspar Homans über primitive Gesellschaften: „Dort ist das ganze Jahr Weihnachten" (Elementarformen, S. 272).

3 Dem stimmt auch C. A. Gregory zu (Stichwort, S. 525).

4 Auf. S. 152 bezieht sich Hannig direkt auf die Darstellung bei Mauss.

5 Parry bringt als zweiten Faktor noch die Weltreligionen mit ihrer Jenseitsbezogenheit ins Spiel, aber das dazu Festgestellte paßt eher zu Almosen als zu Geschenk.

6 Vorstellungen, nach denen Geschenke „gewisse Arten von freiwilligen sozialen Beziehungen" (Cheal, Gift, S. 14) begründen, sind angesichts der Bedeutung des Schenkens innerhalb der Familie, die ja oft keine freiwillige Beziehung im Sinne der persönlichen Wahl darstellt, irreführend.

7 Auch Armbruster, der Kinderbescherungen schon für das 16. Jahrhundert belegt (S. 39), sieht die heutige Attitüde gegenüber dem Kind und den „wachsenden Bedarf" (S. 38) an Spielzeug im 19. Jahrhundert entstehen.

8 „INKUBI", die „Interkulturelle Beratung und Information" der Universität Gesamthochschule Essen.

9 Es handelt sich um die Übung „Marcel Mauss und die Durkheim-Schule" am Institut für Soziologie der Universität Mainz im Wintersemester 1990/91.

10 Nach dem griechischen Wort für Geschenk „to doron".

11 Die Gegenüberstellung von politischer und moralischer Ökonomie hat Cheal in Anlehnung an Émile Durkheims Vorstellung von organischer vs. mechanischer Solidarität entwickelt.

12 Wie Moch auf S. 49f. und S. 62 zeigt, sind frei verfügbare Finanzmittel, die nicht für den normalen Lebensunterhalt benötigt werden, sowie eine gewisse finanzielle Unabhängigkeit von Gebenden und Nehmenden Voraussetzung für Freiwilligkeit und oft daraus erwachsende intensive, auf das Personale gerichtete Beziehungen.

13 Es gab auch im Mittelalter schon sächliche Gaben, z.B. das Almosensalz.

14 Hier liegt der entscheidende Unterschied zur Sicht von Voß (S. 147ff.), der Betteln und Spenden als Distanzierungsrituale betrachtet, als Bemühungen, sich deutlich abzugrenzen.

15 Für Voß (S. 134ff.) ist diese transzendente Dimension so wichtig, weil sie seiner Meinung nach ein wichtiges Abgrenzungskriterium zum Geschenk darstellt. Die Annahme eines solchen metaphysischen Kriteriums ist jedoch nicht notwendig, wenn man – wie dies in den hier vorgelegten Erörterungen durchgängig geschieht – Geschenke über soziale Beziehungen definiert. Ihr weitgehendes Ausbleiben beim Spenden ist genügend trennscharf, um Spenden und Schenken abzugrenzen.

16 Es ist interessant, daß im 19. Jahrhundert Tönnies bei seiner Erörterung des Almosens bereits eine ganze Reihe solcher Gründe aufzählt, die auch heute genannt werden: „Not des Niederen", „Mitleiden", „Pflichtgefühl", „Notwendigkeit", „Schuldigkeit" (S. 166).

17 Die in diesem Buche mitgeteilten Details über China verdanke ich nahezu alle dem mündlichen Austausch mit Professor Wolfgang Bauer, München, dem ich an dieser Stelle herzlich danke.

18 Vgl. hierzu auch die Ausführungen Vilfredo Paretos zu dem von ihm sogenannten Residuum der Klasse III „Bedürfnis, Gefühle mit äußeren Handlungen auszudrücken" (Eisermann, S. 93).

19 Der in Zeitungsberichten vom Anfang Mai 1992 angegebene Auftraggeber der Befragung war die Illustrierte „Neue Revue"; durchgeführt wurde die Umfrage vom Hamburger Institut GEWIS (Gesellschaft für erfahrungswissenschaftliche Sozialforschung).

20 Das ist nach Peter M. Blau (Interaction, S. 454) ein wichtiger Unterschied zwischen dem sozialen Austausch im Geschenk und dem ökonomischen Austausch; bei letzterem ist die Gegenleistung genau bestimmt.

21 Marshall Sahlins diskutiert diese Verwendungsweise von „hau" eingehend (S. 149ff.) und kommt zu dem Ergebnis, das Wort meine im Falle der Geschenke den Ertrag, der zurückgegeben wird (S. 168); daß „hau" ein geistiges Prinzip sein kann, bestreitet er jedoch nicht (z.B. S. 167). Zu einer älteren Kontroverse über „hau" vgl. Fournier, S. 333.

22 Blau bezieht sich mit seinen Ausführungen auf Richard M. Emerson.

23 Die Ausführungen Mauss' zu Indien werden von Parry (S. 459ff.) kritisch diskutiert.

24 Mündliche Mitteilung von Professor Heinrich von Stietencron, Tübingen, dem ich für diese Information danke.

25 „Hinweisen" statt „belegen" nicht nur, weil es sich um Laborexperimente handelt, deren Ergebnisse nicht ohne weiteres in die Alltagswirklichkeit übertragen werden dürfen, sondern auch weil in der experimentellen Anordnung nicht von gleichem Status, sondern von gleicher Macht ausgegangen wird und die gleiche Macht nur indirekten Einfluß auf die Häufigkeit des Schenkens hat.

26 Friedrich Rost führt in seiner gleichnamigen Schrift neun „Theorien des Schenkens" auf. Dabei ist fraglich, ob z.B. die von ihm genannte empirische Schenkforschung oder juristische Aspekte des Schenkens Theorien darstellen. Dasselbe könnte man natürlich auch gegen den im folgenden berücksichtigten Feminismus einwenden.

27 In diesem Zusammenhang wird angenommen, daß die Geschenke aggressionshemmend wirken, da das Männchen ja in einen Kontaktraum eintritt, der normalerweise nur bei einem Angriff verletzt wird.

28 Diese Verwechslung findet sich etwa bei Lindauer.

29 Das letzte Kriterium modifiziert Leeds später (S. 231), indem sie den Schaden einbezieht, der Dritten durch das altruistische Geben erwächst. Im Falle von Williams wäre dieser Dritte etwa seine Verlobte.

30 Professor Scherhorn stellte mir dankenswerterweise sein unveröffentlichtes Manuskript prompt zur Verfügung. Ich hoffe nicht, daß er diese Großzügigkeit angesichts meiner Kritik seines Ansatzes nachträglich bedauert.

31 In diesem Zusamenhang danke ich Herrn Uwe Matzner vom Börsenverein des Deutschen Buchhandels, der mir die Ergebnisse dieser Befragung vorab zugänglich machte.

32 Von den angeschriebenen Fachverbänden antworteten: Bundesverband des Deutschen Foto-Fachhandels e.V., Bundesverband Glas – Porzellan – Keramik, Groß- und Außenhandel e.V.; Bundesverband der Juweliere, Schmuck- und Uhrenfachgeschäfte im Hauptverband des Deutschen Einzelhandels e.V.; Bundesverband Parfümerien e.V., Fachverband Unterhaltungselektronik im Zentralverband Elektrotechnik- und Elektronikindustrie e.V., Photoindustrie-Verband e.V., Gesamtverband Deutscher Musikfachgeschäfte e.V., Verband der Deutschen Schmuck- und Silberwaren-Industrie e.V.
Den Verbänden und denen, die in deren Auftrag antworteten, sei hiermit Dank gesagt.

33 Zeit, Ort und Sample der Untersuchung wurden in der Quelle nicht genannt.

34 Starobinski weist durch die Anmerkung „Vertikale Gabe, horizontale Geste" (S. 26) zu Vincidors Darstellung „Die Hochzeit Alexanders mit Roxane" darauf hin, daß solche Gleichungen nicht immer aufgehen.

35 Dieser Begriff lehnt sich an den von Thorstein Veblen eingeführten des „conspicuous consumption" an (s. auch S. ??).

36 Die soziale Einschätzung zeigt sich auch bei der dritten (neben Gleichbehandlung und persönlicher Präferenz) von Moch referierten Möglichkeit der Verteilung des Erbes, nämlich nach der angenommenen Fähigkeit, das Erbe zu bewahren und zu vermehren (S. 8).

37 In einer Zeitung aus der Nähe von Ulm standen beide Formen (Geldgeschenk und Meßstipendium) nebeneinander. In diesem Zusammenhang danke ich Herrn Diplom-Soziologen Otto G. Schwenk, Mainz, für die Besorgung von Lokalzeitungen aus dem süddeutschen Raum.

38 Der Japanologe Klaus Antoni, Trier, erzählte mir von einem japanischen Werbeplakat mit der Aufschrift „Weihnachten ist das internationale Fest des Schenkens. Die Christen feiern Christi Geburt". Auch Professor Antoni sei herzlich gedankt.

39 Es handelte sich um die Übung „Marcel Mauss: Die Gabe" am Institut für Soziologie der Universität Mainz im Sommersemester 1992.

Literaturverzeichnis

Adler, Christian: Achtung Touristen! 3. Aufl., Bielefeld 1988.

Adorno, Theodor W.: Minima Moralia. Frankfurt/M. 1951.

Armbruster, Frank: „Geschenke berücken Menschen und Götter...". In: Kaltenbrunner, Gerd-Klaus (Hrsg.): Vom Sinn des Schenkens. Freiburg – Basel – Wien 1984, S. 31-54.

Axelrod, Robert: Die Evolution der Kooperation. München 1987.

Badcock, Christopher: Evolution and Individual Behavior. Oxford – Cambridge/Mass. 1991.

Bange, Petronella: Frauen und Feste im Mittelalter: Kindbettfeiern. In: Altenburg, Detlef u.a. (Hrsg.): Feste und Feiern im Mittelalter. Sigmaringen 1991, S. 125-132.

Bamberger, Ludwig: Die Kunst zu schenken. In: Kaltenbrunner, Gerd-Klaus (Hrsg.): Vom Sinn des Schenkens. Freiburg – Basel – Wien 1984 (zuerst 1888), S. 138-150.

Banks, Sharon K.: Gift-Giving: A Review and an Interactive Paradigm. In Wilkie W.L. (Hrsg.): Advances in Consumer Research. Bd. 6. Ann Arbor 1979, S. 319-324.

Bateson, Mary Catherine: Mit den Augen einer Tochter. Reinbek 1988.

Baudrillard, Jean: Der symbolische Tausch und der Tod. München 1982.

Bauman, Zygmunt: Mortality, Immortality and Other Life Strategies. Stanford/Cal. 1992.

Beck, Ulrich: Risikogesellschaft. Frankfurt/M. 1986.

Befu, Harimu: Gift Giving in a Modernizing Japan. In: Monumenta Nipponica 23 (1968), S. 445-456.

Beitl, Klaus: Liebesgaben. Salzburg 1974.

Belk, Russell W.: Effects of Gift-Giving Involvement on Gift Selection Strategies. In: Mitchell A.A. (Hrsg.): Advances in Consumer Research. Bd. 9. Ann Arbor 1982, S. 408-412.

Belk, Russell W.: It's the Thought that Counts: A Signed Digraph Analysis of Gift-Giving. In: Journal of Consumer Research 3 (1976), S. 155-162.

Benzinger, Josef: Raritäten aus Baiern. Herrsching 1956.

Berger, Peter L.: Zur Dialektik von Religion und Gesellschaft. Frankfurt/M. 1973.

Bergfleth, Gerd: Baudrillard und die Todesrevolte. In: Baudrillard, Jean: Der symbolische Tausch und der Tod. München 1982, S. 363-430.

Blau, Peter: Exchange and Power in Social Life. New York u.a. 1964.

Blau, Peter M.: Interaction: Social Exchange. In: Sills, David L. (Hrsg.): International Encyclopedia of the Social Sciences. Bd. 7. o.O. 1968, S. 452-458.

Böhm, Fritz: Geburtstag und Namenstag im deutschen Volksbrauch. Berlin – Leipzig 1938.

Boulding, Kenneth E.: The Economy of Love and Fear. Belmont/Cal. 1973.

Bourdieu, Pierre: Entwurf einer Theorie der Praxis. Frankfurt/M. 1979.

Brockhaus Enzyklopädie in zwanzig Bänden. Stichwort „Geschenk". 7. Band. 17. völlig neubearb.Aufl., Wiesbaden 1969, S. 188.

Camerer, Colin: Gifts as Economic Signals and Social Symbols. In: The American Journal of Sociology 94 (1988), Supplement, S. 180-214.

Caplow, Theodore: Christmas Gifts and Kin Networks. In: American Sociological Review 47 (1982), S. 383-392.

Caplow, Theodore: Rule Enforcement without Visible Means: Christmas Gift Giving in Middletown. In: The American Journal of Sociology 89 (1984), S. 1306-1323.

Caplow, Theodore und Margaret Holmes Williamson: Decoding Middletown's Easter bunny: a study in American iconography. In: Semiotica 32 (1980), S. 221-232.

Caron Andre und Scott Ward: Gift Decisions by Kids and Parents. In: Journal of Advertising Research 5 (1975), S. 15-20.

Cheal, David J.: The Social Dimension of Gift Behaviour. In: Journal of Social and Personal Relationships 3 (1986), S. 423-439.

Cheal, David: The Gift Economy. London – New York 1988.

Cheal, David: „Showing them you love them": gift giving and the dialect of intimacy. In: The Sociological Review 35 (1987), S. 150-169.

Clausen, Gisela: Schenken und Unterstützen in Primärbeziehungen. Frankfurt/M. u. a. 1991.

Collegium Cadoro (Hrsg.): Schmuck-Journal Edition No. 12, o.O. 1993 (zusammen mit zwei Collectionsprospekten)

Collinson, Patrick: Die spätmittelalterliche Kirche und ihre Reformierung (1400-1600). In: McManners, John (Hrsg.): Geschichte des Christentums. Frankfurt/M. – New York 1993, S. 251-284.

Corrigan, Peter: Gender and the Gift: The Case of the Family Clothing Economy. In: Sociology 23 (1989), S. 513-534.

Daiber, Hans: Schenken. In: FAZ-Magazin vom 21.12.1990, S. 50-55.

Davis, John: Exchange. Minneapolis 1992.

Davis, J.: Gifts and the United Kingdom Economy. In: Man 7 (1972), S. 408-429.

Dawkins, Richard: Das egoistische Gen. Berlin – Heidelberg – New York 1978.

Derrida, Jacques: Wenn es Gabe gibt – oder: „Das falsche Geldstück". In: Wetzel, Michael und Jean-Michel Rabaté (Hrsg.): Ethik der Gabe. Berlin 1993, S. 93-136.

Derrida, Jacques: Falschgeld. München 1993.

Dillon, Wilton: Gifts and Nations. The Hague – Paris 1968.

Douglas, Mary und Baron Isherwood: The World of Goods. New York 1979.

Duden. Das große Wörterbuch der deutschen Sprache. Bd. 1. Mannheim – Wien – Zürich 1977.

Durkheim, Émile: Die Regeln der soziologischen Methode. 2. Aufl., Neuwied – Berlin 1964.

Durkheim, Émile, Die elementaren Formen des religiösen Lebens. 3. Aufl., Frankfurt/M. 1984

Eder, Klaus: Die Vergesellschaftung der Natur. Frankfurt/M. 1988.

Eibl-Eibesfeldt, Irenäus: Liebe und Haß. München 1970.

Eibl-Eibesfeldt, Irenäus: Die Biologie des menschlichen Verhaltens. München – Zürich 1984.

Eibl-Eibesfeldt, Irenäus: Grundriß der vergleichenden Verhaltensforschung. 7. überarb. und erw. Aufl., München – Zürich 1987.

Eichler, Hans-Volker: Besonderheiten der Geschenksituation und ihre Auswirkungen auf das Konsumverhalten. Frankfurt/M. u. a. 1991.

Eisermann, Gottfried: Vilfredo Paretos System der allgemeinen Soziologie. Stuttgart 1962.

Elias, Norbert: Über den Prozeß der Zivilisation, 1. Band. 6. Aufl., Frankfurt/M. 1978.

Elster, Jon: Subversion der Rationalität. Frankfurt/M. – New York 1987.

Elster, Jon: Ulysses and the Sirens. Überarb. und neuaufgel. Fassung, London u.a. – Paris 1986.

Emerson, Ralph Waldo: Gifts. In: The Collected Works of Ralph Waldo Emerson, Bd. 3. Hrsg. von Ferguson, Alfred R. und Jean Ferguson Carr. Cambridge/Mass. – London 1983, S. 93-96.

Emnid-Institut: Informationen 9/1980.

Esser B. u.a.: Kassieren nicht nur für Arme. In: Focus 50/1993, S. 40-46.

Esser, Hartmut: Alltagshandeln und Verstehen. Tübingen 1991.

Etkin, William: A Biological Critique of Sociobiological Theory. In: White, Elliot (Hrsg.): Sociobiology and Human Politics. Lexington/Mass. – Toronto 1981, S. 45-97.

Fasching Maria und Werner Woschnak: Phänomenologie des Geschenkes. In: Wiener Jahrbuch für Philosophie 11 (1978), S. 64-97.

Fegeler, Franz: Einmal im Jahr Blumen für Mama. In: Glaube und Leben. Kirchenzeitung für das Bistum Mainz 19/1994, S. 20.

Firth, Raymond: Primitive Polynesian Economy. London 1939.

Florack-Kröll, Christina: „Heilsam Wasser, Erd' und Luft". Zu Goethes Badereisen. In: Bausinger, Hermann u.a. (Hrsg.): Reisekultur. München 1991, S. 202-206.

Fohrbeck, Karla: Renaissance der Mäzene? Köln 1989.

Fournier, Marcel: Marcel Maus ou le don de soi. In: Archives Européennes de Sociologie 34 (1993), 325-338.

Frank, Robert H.: Die Strategie der Emotionen. München 1992.

Frank, Robert H.: A Theory of Moral Sentiments. Paper vorgelegt bei der Conference der Human Behavior and Evolution Society 1990 in Los Angeles.

Frerichs, Klaus: Das entfernte Preisschild. In: Brandmeyer, Klaus und Alexander Deichsel (Hrsg.): Der situative Mensch. Hamburg 1990, S. 3-18.

Fritz, Klaus: Geschenkbuch. Frankfurt/M. 1988.

Frohlich, Norman: Self-Interest or Altruism, What Difference? In: Journal of Conflict Resolution 18 (1974), S. 55-73.

Garantie für Treu und Glauben. In: iwd. Informationsdienst des Instituts der deutschen Wirtschaft 49/1993, S. 2.

Gehlen, Arnold: Mensch und Institutionen. In: Anthropologische Forschung. Reinbek 1961, S. 69-77.

Gehlen, Arnold: Moral und Hypermoral. Frankfurt/M. 1969.

Gennep, Arnold van: Übergangsriten. Frankfurt/M. u.a. 1986.

Geremek, Bronislaw: Geschichte der Armut. München – Zürich 1988.

Geschenke. Hektographiertes Papier der „INKUBI", „Interkulturelle Beratung und Information" der Universität Gesamthochschule Essen, o.J.

Geschenkkataloge der Firmen Lutz und Saalfrank aus den Jahren 1993 und 1994.

Geschenk-Taschenbücher Statt Hardcover? In: Buchreport 26/1994, S. 10.

Görlich, Joachim: Tausch als rationales Handeln. Berlin 1992.

Goethe, Johann Wolfgang von: Faust. Eine Tragödie. In: Goethe. Werke in sechs Bänden. Band 3. O.O. o.J.

Goffman, Erving: Wir alle spielen Theater. 6. Aufl., München – Zürich 1988

Goffman, Erving: Das Individuum im öffentlichen Austausch. Frankfurt/M. 1974.

Goffman, Erving: Interaktionsrituale. Frankfurt/M. 1971.

Gold, Helmut: Wege zur Weltausstellung. In: Bausinger, Hermann u.a. (Hrsg.): Reisekultur. München 1991, S. 320-326.

Goody, Jack: The Culture of Flowers. Cambridge u.a. 1993.

Gouldner, Alwin W.: Etwas gegen nichts. In: Reziprozität und Autonomie. Frankfurt/M. 1984, S. 118-164.

Gregory, C. A.: Stichwort „gifts". In: Eatwell, John u.a. (Hg.): The New Palgrave. A Dictionary of Economics. Bd. 2. London – Basingstoke 1987, S. 524-528.

Gregory, C. A.: Gifts and Commodities. London u.a. 1982.

Grimm, Jacob und Wilhelm Grimm: Deutsches Wörterbuch, Bd. 5. München 1984 (Nachdruck der Ausgabe von 1897).

Grimm, Jacob: Über Schenken und Geben. In: Kleinere Schriften, Bd. 2. Berlin 1879, S. 173-210

Gurevitch, Z. D.: The dialogic connection and the economics of dialogue. In: The British Journal of Sociology 41 (1990), S. 181-196.

Hans, Marie-Françoise: Warum sind die Frauen käuflich, Madame Hans? In: FAZ-Magazin vom 12.8.1988, S. 34-35.

Hannig, Jürgen: Ars donandi. Zur Ökonomie des Schenkens im früheren Mittelalter. In: Geschichte in Wissenschaft und Unterricht 3 (1986), S. 149-162.

Harris, Marvin: Bah, Humbug! In: Natural History 81 (1972), Nr. 10, S. 21-25.

Hartsock, Nancy C.M.: Exchange Theory. In: McNall, S. G. (Hrsg.): Current Perspectives in Social Theory. Bd. 6. Greenwich/Ct. 1985, S. 57-70.

Hastings, Elizabeth Hann und Philip K. Hastings (Hrsg.): Index to International Public Opinion 1990-1991 sowie 1991-1992. Westport/Ct. – London 1992 bzw. 1993.

Heath, Anthony: Rational Choice and Social Exchange. Cambridge u.a. 1976.

Heim, Walter: Osterbrauchtum. Freiburg/Schweiz 1979.

Heim, Walter: Weihnachtsbrauchtum. Freiburg/Schweiz 1978.

Heller, Agnes: Theorie der Gefühle. Hamburg 1981.

Heller, Eva: Beim nächsten Mann wird alles anders. 2. Aufl., Frankfurt/M. 1988.

Hennen, Manfred: Soziale Motivation und paradoxe Handlungsfolgen. Opladen 1990.

Hochschild, Arlie Russell: The Economy of Gratitude. In: Franks, David D. und E. Doyle McCarthy (Hrsg.): The Sociology of Emotions. Greenwich/Ct. – London 1989, S. 95-113.

Hochschild, Arlie Russell: Das gekaufte Herz. Frankfurt/M. – New York 1990.

Holiday Cheer: In: The American Enterprise 6/1990, S. 104.

Homans, George Caspar: Elementarformen sozialen Verhaltens. Köln – Opladen 1968.

Homans, George Caspar: Theorie der sozialen Gruppe. Köln – Opladen 1965.

Hopf-Droste, Marie-Luise: Der Geburtstag. In: Zeitschrift für Volkskunde (1979), S. 229-237.

Hunt, Morton: Das Rätsel der Nächstenliebe. Frankfurt/M. – New York 1992.

Hyde, Lewis: The Gift. New York 1979.

Institut Für Demoskopie Allensbach: Lieber einen Kaktus als Pralinen. Allenbacher Berichte 17/1982.

Institut Für Demoskopie Allensbach: Scheine zur Bescherung? Allensbacher Berichte 25/1992.

Jäde, Henning: Geschenke vor dem Richter oder Der Staat tut nichts umsonst. In: Kaltenbrunner, Gerd-Klaus (Hrsg.): Vom Sinn des Schenkens. Freiburg – Basel – Wien 1984, S. 96-122.

James, Allison: The good, the bad and the delicious. In: American Sociological Review 38 (1990), S. 666-687.

Johnson, Colleen Leahy: gift giving and reciprocity among the Japanese Americans in Honolulu. In: American Ethnologist 1 (1974), S. 295-308.

Jolibert, Alain J.P. und Carlos Fernandez-Moreno: A Comparison of French and Mexican Gift Giving Practices. In: Bagozzi, J.P und A.M. Tybout (Hrsg): Advances in Consumer Research. Bd. 1. Ann Arbor 1983, S. 191-196.

Jost, Dominik: Die Traube des Makarios. In: Kaltenbrunner, Gerd-Klaus (Hrsg.): Vom Sinn des Schenkens. Freiburg – Basel – Wien 1984, S. 66-73.

Jugendwerk Der Deutschen Shell (Hrsg.): Jugend '92. Band 4. Opladen 1992.

Kaltenbrunner, Gerd-Klaus: Der unentbehrliche Mäzen. In: Ders. (Hrsg.): Vom Sinn des Schenkens, Freiburg – Basel – Wien 1984, S. 123-134.

Kaltenbrunner, Gerd-Klaus: Vorwort des Herausgebers. In: Ders. (Hrsg.): Vom Sinn des Schenkens. Freiburg – Basel – Wien 1984, S. 7-21.

Kasdorff, Hans: Schenkende Liebe. In: Kaltenbrunner, Gerd-Klaus (Hrsg.), Vom Sinn des Schenkens. Freiburg – Basel – Wien 1984, S. 22-30.

Katona, George: Der Massenkonsum. Wien – Düsseldorf 1965.

Klima, Rolf: Stichwort „Geschenk". In: Fuchs, Werner u.a. (Hrsg.): Lexikon zur Soziologie. Opladen 1973, S. 234.

Knebel, Hans-Joachim: Soziologische Strukturwandlung im modernen Tourismus. Stuttgart 1960.

Knoll, Gabriele M.: Reisen als Geschäft. Die Anfänge des organisierten Tourismus. In: Bausinger, Hermann u.a. (Hrsg.): Reisekultur. München 1991, S. 336-343.

Kohl, Karl-Heinz: Ethnologie – die Wissenschaft vom kulturell Fremden. München 1993.

Korff, Gottfried: Museumsreisen. In: Bausinger, Hermann u.a. (Hrsg.): Reisekultur. München 1991, S. 311-319.

Krause-Brewer, Fides: Geschäfte mit der Mildtätigkeit. In: Rheinischer Merkur 51/1993, S. 9.

Krohne Heinz Walter: Stichwort „Motiv". In: Fuchs, Werner u.a. (Hrsg.): Lexikon zur Soziologie. Opladen 1973, S. 456.

Lau, Christoph: Gesellschaftliche Individualisierung und Wertewandel. In: Luthe, Heinz und Werner Meulemann (Hrsg.): Wertewandel – Faktum oder Fiktion? Frankfurt/M. – New York 1988, S. 217-234.

Lau, Thomas und Andreas Voß: Die Spende – Eine Odyssee im religiösen Kosmos. In: Soeffner, Hans-Georg (Hrsg.): Kultur und Alltag. Göttingen 1988, S. 285-297 (= Sonderheft 6 von: Soziale Welt).

Laum, Bernhard: Kinder teilen/tauschen/schenken. München – Basel 1966.

Laum, Bernhard: Schenkende Wirtschaft. Frankfurt/M. 1960.

Lawler, Edward und Jeong Yoon: Power and the Emergence of Commitment Behavior in Negotiated Exchange. In: American Sociological Review 58 (1993), S. 465-481.

Leeds, Ruth: Altruism and the Norm of Giving. In: Merrill-Palmer Quarterly 9 (1963), S. 229-240.

Lehren aus dem königlichen Spiel. RM-Interview mit dem Nobelpreisträger. In: Rheinischer Merkur 41/1994, S. 11.

Lévi-Strauss, Claude: Die elementaren Strukturen der Verwandtschaft. Frankfurt/M. 1981.

Lindauer, Martin: Auf den Spuren des Uneigennützigen. München – Zürich 1991.

Lipperheide, Franz Freiherr von: Spruchwörterbuch. 5. unv. Nachdruck, Berlin 1907.

Lopreato, Joseph: Human nature and Biocultural evolution. London – Sydney 1984.

Lowes, Bryan u.a.: Patterns of Gift-Giving and their Marketing Implications. In: British Journal of Marketing 2 (1968), S. 217-229.

Luhmann, Niklas: Funktion und Kausalität. In: Soziologische Aufklärung, 2. Aufl., Opladen 1971, S. 9-30.

Luhmann, Niklas: Soziologie als Theorie sozialer Systeme. In: Soziologische Aufklärung. 2. Aufl., Opladen 1971, S. 113-136.

Luhmann, Niklas: Formen des Helfens im Wandel gesellschaftlicher Bedingungen. In: Soziologische Aufklärung 2. Opladen 1975, S. 134-149.

Lütkemeyer, Katrin: Geschenke in letzter Minute. In: Intercity. Das Magazin der Bahn 12/1993, S. 8-9.

Maderner; Stephan: Lieber Schenken als sparen. In: Rheinischer Merkur 51/1993, S. 11.

Mann, Thomas: Buddenbrooks. Frankfurt/M. 1960.

Marx, Karl und Friedrich Engels: Manifest der Kommunistischen Partei. Berlin (Ost) 1973.

Mauss, Marcel: Die Gabe. Frankfurt/M. 1990 (französisch zuerst 1925).

Meidinger-Geise, Inge: „Geschenkt". In: Kaltenbrunner, Gerd-Klaus: Vom Sinn des Schenkens. Freiburg – Basel – Wien 1984, S. 74-78.

Merton, Robert K.: Die Eigendynamik gesellschaftlicher Voraussagen. In: Topitsch, Ernst (Hrsg:): Logik der Sozialwissenschaften. 4. Aufl., Köln – Berlin 1967, S. 144-161.

Meves, Christa: Zur Psychopathologie des Schenkens. In: Kaltenbrunner, Gerd-Klaus (Hrsg.): Vom Sinn des Schenkens. Freiburg – Basel – Wien 1984, S. 55-65.

Meyer, Richard M.: Zur Geschichte des Schenkens. In: Zeitschrift für Kulturgeschichte 5 (1898), S. 18-29.

Moch, Matthias: Bedeutung des finanziellen Transfers für die Generationenbeziehungen nach einer Scheidung. Konstanz 1993 (=Universität Konstanz. Sozialwissenschaftliche Fakultät. Forschungsschwerpunkt „Gesellschaft und Familie". Arbeitspapier Nr. 2)

Moschetti, Gregory J.: The Christmas Potlach: A Refinement on the Sociological Interpretation of Gift Exchange. In: Sociological Focus 12 (1979), S. 1-7.

Muth, Ludwig: Ins Blaue gefahren, im Schwarzen angekommen. In: Börsenblatt für den deutschen Buchhandel 33 (1983), S. 1099-1101.

Neckel, Sighard: Status und Scham. Frankfurt/M. – New York 1991.

Neidhardt, Friedhelm: Die Familie in Deutschland. 4. überarb. und erw. Aufl., Opladen 1975.

Neisser, Marianne: The Sense of Self Expressed through Giving and Receiving. In: Social Casework 54 (1973), S. 294-301.

Neumann, Heinzgeorg: Freundlichkeit, Anerkennung oder Bestechung? In: Kaltenbrunner, Gerd-Klaus (Hrsg.): Vom Sinn des Schenkens. Freiburg – Basel – Wien 1984, S. 79-90.

Nietzsche, Friedrich: Also sprach Zarathustra. 17. Aufl., Stuttgart 1975.

Nitschke, Eberhard: An die Geber dachte niemand. In: Rheinischer Merkur 45/1994, S. 31.

Noelle-Neumann, Elisabeth und Renate Köcher (Hrsg.): Allensbacher Jahrbuch der Demoskopie 1984-1992. München u.a. sowie Allensbach 1993.

Noelle-Neumann, Elisabeth: Die Schweigespirale. München – Zürich 1980.

Ohler, Norbert: Reisen im Mittelalter. 3. Aufl., München 1993.

Otto, Rudolf: Das Heilige. München 1987 (zuerst 1917).

Parry, J.: The Gift, the Indian Gift and the „Indian Gift". In: Man 21 (1986), S. 453-473.

Perroux, François: Zwang – Tausch – Geschenk. Stuttgart 1961.

Poe, jr., Donald B., : The Giving of Gifts. In: Cornell Journal of Social Relations 12 (1977), S. 47-63.

Prangemeier, Monika: Mit 44 Diamanten besetzt. In: Glaube und Leben. Kirchenzeitung für das Bistum Mainz 52/1993, S. 31.

Psathas, George: Verstehen, Ethnomethodologie und Phänomenologie. In: Bühl, Walter L. (Hrsg.): Verstehende Soziologie. München 1972, S. 284-303.

Rauch, Karl (Hrsg.): Sprichwörter der Völker. Düsseldorf – Köln 1963.

Riemerschmidt, Ulrich: Weihnachten. Hamburg 1962.

Rippe, Wolfgang: Freiwillige Übertragungen als Problem der Transferökonomie. Baden-Baden 1981.

Rost, Friedrich: Schenken als Verlieren. In: Lenzen, Dieter (Hrsg.): Melancholie als Lebensform. Berlin 1989, S. 97-114 (=Reihe Historische Anthropologie, Bd. 7).

Rost, Friedrich: Theorien des Schenkens. Essen 1994.

Sahle, Rita: Gabe, Almosen, Hilfe. Opladen 1987.

Sahlins, Marshall: Stone Age Economics. London 1972.

Sample: Pressemitteilung zur Untersuchung: Weihnachten 1992. Mölln 1992.

Sartori (Paul): Stichwort „Geschenk". In: Bächtold-Stäubli, Hanns (Hrsg): Handwörterbuch des deutschen Aberglaubens. Bd. 3. Berlin – New York 1987, Sp. 716-724.

Scammon, Debra L. u.a.: Is a Gift always a Gift? An Investigation on Flower Purchasing Behavior across Situations. In: Mitchell, A.A. (Hrsg.): Advances in Consumer Research. Bd. 9. Ann Arbor 1982, S. 531-536.

Scherhorn, Gerhard: Über zwanghaftes Schenken. Stuttgart 1991 (Unveröff. Manuskript).

Scheuch, Erwin K.: Soziologie der Freizeit. In: König, René (Hrsg): Handbuch der empirischen Sozialforschung. Band 11: Freizeit – Konsum. 2. völlig neubearb. Aufl., Stuttgart 1977, S. 1-192.

Schieffelin, Edward L.: Reciprocity and the Construction of Reality. In: Man 15 (1980), S. 502-517.

Schmied, Gerhard: Religion – eine List der Gene? Zürich – Osnabrück 1989.

Schmied, Gerhard: Sterben und Trauern in der modernen Gesellschaft. Opladen 1985.

Schmied, Gerhard: Soziale Zeit. Berlin 1985.

Schmölders, Günter: Geleitwort zu: Katona. S. 7-14.

Schoeck, Helmut: Die Soziologie und die Gesellschaften. 2. Aufl., Freiburg/Br. – München 1964.

Schoeck, Helmut: Der Neid. 2. Auflage, Freiburg/Br. 1968.

Schulz, Rüdiger: Das Buch als Geschenk. In: Archiv für Soziologie und Wirtschaftsfragen des Buchhandels LVI (1983), S. 1659-1748.

Schwartz, Barry: The Social Psychology of the Gift. In: The American Journal of Sociology 73 (1967), S. 1-11.

Seiler, Friedrich: Deutsche Sprichwörterkunde. München 1967 (zuerst 1922).

Sherry, jr., John F.: Gift Giving in Anthropological Perspective. In: Journal of Consumer Research 10 (1983), S. 157-168.

Shorter, Edward: Die Geburt der modernen Familie. Reinbek 1977.

Shurmer, Pamela: The gift game. In: New Society 18 (1971), S.1242-1244.

Simmel, Georg: Soziologie. 5. Aufl., Berlin 1968.

Smith, Adam: Theorie der ethischen Gefühle. Hamburg 1985 (englisch zuerst 1759)

Smith, Adam: Der Wohlstand der Nationen. München 1974.

Spencer, Herbert: Principien der Sociologie, Band II. Stuttgart 1887, hier nach: Nikles, Bruno W. und Johannes Weiß (Hrsg.): Gesellschaft. Hamburg 1975, S. 80-94.

SPIEGEL-Dokumentation: Outfit 3, Hamburg 1994.

SPIEGEL-Dokumentation: Prozente 5, Hamburg 1991.

Stanjek, Klaus: Die Entwicklung des menschlichen Besitzverhaltens. Berlin 1980.

Starobinski, Jean: Gute Gaben, schlimme Gaben. Frankfurt/M. 1994.

Steinbeck, John: Jenseits von Eden. 142.-151. Tsd., Frankfurt/M. – Berlin – Wien 1982.

Stentzler, Friedrich: Versuch über den Tausch. Berlin 1979.

STERN Anzeigenabteilung (Hrsg.): MarkenProfile 5. Hamburg 1993.

Strathern, Marilyn: The Gender of the Gift. Berkeley – Los Angeles – London 1988.

Stuiber, Alfred: Stichwort „Geschenk". In: Reallexikon für Antike und Christentum. Bd. 10. Stuttgart 1978, Sp. 685-703.

Thurner, Ingrid: Kunst für Touristen. In: Sociologus 44 (1994), S. 1-21.

Titmuss, Richard M.: The Gift Relationship. New York 1971.

Tobler, Walter: Von Minnegaben und brauchtümlichen Geschenken im Lebenslauf. In: Atlantis 35 (1963), S. 736-743.

Trivers, Robert: Socobiology and Politics. In: White, Elliot (Hrsg.): Sociobiology and Human Politics. Lexington/Mass. – Toronto 1981, S. 1-43.

Tönnies, Ferdinand: Gemeinschaft und Gesellschaft. Darmstadt 1979 (zuerst 1887)

Tournier, Paul: Geschenke und ihr Sinn. Zürich – Stuttgart 1961.

Uehara, Edwina: Dual Exchange Theory, Social Networks, and Informal Social Support. In: American Journal of Sociology 96 (1990), S. 521-557.

Veblen, Thorstein: Theorie der feinen Leute. Köln – Berlin o.J.

Vester, Heinz-Günter: Emotion, Gesellschaft und Kultur. Opladen 1991.

Veyne, Paul: Brot und Spiele. Frankfurt/M. – New York 1992

Vizinczey, Stephen: Der unschuldige Millionär. Stuttgart 1987.

Voss, Andreas: Betteln und Spenden. Berlin – New York 1993.

Waits, William B.: The Modern Christmas in America. New York – London 1993.

Wallwork, Ernest: Moralentwicklung bei Durkheim und Kohlberg. In: Bertram, Hans (Hrsg.): Gesellschaftlicher Zwang und Autonomie. Frankfurt/M. 1986, S. 163-191.

Wander Karl Friedrich Wilhelm: Deutsches Sprichwörter-Lexikon. Bd. 1. Leipzig 1867.

Wassner, Rainer: Messerschärfer für Hochzeitsgäste. In: Die Welt vom 6.1.1990.

Weber, Max: Die protestantische Ethik und der Geist des Kapitalismus. In: Gesammelte Aufsätze zur Religionssoziologie. Bd. 1. 4. Aufl., Tübingen 1963, S. 17-206.

Weber, Max: Wirtschaft und Gesellschaft Band. Köln-Berlin 1964.

Weber-Kellermann, Ingeborg: Über den Brauch des Schenkens. In: Volksüberlieferung, Göttingen 1968, S. 1-8 (= Festschrift für K. Ranke).

Weber-Kellermann, Ingeborg: Das Weihnachtsfest. Luzern – Frankfurt/M. 1978

Wellman, Barry und Scot Wortley: Different Strokes from Different Folks: Community Ties and Support. In: American Journal of Sociology 96 (1990), S. 558-588.

Westphal-Hellbusch, S.: Stichwort „Geschenk". In: Bernsdorf, Wilhelm (Hrsg.): Wörterbuch der Soziologie. 2. neubearb. und erw. Aufl., Stuttgart 1969, S. 349-351.

Wilpert, Gero von: Stichwort „Sinnspruch". In: Sachwörterbuch der Literatur. 7. verbess. und erw. Aufl., Stuttgart 1989, S. 857.

Wilson, Edward O.: Biologie als Schicksal. Frankfurt/M. – Berlin – Wien 1980.

Woods, Walter A.: Consumer Behavior. New York – Oxford 1981.

Wuthnow, Robert: Acts of Compassion. Princeton/N.J. 1991.

Zimmer, Dieter E.: Die Vernunft der Gefühle. München 1981.

Zimmermann, Klaus: Über einige Bedingungen alltäglichen Verhaltens in archaischen Gesellschaften. In: Baethge, Martin und Wolfgang Eßbach (Hrsg.): Entdeckungen im Alltäglichen. Frankfurt/M. – New York 1983, S. 135-147.